【亞太研究系列】

經濟與社會：
兩岸三地社會文化的分析

Economy and Society :
a social-cultural analysis of Taiwan, Hong Kong,
and Mainland China

朱燕華・張維安◎編著
李英明・張亞中◎主編

「亞太研究系列」總序

　　「二十一世紀是亞太的世紀」，這句話不斷地被談起，代表著自信與驕傲。但是亞太地區絕非如此單純，未來發展亦非一定樂觀，它的複雜早已以不同型態呈現在世人面前，在開啓新世紀的同時，以沉靜的心境，深刻的了解與解決亞太區域的問題，或許才是我們在面對亞太時應有的態度。

　　亞太地區有著不同內涵的多元文化色彩，在這塊土地上有著天主教、基督教、佛教、回教等不同的宗教信仰；有傳承西方文明的美加澳紐、代表儒教文明的中國、混合儒佛神教文明的日本，以及混雜著不同文明的東南亞後殖民地區。文化的衝突不止在區域間時有發生，在各國內部亦時有所聞，並以不同的面貌形式展現它們的差異。

　　美加澳紐的移民問題挑戰著西方主流社會的民族融合概念，它反證著多元化融合的觀念只是適用於西方的同文明信仰者，先主後從、主尊客卑、白優黃劣仍是少數西方人面對東方移民時無法拋棄的心理情結。西藏問題已不再是單純的內部民族或政經社會議題，早已成爲國際上的重要課題與工具。兩岸中國人與日韓三方面的恩怨情仇，濃得讓人難以下嚥，引發的社會政治爭議難以讓社會平靜。馬來西亞的第二代、第三代，

或已經是第好幾代的華人，仍有著永遠無法在以回教為國教的祖國裡當家作主的無奈，這些不同的民族與族群問題，讓亞太地區的社會潛伏著不安的危機。

亞太地區的政治型態也是多重的。有先進的民主國家；也有的趕上了二十世紀末的民主浪潮，從威權走向民主，但其中有的仍無法擺脫派系金權，有的仍舊依靠地域族群的支持來建構其政權的合法性，它們有著美麗的民主外衣，但骨子裡還是甩不掉威權時期的心態與習性；有的標舉著社會主義的旗幟，走的卻是資本主義的道路；有的高喊民主主義的口號，但行的卻是軍隊操控選舉與內閣；有的自我認定是政黨政治，但在別人眼中卻是不折不扣的一黨專政，這些就是亞太地區的政治型態寫照，不同地區的人民有著不同的希望與訴求，菁英份子在政治格局下的理念與目標也有著顯著的差異，命運也有不同，但整個政治社會仍在不停的轉動，都在向「人民為主」的方向轉，但是轉的方向不同、速度有快有慢。

亞太地區各次級區域有著潛在的軍事衝突，包括位於東北亞的朝鮮半島危機；東亞中介區域的台海兩岸軍事衝突；以及東南亞的南海領土主權爭議等等。這些潛在的軍事衝突，背後有著強權大國的利益糾結，涉及到複雜的歷史因素與不同的國家利害關係，不是任何一個亞太地區的安全機制或強權大國可以同時處理或單獨解決。在亞太區域內有著「亞太主義」與「亞洲主義」的爭辯，也有著美國是否有世界霸權心態、日本軍國主義會否復活、中國威脅論會否存在的懷疑與爭吵。美國、日本、中國大陸、東協的四極體系已在亞太區域形成，合

縱連橫自然在所難免，亞太地區的國際政治與安全格局也不會是容易平靜的。

相對於亞太的政治發展與安全問題，經濟成果是亞太地區最足以自豪的。這塊區域裡有二十世紀最大的經濟強權，有二次大戰後快速崛起的日本，有七〇年代興起的亞洲四小龍，二〇年代積極推動改革開放的中國大陸，九〇年代引人矚目的新四小龍。這個地區有多層次分工的基礎，有政府主導的經濟發展，有高度自由化的自由經濟，有高儲蓄及投資率的環境，以及外向型的經濟發展策略，使得世界的經濟重心確有逐漸移至此一地區的趨勢。有人認爲在未來世界區域經濟發展的趨勢中，亞太地區將擔任實質帶領全球經濟步入二十一世紀的重責大任，但也有人認爲亞洲的經濟奇蹟是虛幻的，缺乏高科技的研究實力、社會貧富的懸殊差距、環境的污染破壞、政府的低效能等等，都將使得亞洲的經濟發展有著相當的隱憂。不論如何，亞太區域未來經濟的發展將牽動整個世界，影響人類的貧富，值得我們深刻的關注。

在亞太這個區域裡，經濟上有著統合的潮流，但在政治上也有著分離的趨勢。亞太經合會議（APEC）使得亞太地區各個國家的經濟依存關係日趨密切，太平洋盆地經濟會議（PBEC）、太平洋經濟合作會議（PECC），也不停創造這一地區內產、官、學界共同推動經濟自由與整合的機會。但是台灣的台獨運動、印尼與東帝汶的關係、菲律賓與摩洛分離主義……使得亞太地區的經濟發展與安全都受到影響，也使得經濟與政治何者爲重、群體與個體何者優先的思辨，仍是亞太地區的

重要課題。

　　亞太地區在國際間的重要性日益增加，台灣處於亞太地區的中心，無論在政治、經濟、文化與社會方面，均與亞太地區有密切的互動。近年來，政府不斷加強與美日的政經關係、尋求與中國大陸的政治緩和、積極推動南向政策、鼓吹建立亞太地區安全體系，以及擬將台灣發展成亞太營運中心等等，無一不與亞太地區的全局架構有密切關係。在現實中，台灣在面對亞太地區時也有本身取捨的困境，如何在國際關係與兩岸關係中找到平衡點，如何在台灣優先與利益均霑間找到交集，如何全面顧及南向政策與西向政策，如何找尋與界定台灣在亞太區域中的合理角色與定位，也是值得共同思考的議題。

　　「亞太研究系列」的出版，表徵出與海內外學者專家共同對上述各類議題探討研究的期盼，也希望由於「亞太研究系列」的廣行，使得國人更加深對亞太地區的關切與了解。本叢書由李英明教授與本人共同擔任主編，我們亦將極盡全力，為各位讀者推薦有深度、有分量，值得共同思考、觀察與研究的著作。當然也更希望您們的共同參與和指教。

張亞中

韓格理教授序

　　經濟社會學是一個新的領域。當然，一個世紀以前社會學的創立者已經相當了解經濟學，而且著作也常牽涉到廣義的經濟現象。但是當他們的討論涉及經濟「事物」時，這些社會學創立者則極力要區別社會現象和其他類型的現象，包括經濟的現象。為了要給這個新領域一個正當的基礎，他們需要闡述一些無可爭議的社會性的研究主題，這樣社會學（一門研究社會「事物」的科學）才可堪稱為一門必須開拓之學術領域。家庭、社區、社會階層化、犯罪和行為不良以及一些與此相似的主題，便成了二十世紀許多社會學家專注的範圍。

　　然而，如同多數的情況，知識的邊界並非固定不變的。在本世紀結束的十年期間，由於全球高等教育的擴展，所有社會科學的訓練快速地成長，實際從業人員和在社會科學界執教的人數都快速增加。不可避免的使社會科學學科的邊界和他們最靠近的鄰近學科開始重疊。一九八〇年代之前，經濟學者已經開始研究「社會學的領域」，例如家庭這樣的課目，同時社會學家也開始探究經濟現象。

　　經濟社會學，或現在常用的「新經濟社會學」，成為獨立的研究領域已有十多年。在當時，社會學家開始研究有關經濟

制度的社會本質。他們的分析點在於指出，即使那些最完全的經濟類型的行動，例如在證券市場的交易，都有制度的和組織的基礎。如同所有的人類行為，經濟的行動也是一種社會的行動，都有其歷史基礎，也充滿人類彼此之間的社會互動。

就如朱燕華的「緒論」所描述，這些觀點最初表現在理論的探索或針對西方，尤其是美國經濟的描述性分析。Mark Granovetter的著述最強而有力地道出了「新經濟社會學」理論上的主張，就是社會網絡創造了經濟行動所依賴的信任基礎，而這些社會網絡則展現了已經制度化的，包括奠基於親屬、朋友和同僚情誼的社會關係。至於那些針對美國經濟的描述性分析，則闡述了網絡的實際運作，例如制度性力量如何形塑了十九世紀的美國工業革命。

大約與這些理論與實證研究出現的同時，一群學者開始去了解亞洲的經濟，特別是華人的經濟行動。這本書含括了部分最早參與研究這些議題的學者，他們已出版的研究對全球經濟社會學的理論和實務發展有無比的重要性，主要有兩方面：首先，與其他的社會相似，制度化的網絡也組織了華人的經濟。如許多研究所指出，有許多不同形式的社會網絡在華人社會的經濟行動之中發生效益。另外，又與歐美的經濟不同，華人經濟在幾乎每一個經濟參與的層面（地方、國家與全球），都更充分的發展出網絡經濟。西方經濟則呈現以公司為基礎的，而且時常相當的非人情關係和法律取向，比較來說，華人經濟則比較強調以人與人之間的關係為基礎。

有些學者還繼續在辯論華人經濟是否有哪些地方比較獨

特，因為這些經濟行動非常的網絡化，而且又以人際的連帶為基礎。有些人認為這些是其經濟的特殊性，因為文化基礎不同，也就是說他們都是以儒家文化為基礎。其爭議似乎不必只有一個解答。很清楚的，過去的歷史對所有的社會都很重要，不過經濟社會學指出了過去如何被加以制度化，並對今日的經濟活動方式有決定性的影響。在以儒家為基礎的亞洲經濟之間也有很大的差異，例如在韓國、日本與台灣之間，雖有儒家文化基礎，但其經濟特質卻也不同。即使是在華人經濟之中，如新加坡、香港和台灣之間，也有很大的不同。過度強調那些文化的類似處，會導致低估亞洲經濟之間細微的組織差異，而這個細微的差異卻可能是最關鍵的，最後導致了很大的差別。這本論文集的論文細膩的展現出經濟行動如何立足於實際的日常生活之中。

我曾經非常愉快的與這本集子中的許多作者一起研習或工作。有些作者曾經是我過去的學生，有些則是現在或在過去曾經一起研究的同事，所有的作者都是我的朋友。因此，我抱著深深的謝意、榮耀和謙遜的情懷，為這一本將經濟社會學介紹給新一代學子的論文集寫序。經濟社會學是社會學中極為重要的課題；而對於亞洲，一個在全球經濟中深具活力的地域，沒有其他的課題比經濟社會學更能幫助我們了解這些社會的實際運作。在很大程度上，對亞洲社會而言，經濟社會學展示了社會學最優秀的一面。

韓格理（*Gary G. Hamilton*）

於美國西雅圖華盛頓大學

Preface

Economic sociology is a new field. It is, of course, true that a century ago the founders of sociology knew a lot about economics and often wrote about economic phenomena broadly defined. But, in relation to things economic, the founders wanted primarily to distinguish social phenomena from other types of phenomena, including economic phenomena. In order to legitimize a new field, they needed to delineate topic areas that were indisputably social in nature, so that sociology—the science of things social—would be a required field of inquiry. The family, the community, social stratification, crime and delinquency—these and many other similar topics became the exclusive purview of sociologists during much of the 20th century.

Like most things, however, the boundaries of knowledge are not stable. During the closing decades of the century, in response to the global expansion of higher education, all the social science disciplines grew rapidly, both in terms of the number of practitioners and in the number of places teaching the social sciences. Inevitably the boundaries of social sciences disciplines began to overlap their closest neighbors. By the 1980s, economists had begun to study such topics as the family, and sociologists had begun to examine economies.

Economic sociology, or what is now known as "the new economic sociology," emerged as a separate field of study a little over a decade ago. At the time, sociologists began to write about the social nature of economic institutions. Their point of analysis was to show that even the most fully economic types of actions, such as what occurs on the floor of stock exchanges, had institutional and organizational foundations. Like all forms of human action, economic action was a form of social action, historically grounded and structured through human interaction.

As Chu Yin-wah describes so well in the introductory chapter, the first demonstrations of this point of view were mostly theoretical in nature or were oriented towards a descriptive analysis of Western economies, especially the American one. The theoretical argument, made most forcefully by Mark Granovetter, rests on the assertion that social networks create a basis for trust upon which economic action depends. These social networks represent, in trun, institutionalized aspects of society, including relations based on kinship, friendship, and colleagueship. The studies describing the American economy showed these networks in action, for example as institutional forces shaping the industrial revolution in late 19th century United States.

At about the same time as these theoretical and empirical works appeared, a group of scholars began to unravel Asian economies, in particular Chinese economies. Many of those who first worked on this project are represented in this book, and the research they have published has been extremely important in advancing the development of economic sociology worldwide. The importance of their work has been to extend the theory and practice of economic sociology in two ways. First, similar to other societies, institutionalized social networks also organize Chinese economies. As extensive research shows, much of which is reflected in the following essays, many different kinds of social networks are useful in organizing economic action in Chinese societies. Second, unlike the economies in the United States and Europe, Chinese economies are more fully developed as networked economies at nearly every level of economic participation: local, national, and global. Whereas Western economies appear firm-based and often quite impersonal and legalistic, Chinese economies, by comparison, are based on relationship among people.

There is a continuing debate among some scholars whether the Chinese economy is somehow unique because it is so networked and based on personal ties. Some have even argued that the economy is distinctive because of its cultural foundation, which they say is Confucian. The argument, however, need not be resolved one way or another. Clearly historical precedents are important in all societies, but what economic sociology shows is that how the past is institutionalized in the present is decisive for the ways economies operate. There are significant differences among Confucian-based economies of Asia, for instance among Korea, Japan, and Taiwan, but there are also significant differences among Chinese economies, for instance among Singapore, Hong Kong, and Taiwan. Overemphasizing the cultural similarities leads to underemphasizing the small, yet in the end very important, organizational differences among Asian economies, fifferences that become big fifferences in the end. The papers in this collection show, in fine detail, that economic action is grounded in the very substance of people's daily lives.

I have had the very great pleasure of reading and working with most of the people who have contributed chapters in this volume. A few of the writers have been students of mine in the past, some have been or currently are co-authors and collaborators, and all are colleagues and friends. It is, therefore, with deep gratitude and honor and humility that I write this preface for a book that will introduce economic sociology to new generations of students. Few topics in the sociology are as important as this one, and for Asia, one of the most dynamic areas in the global economy, no other topic allows a better understanding of how these societies currently work. To an important extent for Asia societies at least, economic sociology is sociology at its best.

Gary G. Hamilton

Department of Sociology University of Washington

Seattle, Washington USA

目　錄

緒論：經濟生活的社會文化分析

朱燕華（香港大學社會學系）

一、前言：從「無形之手」說起

　　「無形之手」——十八世紀經濟學者亞當‧史密就著市場運作提出的論點，雖然受到後世學者的批判與修訂，但這學說所宣示的中心論調依然得到現代經濟學者認同，並且深入人心，到二十一世紀初的今天，仍然強而有力地主導著台灣、中國大陸、特別是香港的學者和公眾對經濟生活的考量。「無形之手」的基本論點，就是市場的優越性：以個人或個別公司為單位，在市場上進行以私人利益為依歸的競賽與交易，將可以最有效釋放經濟動力，達到社會普遍富庶的目標。這論點的前設為「個人主義」，也就是說，在市場上進行交易的個體為沒有歷史淵源的陌生人，基於這樣的客觀條件，進行交易者得以將利己的天性，發揮得淋漓盡致，致使交易和議價以絕對理性的標準完成；個人主義和功利主義的結合，使這理論將社群（例如家族、族群、勞工團體）以及一切與效率無關的文化價值觀，看成與經濟活動無關甚至會妨礙市場運作的力量。此外，根據這種說法，政府只應負起維持法制、紀律的角色，過量的規範涉於政治干預，是有害無益的。

基於上述的前設和論點，經濟研究者將政治、文化、社會制度定位為既存的背景因素，將它們摒棄在經濟研究領域之邊緣位置。基於相同原因，商貿交易、價格議定、企業經營、股票買賣、人壽保險、消費購物等各種活動，都被歸類為經濟學術研究的專業範疇；其他學術部門，例如歷史學、人類學、心理學、政治學、社會學，都被認定難以對經濟生活作深刻、有見地的分析。六〇年代以來，經濟學傾向建立數學模型，分析更趨抽象化，將這種漠視政治、社會、文化的觀點推至高峰。在香港——一個高舉自由貿易旗幟的商業城市，這種經濟學說更是影響深遠。

（一）經濟與社會：經典社會思想家的視野

　　不過，這種僵化的學術領域分工，並非一直受到普遍認同。一些比亞當・史密稍微晚期的社會思想家，例如馬克思（Karl Marx）、涂爾幹（Emile Durkheim）、韋伯（Max Weber）等，都曾經批判經濟學抽象化和非人化的傾向。馬克思在論及資本主義的興起時，指出自由市場的機制、自由買賣的意識，都是人類社會在特定的歷史時空所提倡和建立的；比方說，對很多前資本主義時期的人民而言，糧食的擁有和分配權，在頗大程度上，屬於生產糧食的社區，該社區的人民可以優先享用這維持生命的資源，這種意識在資本主義初期仍然主導著大多數人的思想行為。所以，根據歷史記載，商人若在穀物和麵粉短缺的情況下，仍然堅持將糧食輸出到生產區以外以圖鉅利，往往會激起民憤而釀成暴亂，人民會制止食物的輸出，就地將

糧食以「合理而公平」的價格，售賣給糧食生產區以內的人，許多時候，甚至會要求地方官員充當公證人，以顯示該行動的正當性。從以上例子，可見經濟學對「個人主義」和「功利主義」的前設是甚為值得商榷的。尊重私有產權、提倡自由貿易、謀取最高利潤——資本主義社會習以為常的行為守則，在十八世紀歐洲社會是極度不尋常、不近人情、不合理、不公義的；資本主義意識形態的確立，經歷了一段冗長的時間，其間有財富掠奪、權力鬥爭，以及對義務、權利、公平等觀念的詮釋和再詮釋；類似的爭鬥，也同時在其他領域進行，自由勞動市場的出現，是馬克思分析得最詳盡和最為人知的另一個例子，筆者在這裡就不再贅述了。

　　同樣地，涂爾幹對於將經濟與社會分家，亦深深不以為然，他在《社會勞動分工》一書中，對「功利主義」提出的批判，鮮明地表達了他的見解。首先，涂爾幹認為「功利主義」所標榜的利益攫取，甚至不足以奠立市場經濟的基石，因為在利益的大前提下，交易雙方並沒有非尊重合約條款不可的原因，這樣，貿易關係變得紊亂而短暫，投機活動取代了長遠的投資和頻仍綿密的交易；因此，涂爾幹認為，合約（contract）或者市場經濟的出現，是建立在一種非合約的機制（non-contractual basis）之上，而這非合約機制最根本的素質，就是人類對社會的倚賴和認同，從而發展出來的人際關係、道德、法律和文化。另外，涂爾幹亦認為「功利主義」所推崇的利潤和財富的追求，並不能造就人類的福祉，因為物質擁有只會帶來更多的物質追求，到最後，個人會感到徬徨失措、無所適

從，而社會亦只能在重新建立一套道德價值之後，才能達至融和統合的地步。

涂爾幹固然在他有生之年積極推動經濟社會學，但道德、宗教和教育始終是他最喜愛的研究題目。這方面，韋伯與涂爾幹大不相同，經濟生活一直是韋伯社會研究的重點，特別是他的鉅著《新教倫理與資本主義精神》、《經濟與社會》以及《社會經濟史》，堪稱博大精深，對當代經濟社會研究影響深遠。《新教倫理與資本主義精神》是韋伯廣為人知的著作，跟馬克思和涂爾幹一樣，韋伯在文章裡強調資本主義是一種嶄新的經濟制度，獨特之處在於其有系統的、穩健的、目標鮮明的獲利取向；在前資本主義時期，工作的目的是維生或享樂，「為賺錢而賺錢」是不可思議的行徑；因此，要了解資本主義的興起，必須要解釋這精神的確立。韋伯認為，這種近乎虔敬的工作態度和獲利取向，與喀爾文教派所宣揚的新教倫理，就是經由勤勞工作和儉樸生活去見證自己的得救，有「選擇親近性」；也即是說，新教倫理雖然並非刻意在理念上支援資本主義的興起，但它所宣揚的行為守則，卻實際上合理化了這嶄新的經濟制度。在《新教倫理與資本主義精神》一書中，韋伯給我們的印象，是他對文化理念的偏重，但事實上，韋伯的後期著作，更為重視對社會結構和社會制度的分析。在《社會經濟史》中，韋伯分析了歐洲的政治及社會制度，例如封建制度、宗教組織、科層架構、法律、城市等等，探討了它們的結構、源流以及變遷，從而了解各種制度在興衰交替的過程中，為資本主義制度提供的成長或衰微的條件。而在《經濟與社會》

中，韋伯提供了一系列的概念，例如價值、利益、各種型態的
家庭家族組織、宗教信仰、行使威權的模式……，爲後世學者
提供了分析經濟與社會的寶庫。

這些社會思想家對經濟生活的分析，作出了無可置疑的貢
獻，他們深刻地描繪出經濟活動與文化傳統、社會制度以及政
治角力之間盤根錯節的關係，鮮明地標誌著文化、社會和政治
分析對經濟生活所能夠作出的貢獻，奠立了經濟社會學的基
礎；他們提出的概念、理論和分析架構，到今天仍被認定爲極
優秀而具啓發性的，深深地影響了經濟社會學者。

（二）新經濟社會學

在這些經典社會思想家之後，經濟現象在社會學家之間，
並未受到適當的重視。二十世紀以來，社會學家普遍迴避經濟
現象；文首提及的學術領域分家，在六〇年代達到高峰，但這
趨勢自七〇年代起受到多方質疑。首先，經濟學者開始將經濟
分析應用於社會文化現象，例如Gary Becker（*The Economic
Approach to Human Behavior, 1976*）就將經濟學應用到政治問題
及更廣泛的人類行爲上，而新制度經濟學（new institutional
economics）更將所有社會政治制度的建立和鞏固，看成爲理性
（rationality）的實踐。對本文而言，更重要的發展，在於一些
社會學、人類學者的嘗試，他們重拾經典思想家的步伐，批判
這種將經濟生活抽象化、將市場無限量理性化的做法，試圖將
經濟現象定位爲社會現象，將政治、文化和社會制度重新融入
經濟現象的分析之中。特別值得注意的，是一群在六、七〇年

代，於美國嶄露頭角的年輕學者，包括Harrison White、Mark Granovetter、Viviana Zelizer、Michael Schwartz等，他們開始對生產市場、勞動市場、人壽保險、金融網絡等，提出一系列的研究，開展了「新經濟社會學」（new economic sociology）的研究範疇。

根據Richard Swedberg及Mark Granovetter在其編纂的*The Sociology of Economic Life*（1992）之導論的分析，這門「新經濟社會學」有三個研究取向。首先，經濟活動固然是關於有限資源的運用，而利益的考量在當中佔極重要的地位；然而，從社會學的角度而言，經濟行動也是社會行動的一種。理性的資源調配以及利潤的追尋，跟權力、地位、社會認同的求索有不可分割的關係，上文韋伯對新教倫理的討論，正是最佳說明；同樣地，一項經濟活動的相對「重要性」以及某件商品的價值，往往取決於社會文化和群體價值觀，「潮流」對價格的影響是其中一個例子。基於上述原因，近代經濟學者將經濟活動單一地從資源及利潤的角度去分析，是有點過於片面和狹隘了。

其次，經濟學者基於對「個人主義」的認同，每每將經濟活動歸結到個人（或個體）的動機，然而，這種取向對我們了解經濟活動的幫助實在非常有限。從社會學的角度而言，經濟行動是根植於社會情境之中，鑲嵌（embedded）於人際關係的網絡之內。進行經貿交易的，通常不是一些在過去和將來都沒有關聯、沒有接觸的完全陌生人；相反地，經濟活動往往發生於社會網絡之內，也就是說，在一些有經常接觸或維持類似社

交聯繫的個人或群體之間；也因為這樣，經濟活動表現了這些社會網絡的特性。例如交易雙方的關係，往往會在供求原則以外，成為決定價格的另一因素；此外，一些少數族裔的網絡，亦很多時候成為該族群壟斷某行業的基礎。

最後，在宏觀經濟的範疇裡，新制度經濟學雖然在經濟制度的研究上，踏出了極之重要的一步，但這些學者眾口一詞，都只是從效率的角度去分析這些制度的功能和它們出現的原因：也許為了降低交易成本（transaction costs），亦也許為了要應付個別理性主體互動所產生的非理性集體效果。然而，新制度經濟學者並未能為其所論述的「效率」，作清晰而客觀的定義；而在現實生活之中，最正確而有效率的方法，往往需要從錯誤與缺失之中學習，新制度經濟學者對歷史的忽視，使他們未能正視「效率」的模糊與可商榷性。更重要地，從社會學的角度而言，經濟制度是社會建構的產品，權力、習慣、信念，都足以改變我們對效率的認知，影響經濟制度的確立；有兩個例子是頗值得在這裡引述的。第一個例子是關於打字機鍵盤的編排模式，現今通行的模式，在最初並非唯一的選擇，事實上，該種編排模式甚至會令打字員的速度相對減慢；但由於當時打字機的設計有缺憾，打字員速度太快時，字鍵會黏在一起，該模式能令打字員的速度減慢，正好解決了打字機設計有缺憾的問題，因而在當時獲得廣泛採納；到後來，打字機設計的問題獲得解決，但生產打字機的公司卻未能採用新的鍵盤編排模式以提升打字速度，增加效率，原因是大部分打字員都已習慣了原先的鍵盤編排模式，抗拒這些會在短時期內減慢他們

打字速度的改變。第二個例子是有關美國的電力產業。在1880年間，由用戶自設的發電機發電，或是由公營機構負責向公眾提供電力，都是深受大財團（例如J. P. Morgan）或公眾認同的電力供應模式，但到最後，一種以私人投資的電力公司向廣泛地區供電的模式，卻得到確立；背後的原因，據McGuire等學者的分析，是由於一家小型電力公司Chicago Edison的主管，成功地動員了既有的政客、發明家和大財團網絡，從而改變了這些人以及公眾對電力供應的看法。以上兩個例子，說明了效率的可爭議性，以及權力、信念、習慣、人際網絡和社會結構對經濟制度的影響。

相對於經典社會思想家，新經濟社會學流派的學者較少論述平等、公義等問題，似乎少了一份人文關懷；但他們卻更強而有力的指出，社會文化分析對任何年代的經濟活動——前資本主義或後資本主義，都可作出重大貢獻。將經濟行動看成一種社會行動，描繪經濟活動的鑲嵌性，和闡釋經濟制度的社會建構歷程，都使我們對價值、效率、貨幣等等似乎純粹屬經濟範疇的命題，有了更生活化也更有深度的了解。使我們窺視到，在「功利主義」和「個人主義」的框架外，有一片更遼闊和引人入勝的天空。

二、兩岸三地經濟社會學

正如其他社會科學一樣，社會學源自西方，經濟社會學在歐美學術思潮的起伏，自然對香港、台灣和大陸學者產生深遠

影響；但經濟社會學過去二十年來，在這三地，特別是台灣和香港的興起，卻與東亞經濟奇蹟有更直接的關係。為什麼東亞社會能夠超越其他發展中國家，在極短時間內，從貧困的農村社會，搖身一變，成為富庶繁榮的工業國家、國際都會呢？這問題促使台灣和香港的學者，嘗試從社會文化的角度，去分析當地的經濟活動與發展軌跡。其中有兩種主要研究取向：第一種方向著眼於國家政策及其財政、行政能力與經濟建設的關係；第二種方向則將重點放在新儒家文化與華人社會制度對經濟活動的影響。不過，較近期的研究已擺脫了東亞發展的問題，進而對經濟活動的型態本身進行研究。

本書關注的，並非東亞經濟發展，而是更廣泛的經濟與社會的問題；而由於篇幅和整體統一性的考慮，本書未能涵括國家政策以及政治經濟方面的研究，實在非常遺憾。除了「緒論：經濟生活的社會文化分析」和「代跋：經濟與社會」，本書共收集了二十篇文章，分成四部分，集中討論「家族網絡」、「人際網絡」、「族群網絡」以及「消費文化」等四個命題。前三者著眼於勞動生產，後者顧名思義，主要針對消費活動本身。每部分包含五篇文章，有兩篇關於台灣，一篇關於中國大陸，最後兩篇關於香港。此外，雖然大部分文章都源於基礎研究，但也有部分嘗試去解讀及總結既有的學術研究成果。

本書二十位作者來自不同背景：從地域來說，主要來自台灣、香港，也有兩位來自中國大陸；以學術訓練而言，則包括歷史、人類學和社會學。謝國興、李培德、蔡志祥是典型的歷史學者，這一點從他們對社會關係脈絡、事件的次序細節，以

及一手資料的執著，都可以看到一些端倪。余舜德、馮美玲和鄭詩靈是人類學者，從他們對文化象徵、禮儀、身分建構的關注，對田野研究的偏重，亦可略知一二。這二十位學者對經濟生活的研究抱持著不同見解，但他們有一個共通點：就是認同經濟活動與社會制度和文化傳統之間，存在著千絲萬縷的關係；因此，文化和社會制度的研究，可以豐富我們對經濟生活的了解。

（一）網絡、文化與競爭力

現存有關東亞社會與經濟的研究專輯和論文甚多；這些文獻的分析重點，在於東亞文化和社會網絡對提升經濟力及個人或群體競爭力的幫助。有關文化方面的研究，包括杜維明編著的*Confucian Traditions in East Asian Modernity*（1996）、余英時的《中國近世宗教倫理與商人精神》（1987）、金耀基的〈東亞經濟發展的文化詮釋〉（載《中國社會與文化》，1987）、張維安的〈韋伯議題與東亞經濟活動的另一面向〉（載《文化與經濟：韋伯社會學研究》，1995）以及Hung-Chao Tai編著的*Confucianism and Economic Development*（1989）等。關於家族網絡的研究，則有黃紹倫的*Emigrant Entrepreneurs*（1988）、謝國興的《台南幫》（1994）、陳其南和邱淑如的〈企業的基本型態與傳統的家族制度〉（載《中國式管理》，1984）、Gary Hamilton和高承恕的 "The Institutional Foundations of Chinese Business"（載*Compartive Social Research: A Research Annual*, 1991）及熊秉純的*Living Rooms as Factories*（1996）等。族群網

絡方面，有曾嬿芬的〈族群資源與社會資本〉（載《台灣社會學研究》，1997）及蕭新煌和龔宜君的〈南亞台商與華人之商業網絡關係〉（見《中央研究院，東南亞區域研究計畫研究論文系列》，1998）等。最後，人際網絡方面，有陳介玄的《協力網絡與生活結構》（1994）、《貨幣網絡與生活結構》（1995）、謝國雄的 *"Boss" Island*（1992）及朱燕華的 "Informal Work in Hong Kong"（載 *International Journal of Urban and Regional Research*，1992）。也有一些涉獵較多面向的研究專集，例如 Gary Hamilton 編著的 "Business Networks and Economic Development"（載 *East and Southeast Asia*，1991）、Aihwa Ong 編著的 *Ungrounded Empires*（1997）及 Peter L. Berger 和 Michael H. H. Hsiao 合編的 *In Search of an East Asian Development Model*（1988）等。還有許許多多其他論文和專書，不勝枚舉；有興趣的讀者可以參考上列專集和論文所引述的參考文獻。

　　非常簡單地說，這些學者認為中國人關於家庭、教育和辛勞的信念，對支援創業精神、提升勞工技術和工作熱忱，以及增進勞資關係和諧，都有正面影響。至於各種社會網絡，則支援了企業的創辦和業務的拓展，在融資、生產、技術引進和市場開發，都產生積極作用。上文提及金耀基的論文，就指出在香港出現了一種融合儒家思想和理性取向的「理性傳統主義」，使大多數人在重視家庭、孝敬父母之餘，卻不再受困於家族的內在（宗教性）意義，將家族變成一種文化資源，被應用到企業的營運之中。

至於社會網絡的活力，在曾嬿芬有關南加州台灣人社群的分析中，得到很詳盡的闡釋；據報導，台灣人動員了既有的在台和在美台灣人網絡，協助他們取得營運資訊，在陌生環境中取得銀行信任以解決融資和流動資金問題，並進行集體議價以獲取較便宜的貨品等等，這一切都增強了他們在當地小旅館業和電腦零件業的競爭優勢。同樣地，陳介玄亦指出人際網絡（或「擬似式家族連帶」）是台灣中小企業賴以生存的命脈，小頭家透過人際網絡取得合約，而中型企業則運用整個協力網絡去生產價廉質優的貨品、應付潮流的突變，並透過協商共同承擔匯率變更帶來的損失。社會網絡對經濟動力的提升，也是黃紹倫有關家族企業的研究命題；他報導了家族網絡是如何成為企業集資和匯聚人才的管道，並指出對家族網絡的倚賴，並不等同於「親私關係」（nepotism）的鼓吹，企業主極少因「人情」而聘用遠房親戚，更會透過正式和非正式教育，積極培訓家族成員，並從中細心挑選企業的接班人，因此，華人家族企業並不一定守舊而欠缺效率，而是進取和無懼於現代經濟的激烈競爭。

　　對這些學者而言，文化傳統和社會網絡成為推動東亞經濟的動力之一，是順理成章的事。誠如Gary Hamilton在討論為什麼中國沒有資本主義時指出，只要我們放棄成見，不僵化地以西方準繩去審視華人經濟活動，則不難想像「資本主義」可以在東方採取一種截然不同的運作模式（"Why No Capitalism in China," *Journal of Developing Societies*, 1985）；而如果我們了解到經濟活動本身是牽涉到威權（authority）的行使，則不難

理解到，運用文化傳統和社會網絡，正正可以使威權更為彰顯，使經濟活動更增效率（Gary Hamilton and Nicole Biggart, "Market, Culture, and Authority," *American Journal of Sociology*, 1988）。

由於本書大多數作者已經在其他專書或論文中，對文化和網絡與經濟力的關係作出詳盡分析，他們大多沒有在這裡再次討論這問題；然而，我們不難在字裡行間看到他們的基本觀點。例如黃紹倫就重申婦女辛勞工作對家族企業的貢獻。陸緋雲亦告訴我們，那些從鄉間到城市打工的人，往往都運用同鄉網絡去取得尋找工作的資訊，去尋求在人生地不熟的境況下失業或患病的一點保障，去營造一些經商的優勢，以及建立一些保障生命安全的生活社區。至於李培德所描繪的早期香港買辦，則自「行商制度」廢除後，不但雄據香港，甚至將網絡擴展至上海、橫濱等地，其中個別買辦所建立的人際網絡，發揮了極重要的作用，他們更透過父親對兒子的擔保，去長期鞏固這種優勢。

幾篇關於消費文化的文章，雖然沒有直接處理「競爭力」的問題，卻傳達了緊扣文化脈搏對消費品和消費模式受歡迎的重要性。鄭詩靈的文章清晰地告訴我們，「涼茶鋪」九〇年代在香港再度興盛，不但得力於香港人飲食習慣的轉變，更由於經營者的手法在有意無意間，切合了香港因九七問題而激發的身分認同危機和懷舊中國熱。同樣地，余舜德的文章也細膩地分析了「夜市」所標誌的文化價值，從而解釋了為何「夜市」普遍存在於中國、台灣及其他華人聚居的社區，受到不分年

齡、性別甚至階級的人士歡迎，卻毫無例外地絕跡於歐美社會。「夜市」所標誌的其中一種文化特徵，是對時間的定位：從晚飯到午夜這時段，對歐美社會人士而言，是屬於私人和家庭的時間，但對大多數華人，則是「公」「私」皆可、工作休閒兼容的。因此，在中國社會晚上營業辦公是非常平常的事，而晚上不待在家中，到卡拉OK消遣、到夜市閒逛，則更是異常普及。

（二）文化、網絡與制度

除了這些基本觀點之外，本書作者亦對網絡的性質及網絡與制度的關係，作出比較細緻的分析。過去有某些研究認爲華人社會側重血緣地緣，傾向信任親屬，卻對非親屬的信任予以保留；因此，蓬勃的經濟活動往往只發生在該等「強網絡」之內。本書作者普遍質疑這觀點，謝國興、陳介英、朱燕華的文章都指出家族企業並不一定偏向聘用家族成員爲核心管理人員；家族成員自身的能力固然是極重要的考慮因素，同時，在台灣和香港，有越來越多家族企業接納有能力的外人成爲「空降部隊」，擔任公司的骨幹，例如在台南幫，鄭高輝就以外來人身分接任台南紡織的總經理一職。與此同時，謝國興和陳介英亦認爲這種接納外人、重業緣而輕血緣的做法，只是近年的發展；他們更藉著這觀察而推論到社會網絡的廣泛應用與經濟制度的稚嫩有關。簡單地說，由於經濟制度不健全，企業需要利用社會網絡所能發揮的群體制約力，去爲企業建立一個較穩定可靠的經濟環境。因此，網絡的應用是有其社會結構基礎

的，絕對不能用文化導向加以詮釋；更不能對這些經濟活動模式冠以「傳統」或「非理性」之稱號，事實上，網絡的運用往往經過理性的考量，所謂「傳統」，不過是表象罷了。

網絡的運用與經濟制度的關係，在邱澤奇、梁漢柱、張維安和吳介民的文章裡，得到更深入的探討。對這些學者而言，網絡的運用與企業的宏觀營運環境有不可分割的關係：包括一個行業的技術水平和該企業的競爭力，也包括一個社會的商業法、勞動法，更包括一個社會的語言、宗教、階級等結構。邱澤奇在論及華人家族企業時，就指出家族企業的繁衍，得力於輕工業消費商品所提供的空隙；一旦輕工業的重要性減退，家族網絡的效益就會面對局限。同樣地，梁漢柱的文章亦指出，香港勞工法例容許工廠採用「散工制」，將市場變化的風險轉嫁給工人，是構成以「女指導工」為核心的製衣工人網絡，得以存在的其中一種制度性因素；「女指導工」填補了該行業生產組織的一個重要空隙，一方面為廠東提供可靠的、在需要加班時樂意加班的勞動力，另一方面亦為工人提供就業的資訊和一定程度的工資保障；但當香港的製衣業北移，廠東對製衣工人的需求不再殷切，「女指導工」也再不能為工人提供就業機會，這種工人網絡也就日益衰微了。從以上例子，可見文化最多只是導致工人網絡出現的一個微細因素。

這種有關網絡與制度的論述，在吳介民對當代中國大陸的分析之中，得到更佳說明：送禮攀關係固然是一種重要的華人文化工具（cultural tool，參考Ann Swidler, "Culture in Action," *American Sociological Review,* 1986），但是否運用這文化工具卻

是可選擇的。中國大陸雖然推行經濟改革，銳意引入外資，但政策、法制在急速改革的過程中，難免有不清晰和矛盾之處，而一所資本主義企業在社會主義國家中，身分總有一定程度的曖昧，營運手法亦容易引起爭議，企業主動員各式關係網絡去保障自我權益是極之「理性」的行為；另一方面，地方政府在經濟改革後不但權力大了，亦肩負起更大的財政開發任務，在經費緊絀的情況下，在法律灰色地帶做點手腳是具極大誘惑的；講人情、拉關係，就在這種特殊的、不明朗的制度轉折情況下大行其道，給發揮得淋漓盡致。

網絡與制度之間複雜的關係，特別是該社會的語言、宗教、階級結構，更可透過對在台客家人和在美台灣人的比較，得到一個清晰的圖像。張維安在其台灣客家人研究中指出，客家人無論在資金匯集還是技術取得，都是透過制度性管道，而沒有動用族群網絡的；這是因為台灣擁有有效的機制，例如農會、合作社、銀行等，客家族裔大可不必動用族群資源而取得營運所需的技術及財務支援。此外，客家族群已經不再是台灣社會的「新移民」，其他族群對客家人亦沒有明顯的排斥，客家族群也沒有刻意封閉自己，凡此種種，都減低了族群資源對客籍人士的重要。相反地，北美洲台灣人身處的社會，無論是語言、生活方式、移民歷史，都導致台灣人成為比較封閉的少數族裔，雖然美國有完善的法律、財務機制，少數族裔仍然未能全面得益，動員族群資源，是少數族裔覓取生存空間的途徑，台灣人的族群網絡也在這樣的境況下給彰顯了。

（三）文化、網絡與剝削

　　除了分析網絡的性質和網絡的制度性基礎，本書作者亦積極探索剝削與壓迫是如何被文化及網絡所成全或抑制。現存的網絡研究，常常被批評為過於側重親情、鄉情和人情，一面倒地著眼於家族、族群以及人際關係中溫馨和諧的關係，而忽略了當中的壓迫和剝削；事實上，家庭中長幼有序、男女有別，對身處家族層級低下位置的成員而言，壓迫剝削並不陌生，這情況對華人家庭的婦女尤為嚴重，研究華人家庭與兩性關係的典籍，在這方面有極深刻的分析。同樣地，在族群之中也一樣有階級、地位、性別等分野，關係不一定全然和諧；而利用族群網絡達致壟斷和剝削的目的，也明顯地比比皆是。

　　為了糾正往昔的偏差，一些學者在這本書裡不但重申文化和網絡對競爭力的提升，更剖析其間所涉及的壓迫與剝削。黃紹倫的文章闡述了潛在家族網絡的壓迫：雖然華人婦女為家族企業勞心勞力，但身處男性主導的家庭和社會之中，卻未能得到合理回報。她們在企業中沒有明確地位，極少被挑選為企業的承繼人；即使婦女願意自行創業，亦由於華人社會對男女的道德規範持雙重標準，而難以拓展人際網絡，使她們在創業道上舉步維艱。

　　藍佩嘉的文章則描繪出人際關係裡，信任、感情與利益之間糾纏不清的關係。在傳銷行業裡，業者不能單靠銷售貨品去維持優異業績，更要吸納其他人投身傳銷行業，成為自己的「下線」，使自己得以分享他們的贏利；而要達到這目的，業者

要與客戶維持親密的人際關係，以遊說他們加入，一旦成功，亦仍然要藉著同樣方式去維持「下線」的熱誠。然而，當「下線」的表現持續不理想，這好朋友的關係也就破滅了。

另外，曾嬿芬的論文亦觸及族群與族群之間的競逐，以及因而引發的剝削關係。當印尼仍然是荷蘭殖民地時，身為外來少數族裔的華人，由於沒有受到印尼宗教文化的制約，可以毫無顧忌地擔任荷蘭人向印尼人徵稅和收購原材料的中介，並藉而壟斷眾多行業，獲取鉅利。但這種以「族群資源」去壓迫另一族群的行徑，也令華人成為比荷蘭殖民統治者更受印尼土裔痛恨的族群，種下了今天印尼人和華裔人士之間仇恨的根苗。

最後，潘藝的文章則闡述了文化如何變成競爭與剝削的工具。從農村到深圳經濟特區工作的「打工妹」，被當地人譏笑，指她們膚色垢黑、粗手粗腳、土裡土氣；這或許是據實報導，但更可能是一種或有意或無意的文化建構過程。客觀效果就是為來自「北方」的女工作身分定位，將她們編派到深圳這新興工業城市之最底層，間接告訴這些來自農村的女孩子，做「打工妹」賺取卑微的工資，對她們已是不可多得的機會，不可諸多要求，更不應好高騖遠。至於「打工妹」們，在接受這文化建構的同時，亦運用同樣的文化符號去進行反建構：買新衣、燙頭髮、用化妝品漂白皮膚，都幫助她們拉近跟城市人的距離，增強她們在勞動市場的議價能力。

（四）文化、網絡的建構

最後，本書作者不但討論文化的建構，也嘗試分析網絡的

建構性。現存的東亞研究，往往將文化和社會網絡看成既有的社會資源，只要屬於該社群，就會無可避免地受該種文化薰陶和規範，亦可以毫無困難地掌握該種網絡資源；這種說法，正墜入了社會學者Dennis Wrong所批評的，對人類抱持的過度社教化的前設（"The Over-socialized Conception of Man in Modern Sociology," *American Sociological Review*, 1961）。網絡作為一種社會資源，是需要灌溉經營的；人際網絡固然如此，即使家族與族群關係，雖然有與生俱來的成分，仍需要動員、重申、拓展、鞏固，甚至建構。

藍佩嘉的文章在人際網絡的經營和建構上有細緻的討論，在拓展傳銷網絡時，無論「上線」還是「下線」，都要在語言和行為上，建構一種親厚綿密的感情關係，以達到和諧的合作目標，逛街、購物、談心，都成為傳銷業業者經營人際網絡的方法。至於「族群」本身，雖然看似建基於客觀的血統和地緣條件，卻也有其建構的層次；這方面可以在馮美玲對加拿大多倫多華人商店的研究看到一點端倪。華人作為多倫多主流社會以外的少數族裔，在某程度而言，是透過「西人」與「唐人」的接觸、互動，而一再被重申、肯定和鞏固。關於銷售稅的減免，是一個很好的例子。加拿大徵收銷售稅，是無分種族的，但無論加籍還是華裔人士，都認為在華人開的店鋪，就可以減免銷售稅，店鋪經營者固然以免稅作為競爭手段，加籍人士亦會用現金付款，以交換銷售稅的減免；在這過程之中，「唐人」和「西人」幾乎是同心協力地將華人的外來者身分重新肯定，因為只有身處邊緣地帶的外來人，才傾向走私漏稅。最後，誰

是家族成員，成員在家族所佔的地位，都是建構經營的成果。
這一點在黃紹倫的文章裡有很清晰的討論：由於女性在華人家
庭位處邊緣，需要用各種方法去鞏固自己的地位，與子女建立
親密深刻的感情，維繫所謂「子宮家庭」，正是建構家庭成員
身分、經營家族內部網絡的表現方式。

三、小結：未完的路

　　本文嘗試簡介經濟社會學在西方的源流，特別是十九世紀
社會思想家所奠立的基礎，以及二十世紀七〇年代在美國出現
的「新經濟社會學」思潮；經由這簡略的回顧，筆者嘗試帶出
經濟活動是如何與文化和社會制度、社會網絡、社會結構連結
在一起，為什麼文化和社會研究可以豐富我們對效率、價值、
工業生產結構、經濟制度等各方面的了解。筆者亦簡短地敘述
了經濟活動是如何被兩岸三地，特別是台灣和香港的社會學、
人類學和歷史學者所關注；並透過對本書二十篇文章以及相關
的論文和專書的回顧，討論了一些甚具影響力的論述和一些日
益受到重視的命題，例如文化和網絡的建構，以及它們跟效
率、制度和剝削的關係。

　　篇幅所限，本文並未能全面回顧經濟社會學在西方的各種
流派，更遑論對它們作出深刻的分析和有建設性的批判。基於
相同原因，筆者亦只能從本書二十篇文章中，抽取一些獲得較
多作者關注的命題加以討論；事實上，個別作者提出了很多有
趣亦有意思的問題，例如潘美玲就揭示了檳榔文化的性別取

向、陳效能則對服飾西化與全球一體化的關係進行分析、羅家德也點出了高科技產業所呈現的內部及跨企業網絡模式。這些都是非常重要的議題，還有許多未能一一討論，很是可惜。此外，雖然這是一本有關兩岸三地的書籍，筆者卻將討論集中於台灣和香港，亦未能對這三個文化上有頗多相通之處，但法律、政治及社會制度截然不同的經濟實體，及其展現的經濟活動作出有系統的比較分析，這是我的遺憾。最後，細心的讀者會發現，本書二十位學者對文化及各種社會網絡的觀點和價值取向並不一致；事實上，本書的兩位編者並沒有刻意去肯定或否決任何一種觀點，即使我們在某個觀察上，與作者持相反意見，亦未有在編輯過程中加以增減或修訂。我們相信只有在百花齊放的環境裡，學術研究才能得到持久的進步。

能夠出版這本書，實在得力於一眾友人的鼓勵和幫助：特別是張維安的支持和提點、生智文化公司總編輯孟樊先生的信任，以及各參與學者在百忙中用心撰稿，都是完成這本書缺一不可的要素。另外，後期文字編輯工作，得到香港的陳美琪小姐和台灣的林玲如小姐大力協助，謹此致謝。

這是一本寫給年輕人的書，我們力求少用術語和繁複的論述，並引用實在而饒富趣味的例子，試圖向年輕讀者展示經濟社會學的魅力。這二十篇文章可能沒有全然達到上述目標；但我仍希望年輕讀者可以本著渴求知識的心，去分享這些學者所展示的世界，去玩味和批判他們提供的概念和分析方向，並以廣闊的胸襟和視野，重新審視日常生活中，這些看似熟悉卻又陌生的經濟現象。

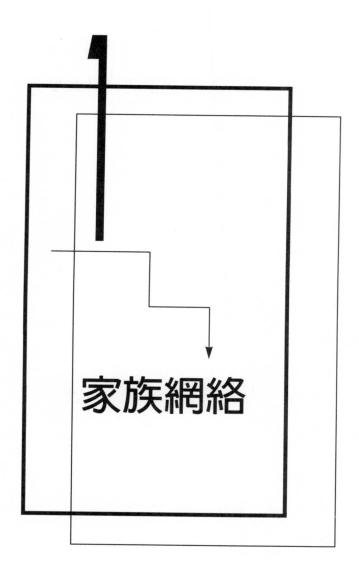

家族網絡

台南幫的家族網絡

謝國興（中央研究院近代史研究所）

一、前言＊

　　在企業的範疇中，家族網絡有兩種類型，其一爲原始家族制度下的網絡關係，以血緣親等爲基礎，包括家族與宗族；其二爲以認同爲基礎，相互協力的關係企業形成企業家族，構成一種特殊的社會網絡。簡單的說，許多小企業依賴原始的家族網絡建立，是爲家族企業，而後逐漸擴大，由血緣而地緣而業緣，最後成爲一大企業家族，台灣的許多企業集團均具有這種性質。

　　台南幫是以台南紡織、統一企業、萬通銀行等核心公司爲主所形成的企業集團之簡稱，早期的創業者與經營者多來自台南地區，是典型的依賴家族網路與宗族子弟聚集資金與人才而逐步發展的企業。該集團目前經營的行業包括紡織、食品、建築、建材、化工、金融、證券、保險、物流等，其中食品業的統一企業、物流業的統一超商（7-Eleven）、鋼鐵製罐業的統一實業（生產馬口鐵）等，在台灣同業中，均屬排名第一的企業。

二、台南幫以侯、吳兩家族爲班底

　　台南幫的淵源，可追溯至一九二〇年代。先是一位來自台南北門鄉下的侯基（台南縣北門鄉二重港人），在台南市區開設了「新復發布行」（批發商），他的姪子侯雨利、侯調在家鄉無業可就，遂到叔父侯基的布行當學徒（囝仔工），幾年之後，侯雨利與侯調自立門戶，各自開設「新復興」、「新復成」布行。中國傳統商號任用夥計，通常優先考慮親族子弟，侯雨利獨力創設「新復興」之初，聘用了吳克讀任帳櫃（會計）。吳克讀是侯雨利夫人吳烏香（學甲鎮新頭港人，新頭港與二重港爲鄰村）的宗叔，也是當時鄉下少數受過日本公學校（小學）教育並自習漢文的「知識份子」。吳克讀的大兒子吳修齊在公學校畢業後不久，未滿十六歲，即進入「新復興」任學徒，時爲1928年。侯、吳兩家是戚誼關係，侯雨利與吳修齊是主僕（師徒）關係，但吳修齊畢生以「雨利哥」稱呼其老闆侯雨利。

　　吳克讀的二兒子吳尊賢（過繼給其弟吳克章）在唸完公學校高等科之後（1930年），透過吳修齊的介紹，進入侯基的「新復發」布行工作，當時尚未滿十四歲。吳尊賢稱他的老闆侯基爲「基伯」。1934年，吳修齊、吳尊賢與弟弟吳俊傑（前此在侯雨利的堂弟侯排所經營布行「新復茂」當過學徒），邀集親戚，包括吳克讀、吳克章、吳章興兄弟、王金長（吳克章的女婿）、賴華（吳克讀的親家，吳修齊的岳父）等人，籌資

四千五百元，創設「新和興」布行，主要工作人手是吳修齊（掌櫃、採購）、吳尊賢（外務、推銷）、吳俊傑與莊昇如（吳尊賢的表弟）負責雜務（內務、送貨等）。吳氏兄弟創立之初，信用未立，新復發與新復興兩商行無條件爲新和興融資保證人。這個家族兼合夥性質的傳統商行，後來成爲推動台南幫成型的核心力量。1994年「新和興行」六十週年紀念，早期的幹部及第二代、第三代經營者及親屬齊聚慶祝，出席人數超過五百人，大部分爲侯、吳兩家族及宗族、戚誼關係成員。

在1949年之前，從資金的角度看，侯家有侯基、侯雨利、侯調、侯排等幾個家族系統的商行，均採家族獨資的方式，吳家則採親友合夥投資；從經營的角度看，則侯、吳兩家族的管理階層清一色是親族、戚誼、鄉里子弟。

1946年到1949年間台灣正值戰後復元時期，物資匱乏，工商業者只要從事民生必需品的生產，通常利潤豐厚，侯、吳兩家族在這一段期間因從事布匹批發（侯雨利則擁有稍具規模的織布廠，產品熱賣，獲利尤豐），累積了資金，在一九五○年代台灣開始提倡輕工業時期，成功的由商而工，轉入製造業的領域。

資金之外，人才更是企業經營成敗的核心因素。台南幫的第一代創業於一九二○年代與三○年代之間，第二代成員大多爲二重港（侯姓）與新頭港（吳姓）兩村的宗族子弟，在戰後不久織布與布匹批發業務鼎盛的時期進入新復興與新和興，一樣是十來歲的青少年時期從學徒幹起，後來不少成爲獨當一面的創業者，或公司的重要經營者，較著名者包括目前擔任統一

企業總裁高清愿、環球水泥董事長顏岫峰、萬通銀行副董事長吳金台、佳和集團董事長翁川配等。

　　高清愿是吳修齊的表內弟，台南縣學甲鎮倒風寮人，幼年喪父，家境貧苦，小學畢業後即傭工為生。1946年（十七歲時）進入吳修齊、吳尊賢兄弟經營的「新和興行」當學徒，從掃地、搬布、送貨、打雜開始「學生意」。1949年新和興已是台北（設有分行）與台南兩地規模最大的批發布行，因局勢變化，惟恐共軍「解放台灣」後被「共產」，遂結束營業。1950年形勢底定，高清愿夥同新和興的老同事吳元興（新頭港吳姓宗族）、侯茂生（二重港侯姓宗族）合組德興布行，繼續經營布匹批發。1955年台南紡織公司成立，高清愿擔任業務課長，後升任經理，1967年離職，創立統一企業，任總經理，發展至今，統一集團是台灣最大的食品與流通業者，轉投資與關係企業眾多，是台灣的大型企業集團之一。

　　台南紡織是侯、吳兩家族及其宗族、戚誼為主所投資，成立之初，侯雨利是最大股東，吳修齊任總經理，主要幹部包括副總經理侯永都（侯雨利長子）、工務課長陳國振（侯雨利之女婿）、總務課長吳俊陞（吳修齊之弟）、會計課長吳進興（北門吳姓宗族）、業務課長高清愿，董事長則公推甫卸任台北市長的吳三連（新頭港吳姓宗族，當時為最小的股東）擔任。總之，股東及公司領導幹部彼此之間由師徒、家族、宗族、戚誼等多重關係網路交織而成。

三、家族企業與企業家族

　　台南幫從南紡成立開始，採總經理制，即董事長實際上並不過問，總經理負最大的經營責任。吳修齊退休之後，繼任的總經理是在台南經營織布、布行的紡織同業鄭高輝，上述家族、宗族及戚誼成員未受青睞，企業經營的理性計算精神表露無遺。鄭高輝青少年時期就主持家庭式小成衣廠，後來開設布行、織布廠，與南紡在業務上有所往來，由是與高清愿相識相知，1957年先參與投資高清愿創業主持的統一企業（任常務董事），1970年「空降」南紡擔任副總經理，1975年正式接任總經理。這裡透露兩個訊息：第一，家族網絡中的差序格局並不是企業繼承的最主要因素，反而是信任格局的理性考量居主導地位；第二，家族與鄉親的任用是血緣與地緣因素的作用，因業緣（同業）而來的結合，代表信任與認同，高清愿與鄭高輝成為事業夥伴，也成為台南幫「企業家族」的成員。

　　顏岫峰是台南幫第二代領導人中唯一具有高學歷（台灣大學商學系），但仍從「囝仔工」幹起的特例。顏岫峰的父親顏榮在一九三○年代曾在「新復興」工作，是侯雨利的員工。1948年顏岫峰大學畢業，適「新和興」在台北設立分行（稱台北三興行，1949年停業），應吳尊賢之邀前來工作，起初待遇仍與學徒無異，與吳尊賢情同師徒，1950年「台北新和興」（貿易行兼批發布商）組設，顏岫峰仍為吳尊賢的副手，主管進口貿易，1960年「環球水泥」成立，顏岫峰擔任副總經理

（總經理吳尊賢、董事長吳三連），後來逐步升任總經理、副董事長、董事長。顏岫峰娶侯雨利二女兒，侯家女婿的身分並非他成爲環泥經營者的主要背景，吳尊賢的賞識與提拔才是重要因素。

吳金台爲新頭港吳姓宗族子弟，也是吳尊賢的表妹婿，1946年進入「台北三興行」工作，成爲吳尊賢的眾徒弟之一。台北新和興成立後，吳金台繼續負責布行，1956年台北新和興購併「坤慶紡織廠」，吳金台出任總經理。坤慶早期經營困難（麻布易洗快乾，但易皺不挺，無法與人造棉織物競爭），1960年開發亞克力紗（acrylic staple，針織毛衣的主要原料）成功，公司才步入坦途，近幾年經營環境不變，坤慶目前成爲準投資性質的公司，吳金台任董事長，同時也擔任台南幫共同投資的萬通銀行副董事長（董事長爲高清愿）。

翁川配與高清愿、顏岫峰、吳金台等人年齡相近，爲侯雨利夫人之外甥，1946年進入「新復興」（織布廠）當學徒，因表現優異，1955年之後即獨當一面的負責新復興布廠，1962年正式擔任新復興實業公司總經理，至1980年才卸任。1968年翁川配與友人合組怡華毛紡廠，1973年創辦佳和實業公司（織布廠），任董事長。佳和實業目前是遠東地區最大的格子布及主要的仿絲布生產者。

任用家族、親戚子弟，並不見得就成爲「家族式企業」。台南幫的各核心企業都是合夥性質，1955年成立的台南紡織，1960年成立的環球水泥，主要股東爲侯、吳兩家及其親戚；1967年成立統一企業時，侯、吳兩家族、親戚之外，增加了北

門地區與台南市區的鄉親與同業，資金來源基礎有所擴大；南紡、環泥、統一企業的這些大股東，以及部分公司幹部，後來陸續又合夥投資了不少事業，資金來源的層面逐漸擴大，到了1991年萬通銀行成立時，由於資本額較高（台幣一百二十六億元，一次繳足），股東的成員包括侯、吳兩家族、台北新和興的同仁（多為侯、吳兩宗族）、台南鄉親、台灣各縣市的同業等。換句話說，在資本形成過程中，從早期的家族資本到宗族、北門鄉親，到晚期的台南鄉親、台灣鄉親，是一種從血緣關係到地緣關係到同業關係的波紋式擴大，而代表性的侯、吳家族（及其親戚）始終是核心力量。

家族網絡是台南幫形成的原始基礎與主要力量，但由於是合夥投資，並採取總經理負責制，因此從一九五〇年代開始，就避免了單一家族主控經營或父子繼承式的管理權移轉方式，而重用宗族與鄉里子弟，從中訓練，揀選人才，到了一九六〇年代開始轉投資或新創事業時，能擇才任用，並且維繫企業文化。這種結合任用親族與專業經理人精神的例子，在統一企業、台南紡織、太子建設、環球水泥、南帝化工、新復興實業、國際紡織、坤慶紡織、新和興海洋等公司的第一代與第二代重要管理階層之任用上經常出現。近幾年由於部分轉投資行業的範圍擴大，專業性質更高，因此逐漸有部分公司引進外界專業人才擔任高階管理者的現象。

當一個企業或企業集團，其資金來源或管理人才，由初期的血緣、地緣關係，到中後期依賴業緣（專業經理人的聘用多半是「同業」關係）時，其企業內部的家族網路固然仍是維繫

的基本力量，但其性質早已非傳統的家族企業可以比擬。一個自我認同性高、內聚力強的企業集團，本身就是一個「企業家族」。既稱「家族」，就必然有或隱或現的一位大家長或少數家父長級的人物，足以主導或影響整個企業集團的運作與發展，這時集團內部的分子企業雖然財物、管理、營運皆各自獨立，但彼此亦可互相合作（如交叉投資或共同投資、業務合作、資金融通、背書保證等），猶如家族成員。

四、精神領袖與專業經理

台南幫的第一代「大家長」是吳三連，具有精神領袖之意義。吳三連畢業於東京商科大學（今一橋大學），在一九三〇年代擔任記者，參與台灣人文化抗日活動，中日戰爭期間一度避居天津，台灣光復後返台，當選第一屆國大代表、台灣省議會議員，也擔任過兩屆台北市長。1954年卸任台北市長後，應宗姪吳修齊、吳尊賢兄弟之邀，先後擔任台南紡織、環球水泥、南台工商專校董事長，以迄1988年去世為止。吳三連不善營生，但熱心公益及社會文化事業，高風亮節，社會聲望極高。他擔任南紡、環泥兩家台南幫最早創立的公司董事長，但完全授權兩家公司的總經理吳修齊、吳尊賢負責，為台南幫的總經理制立下良好範例。台南幫對他的最大回饋是不計盈虧支持他辦報的理想，吳三連擔任三十年發行人的《自立晚報》，在解嚴前，是台灣唯一比較能夠「言人所不敢言」的報紙。此外，集資創辦南台工專（目前已改制為南台科技大學），捐資

設立吳三連獎（包括文學、藝術、學術等獎項），協助吳三連從事社會文化事業。

吳三連之後，吳修齊、吳尊賢昆仲扮演集團領導人的角色，重大投資案、對外關係的拓展、內部紛爭的協調，多尊重兩位長者的決定。1999年春間吳尊賢過世，吳修齊因年長，也已較少過問集團之事，實際領導人已由第三代的高清愿、嚴岫峰等承擔下來。

企業家族的特徵，不但表現在共同投資新事業上，也表現在對外關係（社會回饋）與危機處理上。

在新事業的投資方面，台南幫的大股東或子公司之間，往往出現「既聯合、又競爭」的微妙關係。例如早期在紡織業、食品業、建築業的投資上，同時成立了多家公司（尤其紡織業曾同時有十家左右），有些股東同時投資幾家公司，有些股東可能只投資一、兩家，各公司股東的重疊性很高，但經營者（總經理）各不相同，財務亦各自獨立，同業競爭自然無法避免。近幾年因台灣的企業集團越見發展，集團與集團之間的競爭也日益激烈，為了凝聚力量，各子集團或子公司共同集資成立大型投資公司的運作方式成為新的趨勢，內部的競爭反而減少，這時候集團大家長的領導，或少數意見領袖的集體領導，成為企業茁壯不可或缺的因素。1998年7月，在台灣房地產極不景氣的情況下，台南幫中的統一企業、太子建設、環泥建設、萬通銀行、統一超商、坤慶紡織、台南紡織、統一國際投資等八家公司集資一百二十億六千萬元，在台北市信義計畫區標購一塊國有地，準備共同興建聯合辦公大樓，作為這個企業

家族的台北總部。

在社會回饋方面，台南幫在1959年到1991年的三十餘年間，為了支持吳三連從事文化事業，投資《自立晚報》的股份，從初期的佔有三分之一，累增到最高時佔有四分之三，三十餘年之間，虧損了數億元台幣，但台南幫各公司仍義不容辭的投入，直到解嚴之後報禁解除，報紙經營生態已產生大變化才退出。

在大額的捐輸方面，如半官方性質的基金會募款、政治獻金、災難救助捐款，其數額在數千萬甚至億元以上時，台南幫集團通常統一對外捐助一定額，對內則由各子公司依規模、營業額、獲利能力等條件，分認不同的金額，各公司金額派定，有很長一段時間通常是吳尊賢提筆一揮，大家均無異議。

五、結語

台南幫各分子企業之間以及不同的經營者之間，早期網絡所賴以搭建的結構因素是原始的血緣、親情、家族關係，而後逐漸擴大為鄉親、同業；人際之間的關係包括父子兄弟、親戚朋友、師徒同事等，有時也兼具多重關係（如既是親戚，又是師徒，後來可能共同投資成合夥人）。當集團不斷擴大，人際關係中的「同業」因素愈形增加，但原始的家庭親族式網絡並不會被取代，仍是重要的人際關係基礎。在「家族企業」的時代，個人是企業組成中的重要單位。未來在面對企業經營國際化的時代，集團企業將更趨於以「企業家族」的型態展現，

「分子企業」成為「家族成員」的主要單位，屆時的網絡關係
如何建構與作用，是值得進一步觀察與思考的。

＊本文標題為編者所加。

家族企業與台灣經濟

陳介英（逢甲大學社會科學教學組）

一、前言

　　家族企業並不是台灣所專有的一種企業類型，事實上它存在於世界各地，它似乎也不爲某種企業規模所專有，因爲不管是大企業或中小企業，都有許多是家族企業。然而，到底什麼是家族企業？我們從既有的研究文獻來看，有關家族企業的定義或描述，存在著相當的歧異性。它不但會隨側重點的不同而不同，甚至也會因爲社會背景的不同而有差異。之所以會如此，主要在於家族企業的探討，牽涉到家族與企業之間的關係，這不只是企業組織型態的問題，還牽涉到每個社會中，家族所可能扮演的角色與功能爲何的問題。因此，大凡家族關係是爲社會中成員所重視的地方，其家族與企業的關係也會較爲密切。不過由於其社會成員對於家族重視的內涵不同，而會有不同型態的家族企業。例如日本人和中國人雖然都是重視家族關係，但因爲所重視內涵的不同，而使得其在家族企業發展的可能性上，也就有所不同。若根據陳其南的研究來看，由於此種對於家族認定上的不同，也導致了日本不乏延續百年以上的家族企業；相對的，台灣的家族企業，通常不是自動凋零，就

是分化成諸多各自獨立的企業。富不過三代,這個流傳久遠的諺語,其實也可以說是台灣家族企業宿命的寫照。然而,這樣一種無法持續久遠的家族企業類型,卻是與被譽為是一種奇蹟的台灣經濟發展經驗密切的關聯在一起。它到底是怎麼一回事?家族與企業在台灣戰後的經濟發展經驗中,如何具體的關聯在一起,是一個有趣的課題,也是本文想要進一步加以釐清的重點所在。

二、家族企業的類型

雖然林建山將家族企業分成以下這四種類型:

    1.是基於血親關係的家族企業。

    2.是基於宗親關係的家族企業。

    3.是基於同鄉關係的家族企業。

    4.是基於共同創業的同夥關係。

但是基本上,後兩種因為不是立基在家族的關係上,因此歸為家族企業就有點勉強。另外美國丹尼里(Robert G. Donneley)認為家族企業有以下幾個特點:

    1.家族關係是決定管理繼承的主要因素。

    2.現任企業主持人的妻子、兒女,或是前任企業主持人為現任董事會的主要成員。

    3.企業目前的價值觀念與家族成員的價值觀念是同一的。

4.儘管家族參與經營，但其屬員的行動，都反映了企業的信譽和榮譽。

5.家族成員認為他們有義務持有公司的股票，他們持有股票並不是為了財務的理由，而是為了使公司繼續延續下去，所以儘管虧損還是繼續持有。

6.家族成員在公司的地位，影響到他在家族中的地位。

7.家族企業的成員與公司的關係，決定了他一生的榮譽。

雖然照顧的面向很廣，包含了產權與企業成員的行為觀念，但是對照於台灣的情況，並不恰當。因為台灣有很多家族企業是屬於中小企業，其股票並不在市場上公開流通。並且家族成員在公司中的地位，一般並不會影響其在家族中的地位，相反的，往往是在家族中的地位決定了其在企業中的地位。

至於陳明璋雖然以台灣經驗指出了家族企業的特徵有以下幾個：

1.家族企業的管理權與所有權是完全合一的。

2.以家族關係作為升遷的標準，而不是以人的表現與成就為導向。

3.人治的社會，是講求年資（seniority）的社會，主要以家族關係為主。

4.組織結構混雜，較無系統。

5.異質並存的管理方式。

6.以創新（無中生有）建立事業。

7.家族企業通常有一位傳奇性的人物，就是由創業主來帶

動整個家族企業的成長。

8.講傳統的社會。

9.是一種組織中的重疊性。

10.多元指揮的型態。

但是證諸台灣普遍以家族做為其主要創業資源的中小企業經驗，其企業的創立者很多可以說是很平凡的人，並且其中大部分是屬於集權領導的類型。因此，以上的特徵描述，似乎仍難以周全掌握台灣家族企業之特質。例如，范揚松也指出了另外一些實際存在於台灣家族企業運作方式：如私有的人際關係、大家長作風、家和萬事興、父系父權的延續、權威性人格、不信任外人、相對「忠信」的關係、家規為社訓等等。然而，這樣的說法也同樣有其片面性。

除此之外，黃光國也曾從家族企業的發展過程，將它分為以下幾種：

1.全部由家人經營，未僱用任何外人的「家族企業」。

2.開始僱用許多外人，但卻未訂立任何管理規章的「人治」式家族企業。

3.訂立有管理規章制度，但卻由企業主總攬大權的家族企業。

4.規章制度明確，經營權和管理權分開的家族企業。

這種界定雖然注意到家族企業發展的階段性，但問題是在第三和第四個階段所呈現的家族企業類型，其與家族的關聯性似乎

並不明確，因此較難理解將其指稱為家族企業的意義所在。

　　台灣家族企業的主要特質，我們從現存的企業中可以看到，它事實上可以從產權的分布與執行、經營管理以及企業成員的心態與觀念等不同面向來加以界定。首先我們從公司的法律型態來看，在1998年的台灣大型製造業裡有96％是股份有限公司，另外有3.1％是有限公司，只有0.1％是獨資；相較之下中小企業只有21.6％是股份有限公司，另外有33.2％是有限公司，而有44％是獨資。至於在商業部門中的大型企業，就只有53.7％是股份有限公司，42.9％是有限公司，以及0.6％的獨資；相對的中小型企業之股份有限公司比重更小，只有6.5％，而有28.7％是有限公司，獨資最多，佔所有中小型商業廠家63.1％的比重。雖然在法律的規定上股份有限公司或是有限公司都是一種產權具有某種程度分散與明確的企業組織，但在台灣有很多股份公司其實是和獨資差不多，因為其股東表面上，雖然是由許多人組成，但往往股份都是集中在某個人或某一家族；另外有些其股東雖都是家族成員，但其股權也是只集中在家族中的某個人或是少數的幾個人。相同的，就以獨資的企業來看，其創業的資金，部分也是來自其他家族成員或者是妻方親友的支持，因此我們並不容易直接從其企業組織的法律類型來加以判定，而需要就其產權的實際內涵，也就是到底誰才是出最多錢的人來加以判定。

　　若我們就經營管理的層面來看，台灣企業親人同在企業中並擔任重要職位的情形非常普遍，所以如果以主要股東或擁有者是否有親人任職於公司來作為判準，那麼台灣的企業可以

說，有不少是家族企業。至於從企業成員的心態，是否將企業視爲家產，則可以發現有相當多的台灣企業主以及員工，會自然的將企業視爲某一個人（即老闆）或某一家族的家產。因此，從心態面來看，也可以發現台灣的企業可以說大多是家族企業。

　　基本上本文在此之所以要討論家族企業的界定問題，是在於家族企業如何被界定，其實關聯著家族與企業之間的關係如何被認定。就個人的認識而言，台灣企業在企業成員的認知上是普遍受到家族觀念的影響，相對的在企業的實際經營管理與產權的結構上，家族所扮演的角色就相當的有限。雖然有不少企業主有任用自己人的情形，但是有更多的企業主在自己人明顯不行的情況下，會斷然地以外人來取代或架空他（她）。雖然有不少企業主相當重視員工的忠誠，但是也有不少企業主重視的是適才適所。至於在產權結構上，根據企業實際運作的經驗，產權集中的，通常比產權分散的較能夠穩定經營，特別是在中小型企業更是如此。並且所謂的集中，並不僅是集中到某一家族，更重要的是集中到某個人的手中。相較之下大型企業則是以某一核心人物及其重要的家族關係人爲權力集中所在，在中小企業常可見到在形式上與實質上，都集中到某個人身上。因此就台灣的家族企業而言，其產權結構通常表面上或形式上屬於某一家族，但實際上卻是有一個具體的領導或掌控者。所以，對於家族企業產權的擁有者，我們要注意的是它事實上是集中在某一特定的個人，而非家族這一個組合體。

　　總體而言，雖然台灣的家族企業樣態，具有相當的多樣

性，但我們也可以看到家族企業的存在與否，實際上和企業創立者如何使用家族這種社會資源有關。換言之，若創業者完全撇開家族資源而外求，即資金、人才、訊息與管理等，皆與家族以外的對象進行連結並和家族的運作習性無關，則其企業自然與家族無關，而不能算是一種家族企業。但若是企業的創立或運作，關聯到家族資源的使用或其運作習性，則即使產權或組織形式上並非和家族有關，也是可以稱為家族企業。因此，「家族」作為一種社會資源的使用與否，以及企業在運作上是否具有家族關係邏輯，是本文用來認定一個企業是否為家族企業的判準。

三、家族企業與台灣的經濟結構特質

台灣戰後經濟的發展，我們若從企業的角度來看，不管是大企業或是中小企業，在其發展的過程中，幾乎都依賴著家族這種社會性資源，並且也有很多企業在其運作中展現出一種家族關係邏輯。例如很多台灣企業在其創業的初期，不是動用家族人員作為基本的企業成員，就是受到家族成員的資金與訊息支援而得以開創其企業。在企業的運作上，也經常可以看到一種內外之分。亦即那些有家族關係或擬似家族關係的人，常被視為是自己人，也就是可以信賴的人，而在待遇與升遷機會上，比那些沒有關係的人好。雖然這種差別待遇，常是台灣家族企業為人詬病的地方。然而，這種差序格局的存在，並不必然會影響到企業的成長。事實上，台灣就有不少企業從小到大

都是如此。因為可以信賴的人或被企業主視為是自己人，若他（她）同時也是個有能力的人，那麼有等差的對待方式，對企業的發展而言，就不見得是壞事。而簡單的把不依規章辦事視為人治而加以排斥或批評，也不一定恰當。因為企業的表現，企業主或發號施令的人是其成敗無可逃脫的負責者，所以企業主有沒有按規章辦事，並不重要，重要的是企業主的作為是否能夠對企業產生好的結果。

從戰後台灣經濟發展的經驗來看，因為家族可以說是一種最被廣為利用的社會資源，所以絕大多數的企業，不分是大或小，都可以在此定義下稱之為家族企業。也因此，我們可以說家族企業和台灣的經濟發展，有相當密切的關係。只是這樣一種密切關係，到底所指為何？兩者到底在哪些地方產生關聯？我們將作進一步的說明。

（一）廠商的零細化與台灣家族的凝聚與分化並存之本質

雖然有很多研究指出台灣的企業結構有偏向零細化與不易在規模上持續擴大的特質，並且也將這種情形歸因於「寧為雞首，勿為牛後」的社會習性所使然。但事實上，這種企業結構在發展上的特質，其實和中國社會中家族所具有的凝聚性與分化性並存的特質有關。家做為一個整體，當然與每個成員休戚與共，但是就每一個人而言，當他（她）有了自己的家之後，原來的家又漸漸變為是次要的。我們會看到，中國人的家在成員尚未有人成家之前或是一起面對外在挑戰時，凝聚力最強；但是當成員中有人成家，或是面臨利益分配時，家的凝聚性就

減弱，而其分化性則增強。

其實「寧爲雞首，勿爲牛後」的一種說法，放在台灣的社會脈絡中，其所立基的是一種「立業的心態」，也就是想成自己家、立自己業的心態。我們發現，對家的貢獻，其實是一種社會性的責任要求與榮耀，這些責任與榮耀，在中國人的社會，經常不會是落在「家」這個空泛的名詞上，而會是落在某個具體的個人身上。因爲光前裕後，所指的其實是某個傳承或系統中的某一個人，他的表現或成就，使得其所有家族關係的人（涵蓋著同世系之過去與未來的人），感到光榮與獲得好處。

有人認爲華人的成就動機是一種社會取向成就動機，而不是個我取向成就動機。它所著重的是家之成就的追求，視家的成功爲個人的榮耀，其終極的人生目標是「揚名聲、顯父母；光於前、裕於後」的家道維繫。然而，這樣一種習性，事實上也意味著華人主要是以「對家的貢獻」來證立自己存在的價值。因此，它雖然是一種家族社會脈絡下的產物，但是它通常會很具體的落實到某些個體的行動上。這樣一種對家要有所貢獻的精神，有趣的是，它並不一定帶來家庭成員間的同心協力。通常它是要在父母親仍擁有實際權力（即仍未分家）或家庭成員尚未成家之前較有可能。若非如此，要家庭成員同心協力就很難。因爲只要家庭成員一「成家」，其責任結構就會有所改變，也就是家的成員會面臨一種從無責任負擔到有責任負擔的轉變。因爲原先只做爲家之一員，主要的角色是受父母照顧者或是幫忙父母者，一旦成了家，自己的角色馬上變成是有

妻小需照顧者，他馬上就須承擔起養自己家或興自己家的責任。這在中國人或華人的社會應該是很清楚且核心的一種社會規範。至於是否會擴展至照顧旁系血親，則視每個人對家的範圍大小之認定而定。但不管如何，成了家就必須照顧家，是每個中國社會男人的基本社會要求。因此，立業心態是社會的，但同時也是個人的。它驅使每個人要努力去創造自己的家業，以顯揚父母，以提供子孫優裕的生活環境。在這種社會心態下，視企業為自己的家業，以及普遍的黑手變頭家的人，他們利用最基本的社會資源：家，來成立企業，就不是一種偶然的現象，而是有其內在的社會驅力所使然。

（二）技術與經營的個體化與台灣家族的差序關係模式

台灣的企業，由於經常是由擁有技術或銷售網絡資源的工作者所創立，因此，其企業的核心競爭力所在，也往往是集中於企業主身上。例如，有的人原先是在某家公司擔任技術人員，或是在其他公司從事行銷業務。因此，這樣的企業主，不但是企業的擁有者，其本身通常也是該企業在經營能力上的核心所在。然而，值得注意的是，這種技術與經營訣竅集中在企業主身上的情形，不僅是一種普遍存在的事實，並且也在很多企業成為其固定的經營運作模式。為何會如此？如果企業的創設普遍處在成立自己家業的心態上，則其總體企業在運作上，通常會面臨一個雙重的困境。一個是就企業主而言，因為企業是自己的家業，因此較難以信任家族網絡關係以外的人，而使其不易對外人推心置腹，或將其經營核心能力妥適的移轉與擴

大；另一個是就有能力的受雇者而言，在此種立業心態的驅使下，也會使其不易安於現狀而想要自立門戶。

事實上，家族連帶關係中以某個個體為核心的差序格局，也往往使台灣家族企業，難以具體劃分企業中成員的權利義務。因為家族連帶關係的有無，通常也會造成在公司中，同樣職務位階的人有不同的權利與義務。例如，在家族企業中雖然同樣職位，但因為某人是老闆的自己人，所以較常被分配到輕鬆的工作；或相反的，有可能別人都下班了，卻還要義務留下來處理其他的事務。基本上，家族企業制度建立的困難程度，有很大一部分是要視其企業成員與老闆之間是否存在著一種等差關係而定。若是一個企業的經營者與其成員在個人的感覺層面上，具有親疏遠近的差別，那麼該企業在運作上就很難不落入一種個體化的經營情境，亦即企業組織運作主要依循的不是明確的規章制度。如此情形，很容易讓企業運作陷入一種因人而異的狀態，最後成為處處以老闆的意見為意見，從而更加強了企業主不可替代的地位。在此運作邏輯下，企業所賴以生存的，自然也就一直是原先就擁有技術或經營核心能力的企業主。

（三）協力網絡與擬似家族連帶

台灣的經濟結構，不管是在傳統產業、高科技產業或甚至是服務業，我們會看到其共通的特質是分工非常細。所謂分工很細是指任何一種商品的製造、銷售或服務，其每一個環節，經常都同時有相當多的企業可以提供。因此，可以說它是一個

以眾多具有零細分工與激烈競爭關係的大小廠家，共同組合而成的一種協力網絡經濟。在台灣這種協力網絡經濟體中，雖然廠商之間的互動，交易價格有其一定的影響力，但是對於較具固定互動關係的協力廠家而言，我們常可以見到一種擬似家族連帶存在其中。這樣一種連帶關係，使其在生意互動上，多了一層彼此相互認同的方便性，因此易於進行超時間或臨時性的支援配合。更重要的是因為在擬似家族連帶下，廠家彼此有相當的信任感，所以在重要訊息的互通與公司人員的互動上也很容易進行，有助於其取得市場上的競爭優勢。

　　基本上擬似家族連帶並不是一種真正的血緣連帶，因此其所能包含的成員也就沒有一定的邊界與固定性。故而，台灣企業在面對外在經營環境的變遷時，也就擁有一定彈性因應的能力。事實上，就台灣的中小企業而言，其中有很多經營良好的企業主，並不想持續地擴大其企業規模。其原因，一方面固然是受到可信賴家族連帶成員人數的限制，另一方面就是企業規模擴大，往往也容易失去因應環境變化的彈性，因此他們的替代作法是成立關係企業，另外設立形式上獨立但卻仍為自己所掌控的企業體。它有可能做同樣的東西或從事同業的加工業務，但很多時候，它和既有企業形成互補關係。如原公司是生產文具，而其關係企業可能就做文具材料的加工，或是做文具的銷售。這樣一種關係企業，由於家族成員人數的限制以及為分散風險，通常會有外人投資或參與經營管理。而這些被找來一起合作的人，很多都是具有擬似家族連帶的人，他們通常都是和企業主具有一定親近性與信任度的人。

四、結論

　　家族企業不可否認的是一個很難清楚掌握的概念，若我們從產權、經營管理與心態等面向來加以考察，在台灣社會中的企業，似乎很少不是家族企業。例如姪兒的企業出了問題，雖然企業形式與實質上皆獨立，若擁有另一家企業的叔叔不出面施以援手，似乎就非常可議。對於自己辛苦創立的企業，也大多想辦法要傳遞給子女，不管他（她）願不願意。又若創業主還當家做主，要不是對當幹部的兒子刻意迴護，就是對其疾言厲色，過於嚴苛，很難持平對待，這些現象都不難在台灣企業的日常運作中見到。由於台灣很多企業，都可以說是家族企業，並且其中有很多也都經營得不錯，因此家族企業是好是壞，其實很難定論。

　　基本上，就家族與企業兩者的關係而言，若家族企業化，問題不大，因為企業化就有盈虧的壓力，只要市場夠競爭，其效率就會被逼著要提升；但是若企業家族化，問題就會較嚴重，因為成員的關係就容易情感化，而不易就事論事，只要市場夠競爭，就很容易由於效率不彰而倒閉。家族對企業而言，雖然不是沒有其優點，如何做為企業創立與運作時的有效資源，或者是為那些想跳槽出來創業的人，提供了心態上的合法性基礎；但是它也存在著會對企業這種營利組織，在運作上有所障礙的東西。如家族的觀念若過強，會使得企業的成員難以清楚界定其權利義務與凝聚共識。另外一個嚴重的障礙是容易

在企業的運作上，產生情感與利益的衝突。因為家族關係所著重的是情感，而企業所著重的是利益。因此兩者搭在一起，如何產生相乘而非相除的效果，就常是家族企業主所必須克服的難題。

事實上，家族作為一種社會資源，其重要性是會隨社會資源的豐富化而降低的。換言之，在各種知識與資訊可以輕易取得、創業投資公司林立、人際網絡隨著社會開放而更加拓展，再加上企業間競爭日趨白熱化的大環境之下，家族漸漸的只會是諸多社會資源中的一個，它是不是會變得無足輕重，不得而知。但至少就今天台灣社會中經營良好的企業而言，不管大小，其家族色彩正逐漸在淡去之中。這是一個明顯可見的事實。因此，家族企業基本上已不大可能在台灣未來的經濟發展中，再佔據重要的角色，應該是可以肯定的。

華人家族與企業：
從大陸鄉鎮企業中的例子說起

邱澤奇（北京大學社會學人類學研究所）

一、前言

　　從八〇年代初期到九〇年代初期的十多年中，鄉鎮企業基本上是大陸經濟發展的最大推動力量之一。最近的資料顯示，在鄉鎮企業中，眞正的集體企業並不是多數（在大陸，鄉鎮企業主要是指建立在農村，支援農業並以集體投資爲主體的企業）。在過去的統計中，大陸鄉鎮企業的大數約爲二千萬家，剛剛結束的官方普查結果是，「眞正的鄉鎮企業」（集體所有制或者在集體所有制基礎上發展起來的股份制）僅爲一百四十萬家，佔絕對多數的是使用集體名義的個體和私營企業（1998年開始，國家將原來戴帽的非集體企業全部還其本來面目，不再作爲集體企業統計），其中很大的比例又是中小甚至小型家庭企業。也就是說，在推動大陸經濟發展的力量中，有相當的成分是家庭企業。九〇年代初期以後，個體和私營經濟進一步急速發展，與國有企業的舉步維艱形成鮮明的對照。而早在大陸家庭企業迅猛發展之前，新加坡、台灣、香港的崛起就使得太平洋地區的華人家族企業引起學術界的廣泛關注。

二、華人家族企業引出的學術問題

一些學者（包括華裔學者和非華裔學者）把華人家族企業的成功歸結為中國文化的影響。譬如在中國傳統的文化中，由於大眾文化受到儒教的深刻影響（Chen Lai, 1995; Ge Zhaoguang, 1994），而大眾文化又是家族的基礎，所以，家族可以實現強有力的自治（Siu, 1989; Feutchwang, 1992）。正因為如此，當家族作為企業組織時，家族沿襲的內部制度作為企業分工的約束機制大大地降低了企業的制度成本（這是大多數討論華人家族企業學者的觀點）。還有，儒教化的大眾文化作為道德約束（張維安，1998），加上家族內部因為血緣關係和道德約束所產生的信任機制又大大地降低了由分工所產生的交易成本（Fukuyama, 1996）；而對家長的服從還導致了管理和控制的低成本（這也是大多數討論華人家族企業學者的觀點）。因此，華人家族企業具有很高的工作效率。

同時，我們也看到一個事實，那就是，直到今天為止，似乎還沒有華人的家族企業成功地轉變為大型現代公司制企業。為什麼？當我們把華人家族企業作為一個變數引入企業轉型分析的時候，我們面對的首要問題就是，家族企業是華人社會的特例呢？還是所有社會都存在的一般情形？這是在討論華人家族企業以及中華文化與經濟發展關係時極富爭議的議題。如果是前者，接下來的問題就是，華人家族企業是特徵一致的一般概念？還是因時因地而異的特殊概念？如果是特殊概念，就意

味著華人家族企業因時因地的成功可以成為一般企業的成長故事，與「華人家族企業」概念本身沒有必然的聯繫，因之，華人家族企業作為概念在學理上沒有意義。因為，如果華人家族企業之間因時因地甚至區域性文化背景的差異而不具備可比性的話，不同華人家族企業的成功就變成了一個個獨立成篇的故事，可以用來啟發人們的靈感，卻很難幫助人們認識家族企業的實質。或者，我們可以把華人家族企業當作一般的家族企業，在一般家族企業的框架下進行分析研究。如果華人家族企業就是一般意義上的家族企業，那麼，問題的焦點將不再集中在「華人」上，而是集中在「家族企業」上，接下來的問題就是家族企業能否成長為大型現代公司制企業？還有，家族企業是否有必要轉型為大型現代公司制企業？如果有必要，這樣的轉型是否是一個有條件的過程？所有這些，其實都是企業研究甚至經濟發展研究經常遇到的問題，也是社會學家、經濟學家們時常爭論不休的問題。

也許，在繼續我們的討論之前，有必要對家庭企業和家族企業的區別做適當的說明。家庭企業，通常指稱由家庭（包括不超過第二代人的血緣團體，因為現代的華人社會很少再有老舍先生描述的四世同堂的情形；大量中國人口史研究的結論還證明，在歷史上，除非是達官顯貴，否則，也很少有三代同堂的家庭）成員投資，並使用家庭組織規則經營和管理的企業。家族企業的範圍要更加寬泛一些，指稱具有家族淵源關係的成員投資，並使用家族組織規則經營和管理的企業，顯然，它包括了家庭企業。兩者與現代公司制企業的區別在於企業規則；

即使擁有大型現代企業組織，如果仍然依靠家族組織精神和完全依靠家族成員管理，則爲家族企業；如果使用現代公司制規則（無論投資、經營、管理者之間是否具有血緣關係），則爲現代公司制企業。

三、普遍存在的小型華人家族企業

還是讓我們從具體的事例說起。1985年5月12日，上海《解放日報》以〈鄉鎮工業看蘇南、家庭工業看浙南——溫州三十三萬人從事家庭工業〉爲題在頭版報導了溫州的家庭工業，報導借用費孝通教授的《溫州模式》，把溫州這種以家庭工業爲主體的農村經濟發展模式稱爲「溫州模式」。那時，溫州地區的家庭工業發展到了十三‧三萬戶，幾乎家家戶戶都有工業。我們下面要說的就是地處溫州西南部蒼南縣項東村的項氏。

整個項東村共有項、王、陳、朱、林、彭、董、蔣、葉、黃、楊十一姓，其中項氏爲大姓，佔總人口的75％以上。這種聚族而居的現象在蒼南縣很普遍，大陸的其他一些地區也很普遍。在聚族而居的地區，相同姓氏的人具有相同的血緣關係，進而具有相同的利益。這是家族理論的一般假設。在蒼南縣，因族際利益衝突造成族際械鬥的事件無論是歷史上還是現實中都是時有發生的事，並因此成爲學術界一大熱門話題。組織族際械鬥、保障族際利益的則是家族機構和組織。在項東村，項氏有家廟、祠堂，每二十年重修一次家譜，在地方權力機構中

也有很強的勢力。這就是說，作為利益共同體的家族的確存在於現實社會中。但是，在當地的經濟發展中，家族的影響並沒有充分的體現，家族組織並沒有出現在經濟拓展的領域中。

　　從實地調查所得到的資料來看，由家庭內部籌資興辦企業的例子很多，從兄弟籌資，到兄弟姊妹籌資，甚至還包括了姐妹新建立的家庭，即當地人所說的異姓之間的籌資；在用工制度方面，家庭成員優先也表現得非常充分，幾乎所有的企業都把企業股東（家庭成員）的子女和內親作為招工的首選人員。但是，在這樣一個家庭企業極其發達的項氏地盤內，卻不存在一個由項氏經營的大型企業集團。家庭工廠的規模大多限制在小家庭範圍內，最大的企業也不過僱用了三十人左右。儘管項東村的絕大多數企業基本上是塑膠彩印、包裝品廠，從事的實際上是一個產品的不同生產環節，企業之間的產品、工藝相似甚至雷同，從經濟理性和規模經濟的角度，家族內部應該聯合起來形成規模較大的企業集團。遺憾的是，研究者並沒有看到這樣的家族企業聯盟，看到的只是一個一個小型家庭企業。

　　在大陸，像項氏這樣的家庭企業很普遍。根據國家統計局的資料，1985年，城市和鄉村家庭企業的數量為三百三十五萬家，佔全國工業企業數量的65％；十年以後，這兩個數字分別為五百六十九萬家和77％，所有這些家族企業，規模都不大，都屬於小型企業。九〇年代中期，北京大學社會學人類學研究所以及中國社會科學院的一群學者曾經對鄉鎮企業比較發達的江蘇、山東、廣東以及鄉鎮企業不太發達的湖北、甘肅、陝西進行過較大規模的實地研究，大量的案例表明，在大型鄉鎮企

業中，幾乎沒有完全依靠家族成員進行投資、管理、發展的家庭企業或家族企業。

於此，也許有人會提出來，說這是由於大陸的政治經濟制度使然。的確，從1949年中國共產黨接管政權以來，大陸對原來的私營企業進行了大規模的整肅，並在意識形態上徹底地否定了私人財產所有權和私營經濟；而且，大陸實施改革開放政策也只有二十年的時間，在幾經修改的憲法中，也沒有明確地提出對私人財產實施保護；所以，要人們對私營經濟恢復信心還需要時日，當然不可能出現大規模的家族企業甚至龐大的基於家族企業的現代公司制企業了。

問題是，為什麼在政治經濟制度與大陸完全不同的台灣、香港、新加坡和華人比較集中的美國、印尼、馬來西亞、泰國、菲律賓，也沒有由家族企業發展起來的大型現代公司制企業呢？1990年《財富》（*Fortune*）雜誌的調查表明，在太平洋地區的大公司排行榜中，幾乎沒有一家華人企業，更不用說在家族企業基礎上發展起來的現代公司制企業集團了。

四、華人家族企業長不大？

基於這樣的事實，我們可以獲得兩種學理上的判斷。第一，家庭或家族企業自有其局限性，根本不可能發展為大型現代公司制企業；第二，華人家族企業的局限性使其不可能發展為大型現代公司制企業。

第一個判斷實際上是把華人家族企業當作一般意義上的家

族企業。的確，大量的研究表明，家庭或家族企業並非華人社會的特別現象，以家庭為單位的企業或依靠家族成員管理的企業幾乎是所有社會都存在的現象，用福山（Francis Fukuyama, 1996）的說法（其實也是多數研究家族企業學者的共識），幾乎所有的西方公司一開始都是家庭企業，甚而家族企業。第二次世界大戰以前，日本的三菱、住友，美國的福特、美孚等莫不如此，家族企業的故事甚至為好萊塢提供了很多電影素材和極大的市場。問題是，這些企業在後來的發展中，不少都成功地轉型為現代公司制企業，有的還成為世界上聲名顯赫的大集團，如福特汽車、美孚石油、三星、現代、松下、三菱、住友等等。

但是，在華人企業中，幾乎沒有出現基於家族企業的大型企業集團。在華人集中的地區，也莫不如此。有人甚至舉例說，在菲律賓，華人企業的資產只有當地非華人公司的三分之一。而香港和台灣更是以中小企業為主。既然家族企業不是華人社會所特有的，那麼華人家族企業長不大是否說明華人家族企業在本質上不同於一般意義上的家族企業呢？或者說，有什麼特別的因素使得華人家族企業不能發展成為大型現代公司制企業呢？

現在，我們接觸到有關華人家族企業討論的核心問題。作為中小企業，華人家族企業是成功的，它構成了台灣、香港、甚至大陸經濟快速成長的巨大推動力量。可是，為什麼在如此眾多的華人家族企業發展中，我們看不到福特、住友那樣的大公司的蹤影呢？

爲此，一些學者認爲，華人家族企業具有特殊性，即第二種判斷。瑞丁（Gordon Redding, 1990）、福山（1996）以及其他一些學者試圖證明，華人家族企業長不大的原因正如其在中小企業領域的成功一樣，仍然淵源於中國文化。他們提出，中華文化的基本特徵是威權主義和父權主義，也就是說，在華人社會裡，人人都希望擁有「父權」，因此，人人都是「寧爲雞首，不爲鳳尾」，人人都樂意選擇家庭小企業的組織形式，並希望透過企業之間的關係來解決複雜的社會分工問題。福山強調，在華人文化中，更重要的是存在著與大型現代公司制企業集團組織不相容的信任危機，那就是，由歷史上的小農財產繼承制度所結構的內部信任機制。在傳統的小農社會中，財產向後代的傳遞所秉承的是均衡分配原則，外人的加入便意味著對小家庭內部利益的威脅。由此，在華人社會中，便形成了只相信自己和與自己有血緣關係的人，而對家族以外的人都極不信任的傳統。對外人缺乏信任，使得與他人組成集團的行爲變得異常困難。簡要地說，對父權的崇拜和對家族以外成員的不信任，導致了人們在利益追求過程中對權力差距的認同。爲此，有人甚至用王安電腦公司的興衰，重複林語堂對華人社會的評論：一盤散沙。並強調，華人家庭提供的社會資本可以開創新的事業，同時也是這些事業最嚴重的結構性限制因素。因此華人家族企業根本不可能像西方家族企業那樣，在第二、三代就透過制度化的方式轉變爲現代公司制企業。

　　針對瑞丁等人的研究，邦德（M. H. Bond, 1996）曾經詳細地分析了有些學者提出的華人家族企業的「劣根性」，並指

出，在那些把華人家族企業與華人文化傳統一一對應的分析裡，只有一點是可靠的，即華人有相當強的等級傾向，其他的說法均為子虛烏有。許多研究都發現，權力差距並不是與華人家族結構必然對應的概念，尤其是在涉及利益的時候。而且，對權力差距的認同也不意味著家族圈子以外的信任危機。在華人社會中，對利益的追求所遵循的實際上是「差序格局」原則。四〇年代，費孝通在分析大陸小農社會的人際關係時，提出了「差序格局」的說法。意思是說，每個人與他人的關係都是一個以己為中心向外推出的同心圓，就像一顆石子被拋在水中所產生的水波紋理一樣。

以己為中心，並不是以家長為中心；以己為中心所表現的也完全不是儒教的倫常道德，而是工具理性。在華人社會的實際生活中，特別是在開放的華人社會，人們一方面遵循傳統的道德禮儀，尊敬家長；另一方面也維護自己的個人利益，以己為中心。最典型的例子就是，在華人社會中，「家長」和「當家的」並不必然是重疊性的角色（M. Cohen, 1992）。因此，以己為中心的信任並非必然以血緣關係為邊界，而是以利益為邊界。也就是說，信任本身並不構成組織關係的基礎，而只是構成組織關係的許多條件之一，互利才是真正的基礎。這一點不是正好與現代企業組織的精髓相一致嗎？顯然這些有關華人家族企業長不大的理論是站不住腳的。

五、家族企業轉型和華人企業

　　仔細地檢視有關華人家族企業的討論，我們會發現學者們在分析華人家族企業和西方家族企業的時候，把「企業」看成了一個抽象概念，而忽視了企業的具體屬性（譬如企業的產品屬性和技術屬性）與企業轉型之間的關係，忽視了企業存在與發展的環境（市場、技術和制度）。

　　如果我們檢視一下西方家族企業，甚至日本、韓國家族企業轉型的歷史和過程，就會發現，這些企業的轉型除了家族事業傳承的代際關係以外，更重要的是企業的屬性，我們最常提到的福特、美孚、住友等都是發生在機器工業的升級階段（第二次世界大戰以後至六〇年代），並都處於規模效益突出的製造業領域，如汽車、石油、化工等。其轉型的特點也都是由勞動密集型轉向資本密集型，技術在企業的轉型中扮演著重要角色，但更重要還是資本和對由資本擴張所產生的管理。福特如此，三菱也如此。當華人家族企業開始崛起的時候，製造業領域主導消費潮流的市場基本上已經被瓜分完畢，華人家族企業所從事的基本是「邊角廢料」產業，一位德國經濟學家把華人家族企業從小資本和「邊角廢料」開始的經濟稱為「縫隙經濟」（Carsten Hermmann-Pillath, 1996），即在主導市場被瓜分完畢後留下的的市場縫隙中成長起來的經濟。台南幫的早期是縫隙產業，溫州的項氏和香港的許多企業也是如此。在大陸實施改革開放政策以後，香港和台灣轉移到大陸沿海和內地的企業莫不

都是勞動密集型的縫隙企業，幾乎所有鄉鎮企業的早期也都是勞動密集型的縫隙企業，即人們耳熟能詳的「拾遺補缺」。如果我們把那些先期佔領了主導產品市場的企業比喻爲茂密的喬木，那麼，華人家庭企業就是喬木下的灌木，在這樣的條件下，希望灌木超過喬木，顯然是不可能的。這才是我們在傳統的製造業領域找不到華人家族企業發展爲大型現代公司制企業的根本原因。

當技術和知識密集程度越來越成爲企業靈魂的時候，不懂技術和不知道管理技術的管理者是無法管理企業的，而一個家庭或家族基本上不可能產生管理一個技術型企業的各種人才，家族企業的管理靈魂與技術型企業之間已經無法找到完全相容的空間，把家族企業的管理理念套用到技術和知識密集型企業中，其結果只能陷於失敗。這就是我們在高技術企業特別是包括了技術開發的高技術企業中找不到家族企業蹤影的根本原因，同時也是王安電腦公司和許許多多西方類似的企業失敗的原因；王安電腦公司只是所有這些失敗公司中的一個華人公司而已。換句話說，當主導消費潮流的市場開始從製造業領域轉向電子和資訊產業領域的時候，家族企業已經失去了「長大」甚至生根的土壤，在這樣的領域中基本上不可能產生家族企業，也就談不到家族企業向大型現代公司制企業的轉型。比爾‧蓋茲（Bill Gates）、麥克‧戴爾（Michael Dell）會用家族企業的方式把他們的產業傳給他們的子孫嗎？顯然很難。

因此，在今天企業所處的環境下，仍然處於勞動密集階段的華人家族企業實際上面臨了兩種選擇：保持家族企業制度；

向現代公司制企業轉型。由於縫隙經濟並不會馬上消失，還由於類似於生產低檔塑膠包裝、進行塑膠彩印的工廠，在集團生產和家庭生產之間並不存在本質的差別，因此，類似於項氏等仍然處於家庭作坊階段的企業，仍然有其生存的空間，卻很難說有更大的發展空間。如果要有進一步的發展，就必須向現代公司制轉型。學者們對德國家族企業的研究表明，家族企業的平均壽命為二十四年（也就是一代人的時間），只有30%的家族企業能夠傳到第二代，能夠傳到第三代的家族企業則只有13%。在台灣和香港，許多七〇年代發展的家族企業已經轉型為現代公司制企業（譬如在經營權的傳承上均採用了傳賢而非傳親的辦法（張維安，1998）），成為生機勃勃的中小企業，很難說在未來的時間裡，在這些企業中不會出現像福特、美孚那樣的大型現代公司。其實，在新興產業領域，在直接成長於技術和知識密集環境的企業中，華人大型企業已經出現，譬如電腦聯盟（Computer Associations）、雅虎（Yahoo）等。因此，對大陸鄉鎮企業而言，重要的將是家族企業的轉型與發展，而香港和台灣家族企業轉型的經驗，無疑是最有借鑑意義的。

誠信與繁榮：
華人家族企業在經濟發展中的角色 *

黃紹倫（香港大學亞洲研究中心）

一、華人家族企業：一種獨特的經營模式

華人家族企業以獨特模式經營，而它在經濟方面表現出教人意外的潛力和特點，挑戰了傳統觀點，打破了理論的完整性，令學者及關注此課題的人士產生濃厚興趣。

華人家族企業在面對現代化時，展現出驚人的適應能力，挑戰了學者對現代化進程的看法。一般人把家庭看成傳統的化身，跟現代商業的組織邏輯截然不同。研究工業革命的歷史學者認為，工業生產與家庭的分家，是建立現代企業的先決條件。著名社會學者韋伯（Max Weber），則進一步認為華人家庭的結構不但妨礙經濟活動的深入發展，也同時阻滯現代化的進程。

這些西方學者的觀點，得到不少中國革命家的認同：從孫中山到毛澤東，他們都曾試圖以激進的手法衝破家族及傳統倫理對個人的束縛。然而，諷刺的是，在革命浪潮沒有蔓延到的邊緣地區，如香港和台灣，經濟卻十分繁榮。作為商業經營單位的家族，在這些地區發揮卓越的經濟效用。這現象說明：傳

統制度與現代組織並非一定格格不入。

　　另外，華人家族企業所表現的競爭意識和澎湃活力，也教人意外。一談到家族企業，人們的腦海裡往往會閃現出許多小工廠，其實這是一種誤解。家族企業實際上也包括不少大型的家族企業（corporation）和家族聯合大企業（conglomerate）。因此，這裡必須先界定「家族企業」這個概念。「華人家族企業」是指那些由同一家族成員策略性控制和擁有的經濟組織。根據這個概念，在華人資本主義的經濟體系中，很多出類拔萃的企業都屬於家族企業，譬如，絕大多數香港大型紡織、海運和地產發展公司都是家族企業。香港報章《信報》每年根據公司登記的資產值，統計出香港最富有的十大企業集團。過去幾年，該十大企業都是家族企業。

　　華人家族企業的發展既沒有規模的限制，也沒有地域的局限。一些家族企業甚至跨越政治和文化的差異，成為跨國公司，另一些家族企業則透過收購外國企業來擴充和發展。自七〇年代末以來，香港工業家便開始大舉投資中國大陸，成為大陸地區最大的海外投資者。不僅如此，香港家族企業的投資也拓展到東南亞各國，例如九〇年代初，香港便是越南最大的外資投資來源地。近年，香港的企業家亦隨著移民潮，把他們的經營範圍擴展至加拿大、美國和澳洲。

二、關於誠信的問題

　　是什麼因素令華人家族企業展現這些教人意外的特點？什

麼使華人家族企業表現出如此驚人的適應性、活力和競爭力呢？幾年前，我提出「誠信」作為回答上述問題的核心概念。簡要地說，我認為家庭成員之間的信任比一般生意夥伴之間的信任要強烈得多，家族成員之間更容易達成一致的意見，減少了商業夥伴之間相互考驗和解釋的耗費，得以迅速地作出商業決定。正是這種處事敏捷的企業家風格，促使華人家族企業蓬勃發展；在經濟和政治形勢不明朗的時侯，誠信這個特點尤為重要。

這種看法受到不少學者質疑。有學者認為我誇大了華人家族企業的經濟力量，也有學者從方法論的角度，指出利用文化因素解釋經濟成功是片面的，認為從文化角度來分析社會和經濟發展，無非是要宣揚儒家傳統和亞洲價值觀。他們雖然認同「誠信」在現代經濟生活的重要性，卻認為華人家族企業所表現出的誠信，並不適應現代經濟的發展。上述的批評和質疑，其中有兩點極具啟發性。

其一，有評論指出：所謂誠信的道德觀念無非是父權觀念的一種表現形式。華人家族中，男性族長有意無意地利用誠信的觀念，掩蓋家族成員之間不公正與不平等的現象，這方面華人女性受害尤深。在誠信和家族團結的前提下，女性為家族業務付出極大的辛勞，卻不僅得不到適當的回報，得不到應有的認可和家庭地位，也得不到她們在家產和財富中所應得的部分。

其二，有觀點認為：華人家族企業的誠信是落後和劣等的。自從法蘭西斯・福山（Francis Fukuyama, *Trust*, 1995）關於

誠信的著作出版後，這種看法頗爲流行。福山認爲，誠信是一種能夠促使人們自願結合，並爲了一個共同目標而工作的社會資本。有些社會，例如日本、德國和美國，其蘊涵的社會資本是積極的、充沛的，也就是他所說的「自發性社會交往」。這些社會屬於信任度高的社會，他們因而成爲世界上的工業強國。相反，有些社會以家族爲核心，例如中國、義大利、法國和韓國，它們屬於信任度低的社會，因此很難組織大規模的企業。福山認爲，華人在經濟發展成就上受家族因素制約，因爲誠信只存在於親屬關係的範圍內，超出了該範圍，誠信便不存在。

倘若福山所言屬實，那麼我們就很難解釋前面所提到華人家族企業的靈活性和生機。試問受束縛的家族又怎能在香港和台灣的現代經濟中展現無窮的力量呢？我認爲，福山誤解了華人經濟生活的本質，這種誤解主要是因爲他對「誠信」這一概念未加以提煉，所以他無法作出更加深入的分析。

探討誠信這行爲取向，特別是華人社會內部的誠信時，我們需要考慮下列兩個因素。第一，在本質上，當誠信在社會互動的過程中，被凸顯爲一個問題時，往往隱喻著處境的不明朗和充滿危機，意味著必須承擔風險，以及在不完全了解情況之下作出決定。因此，誠信不是一種可以在群體中平均分享的資源，也並非理所當然地必然存在的。不管是對家裡人而言，或是對外人來說，誠信都必須力爭方可獲得。第二，正如福山所述，誠信作爲某種形式的社會資本，的確可以促進經濟活動。然而，我們應該將誠信這概念進一步細分成不同類型，繼而歸

納出與其相關聯的不同類型的社會資本。我以爲，誠信至少可以劃分爲以下四種：

1.對自己的信任。
2.對人際關係的信任。
3.對體制和制度的信任。
4.對道德和宗教原則的信任。

與此相應的社會資本分別是：

1.人力資本。
2.網絡資本。
3.制度資本。
4.道德資本。

三、家庭作爲發揮企業家精神的結構性基礎

有了上述兩組概念作工具，現在我們深入分析華人家族企業內在的活力。十多年前，爲解釋華人家族企業內部的發展動力，我曾寫過一篇文章。那時，我借用了家族延續周期的概念，主要從男性角度研究華人家族企業所表現出的外在特點。在那篇文章中，我集中考慮四個因素，即父系的代際相傳的傳統、男性嗣子平均繼承家產的規矩、家業承傳中出現的危機和家族企業發展的階段性，並試圖以此揭示華人家族企業組織上靈活易變的特點。我發現，在面對家業承傳方面的問題時，華

人家族企業往往表現出令人難以置信的靈活和機敏，它能夠使華人家族企業重組、重建甚至重獲新生。

回顧這些早期的分析，儘管基本的分析框架還比較完整，但卻掛一漏萬。早期的分析忽視了從被掩蓋了的女性角度來探討問題。因此也就無法更全面地理解華人家族對企業家精神發揮的影響。現在，如果我們從誠信的角度再度解析華人家族企業，我們就應該首先考慮婦女在其中的作用。女性在華人家族企業中的地位很特別，她們有點像外人，不完全獲信賴，在家裡也沒有穩定的地位。為了自己將來能過安穩的生活，女性會竭力建立各種不同類型的誠信和資本。這些不同類型的誠信與資本將分別論述如下。

（一）人力資本

華人工作的道德規範（work ethics）舉世聞名。為了家人和後代生活長期穩定，人們往往非常勤奮工作。然而，這樣的概括也不盡然，因為人們並不期望家裡每個成員都一樣勤奮。現有一些關於香港和台灣企業的研究顯示，當地有許多孝順女兒在工廠或商店工作，為娘家鞠躬盡瘁，奉獻自我。可是，她們對家族企業的貢獻卻往往為人忽視。

這種現象是可以理解的，因為華人的女兒總是被看成在娘家暫時寄寓的人，她們的將來決定於未來婚嫁的人家。因此，女兒們應該為了自己未來生活的安定而努力，不論在外貌、內德或技能方面，她們都應該多為自己打算，因為這些資本將伴隨著她們從娘家轉移到夫家。

這種發展趨向在社會調查中也明顯地反映出來。譬如，1988年香港社會指標調查的結果顯示，不同性別在選擇理想的社會流動管道方面有明顯的區別。男性往往選擇透過創業來提高社會地位，女性卻選擇獲得專業技能的資格來提升自己。這或許可以解釋近年香港女生報考和進入高等院校的人數越來越多的現象。近幾年，香港大學本科生的性別比率總是女生多於男生，以1995年爲例，女生入學人數佔新生總數的比率爲54％。女兒們爲了保障自己的將來，往往透過獲取各種教育資格來積極地開發個人的人力資本。

（二）網絡資本

人際關係是極有價值的資源，它可轉化成經濟效益。華人女性往往善於聯繫朋友和鄰里，藉以結成自己的社會網絡。人類學家發現，許多台灣農村婦女便是依靠這種社會網絡組織了「銀會」，這些婦女把手頭的私房錢聚在一起，輪流充當小放貸人，援助村裡的活動如婚禮或葬禮，或投資做些小生意。人際之間的相互信任和社區內部的社會壓力，有助於防止欺騙或欠帳不還之類弊端的發生。

然而，對華人女性來說，最有價值的網絡恐怕還是她家庭內部的聯繫網絡。作爲一個個體，女性身處一個需要謹愼行事的位置上，因爲在她生育兒子以前，她還不完全被視爲夫家的人。即使她生了兒子、成爲母親以後，爲了保障未來的生活，她也必須加強與孩子的感情聯繫，尤其跟兒子的感情聯繫。她需要形成自己的小集團，也即是人類學家Margery Wolf所稱的

「子宮家庭」。用Wolf自己的話來說就是：

> 自覺與不自覺地，一個女性與她的兒子之間常常形成一種
> 特別的、排他的關係。這種關係不是建基於看得到的母慈
> 子孝，而是細水長流的感情積累，其中有溫暖慰藉的回
> 憶，也有湧上心頭的感激之情和心滿意足的愉悅。如果兒
> 子讓父親感到失望，那麼兒子在外人面前會感到羞恥。但
> 是如果兒子讓母親感到失望，那會折磨著兒子的內心，非
> 常痛苦。為了達到這樣的效果，母親必須在父親與兒子的
> 關係上作出妥協。（*Women and Family in Rural Taiwan*,
> 1972 : 160）

這或許是為什麼為數眾多的華人企業家，不論他們在新加
坡或紐西蘭，在回憶過去時常常表現出對母親的親愛和敬重。
這種由女性依靠所謂「子宮家庭」形成的網絡資本，對家族生
意既有充滿活力的一面，也有脆弱敏感的一面。一方面，這種
情感紐帶進一步增強下一代的進取心；另一方面，它卻加劇了
家庭關係的緊張狀態，促使家庭關係不和諧。它不僅削弱父子
關係，也為未來婆媳之間爭奪兒子情感的不和埋下伏筆。

華人女性形成的網絡資本的對象，大多是家族內部成員和
她們生活圈子內的朋友，這種網絡關係往往是低調的，因為社
會是不允許女性公開地為家族企業拉關係的，生意上的事情要
由男性來主理。

這情況使得女性企業家十分罕有。無論女性如何能幹，她
們很少成為家族企業的領導者。儘管近年香港女性的職業地位

不斷提升，譬如，在行政和管理職位上男女的比例從1976年的十比一降到1986年的五比一，但作為小工廠東主的男女比例在1987年仍然保持在十一比一的高水平。

　　為什麼華人女性不能像男性一樣成為家族企業的領導者呢？我想其中可能有兩個原因。第一，缺乏制度的支持；第二，與害怕道德聲譽受損有關。下面我將分別討論這兩方面的因素。

（三）制度資本

　　網絡資本建立於人際之間的相互信任，制度資本則依靠人們對社會體系（social system）的信任。所謂社會體系包括那些掌管權力和信貸的政府部門和銀行。作為社會體系的一部分，家族也要建立起自己誠信的名聲，並且透過家產繼承的規定、及經濟上禮尚往來的原則，以保證家族的聲望，形成自己的制度資本。更重要地，華人財產父系相傳的制度和以孝為先的倫理思想，為華人在信貸方面建立了良好名聲。孝順的倫理表現在經濟上就是父債子還。

　　由於這樣，華人女性相比於男性，在制度資本的擁有上是處於劣勢的。女性在管理家族內部財務的權利和義務上，既沒有權威也沒有長遠的連續性。不論是在娘家還是在夫家，女性都無法跟兄弟或丈夫一樣固定地屬於一個家庭。因此，她們無法像華人男性企業家一樣，依靠父親的名望或以將來繼承的家產作為擔保條件，向銀行借貸創業的本錢。

　　華人家庭中的這種父系傳宗接代和家產繼承的傳統十分根

深柢固。由於它對女性的歧視和不公正，很多改革家和社會評論家對此不懈地批判，儘管它在形式上也有一些改進，但這個傳統依然存在。例如，現在一般女性也會分得一些家族企業的股份，然而分給她們股份的目的，是為保證她們可以享有舒適的生活，而不是讓她們繼承家業和管理家業。為什麼父系繼承的傳統可如此持久？我想原因或許是為了避免家財的分散及消耗。如果家族裡的子女都同樣擁有財產繼承權，家族生意積累的制度資本和其他資產便會在繼承財產時迅速地分散和浪費掉，那麼家族作為一個商業組織便難以長久存在下去。這使家族陷入群龍無首的狀態，進而威脅到家族的物質利益和道德聲望。

（四）道德資本

企業家的行為往往與巨大的經濟風險有密切關係，特別是在市場的保護機制不健全，當大家都想各顯身手的時候，風險和成就之間的關係尤為密切。有些家族企業成功了，但更多的家族企業節節退敗。不論成功與否，他們都生活在無休止的緊張狀態和焦灼不安之中。這種情況也延伸到精神生活的領域，因為企業家的行為本身也要承擔巨大的道德風險。一個經濟領域的創新者，本質上就意味著他是一個社會領域的越軌者。譬如說，某個企業家為了生意而動用其社會關係時，或者當他利用朋友去蒐集市場訊息時，即便他沒有違法，至少也是違反了社會的規範，義利不分，在人際關係上太富於手腕，過於功利。這或許可以側面解釋為什麼人們普遍地對企業家和商人懷

有一種不信任甚至是敵視的情緒，即使在香港那樣商業化的城市，情況亦難免如此。華人女性之所以在成為企業家的道路上常常遭到阻擾與排斥，其部分原因或許就在於此，為了保存女性的美德和正直，避免道德名聲遭到玷污。

　　隨著家族企業的發展，女性逐漸減少對家族生意的參與，有些投身宗教，成為家族精神生活的支柱。這些女性和華人社會的其他女性一樣，比男性更易受宗教的影響，而且年齡越大就越虔誠。然而，這些家族裡的「女佛爺」，同樣也要面對家族企業所帶來經濟上和道德上的風險。她們竭力積德行善，以便在華人常說的「老天爺保管的功德簿」上為家人記上一筆。這種在道德方面善於算計，不僅是華人民間信仰的一個特點，也可能是華人女性普遍擅於記帳和理財的根本原因。

四、結論

　　本篇文章主要分析華人家族企業內部的運作。要全面了解華人家族企業，外部各種因素對其發展所造成的影響是不可忽視的。由於篇幅所限，本文不逐一分析外部的因素。任何分析都不應以偏概全，因此，這裡我必須強調：

　　首先，我不是說，所有華人家族企業都很強盛。華人家族企業自然有它的弱點，很多家族企業沒有發展成為具有嚴格管理層次的大企業。但是，華人家族企業面對競爭時會採取其他的方式來抗衡，譬如，組成具有一定自由度的、橫向的組織結構，而且每個平行的小企業均由一名商業牛仔或一名「小約

翰·懷思」式富有冒險精神的人來領導，從而表現出所謂的「游擊資本主義」。

其次，我不是說，華人家族企業永遠都是充滿活力的。華人家族企業往往是在移民潮高漲和社會動盪不安時顯現出它的活力，香港和台灣都有這樣的例子。但是，在某些地區，家族企業也常常表現得毫無生氣，平平淡淡，譬如在當今上海或歐洲一些國家的華人社區裡的家族企業，即屬於此類。

再者，我不是說，華人家族企業是各種華人經濟區域裡最普遍的經濟組織形式。無論在大陸、台灣或者新加坡，家族企業都是與國有企業、黨營企業及政府所屬企業共存並相互競爭的。

最後，有一點我十分肯定的，就是華人家族企業的確是個令人著迷的研究領域。它不僅應該在我們的管理課程中佔有一席位，而且關於華人家庭企業的各種資料和檔案均應加以蒐集，逐步積累起華人家族企業的個案研究和公司紀錄，以便推動此課題未來的研究。

＊本文係根據1997年3月在香港大學和澳洲國立大學舉行的「徐展堂亞太商業講座」英文講稿改寫而成。翻譯和修訂的工作得到孫文彬博士的大力幫助，謹此致謝。

香港的家族企業：現況與前景

朱燕華（香港大學社會學系）

一、香港的家族企業

　　家族企業在香港的華人經濟活動中，扮演甚為重要的角色。一八六〇年間在香港崛起的華資企業，無論是依附於英資企業的買辦如何東、何福，還是自立門戶的華資商號如先施百貨、永安百貨、廣生行、余仁生堂、東亞銀行以及大昌貿易行等，都由家族創辦及經營。二次大戰後，從上海轉移到香港的棉紡織布業，以及在本地興起的成衣塑膠工業等，也大多以家族作為經營的主軸。金耀基的 *The Chinese Touch in Small Industrial Organizations*（1975）、冼玉儀的 *Growing with Hong Kong: The Bank of East Asia*（1994）、馮邦彥的《香港華資財團》（1997）、黃紹倫的 *Emigrant Entrepreneurs*（1988）、蔡寶瓊的《厚生與創業》（1990）、薛鳳旋、黃紹倫合著的 *Small and Medium Industries in an Export-Oriented Economy*（1989）、Anthony B. Chan 的 *Li Ka-Shing: Hong Kong's Elusive Billionaire*（1996），以及 Gordon Redding 的 *The Spirit of Chinese Capitalism*（1990），對九〇年代以前香港華資家族企業的面貌和經營方式，有甚為詳盡深入的描述和分析。

（一）企業的運作

　　家族企業的特徵，可從資金募集、人力資源、決策權、承襲權以及所有權五方面探索。首先，家族的財產是創業資金的主要來源；薛鳳旋、黃紹倫研究的中小廠商之中，無論經營的模式是獨資還是合夥，約70％經營者的資金是來自個人和家庭的儲蓄。有趣的是，這些中小企業並不排斥外來資金，除了個人和家庭的儲蓄，親友和銀行的借貸也構成資金的其他來源；此外，在是項有關中小廠商的研究中，約46％為獨資經營，其餘則為合資或股份有限公司。這種不排斥外來資金的做法，亦見於其他成立於不同時期、規模各異的公司。利豐行的創辦人及大股東馮柏燎，自一開始就邀請摯友李道明入股；香港荳品有限公司（即「維他奶」），除羅桂祥佔多於三分之一的股份外，還有四名他姓的小股東；此外，二次大戰後從上海來港的企業，如南聯實業，便由周文軒、周忠繼兄弟以及友人安子介、唐翔千等共同創辦。其後，很多家族企業也透過上市的方式籌集更多資金，1999年年底，在以計算恆生指數的三十三家上市公司（所謂「成分股」）之中，就有十八家公司的主要股東為個人及其家族。

　　除資金外，家族成員也為企業提供重要人力資源。據蔡寶瓊描述，「維他奶」的創辦人羅桂祥自公司開業就邀請他的九弟羅芳祥任職工廠司理，幾年後，再聘請熟習機械工程的八弟羅騰祥到荳品廠工作；而當時羅芳祥、羅騰祥為感激兄長從前供給他們讀中學的恩惠，決意幫哥哥創業，羅騰祥在荳品廠工

作了十七年，而羅芳祥更工作達三十三年才相繼離開，去創立他們自己的企業。還有許多其他「兄弟班子」，包括由陳瑞球、陳蔭川兄弟創立的長江製衣，以及上文提及的上海紗廠南聯實業。此外，企業主的配偶往往為企業作出重大貢獻（參考本書「誠信與繁榮：華人家族企業在經濟發展中的角色」），「夫妻檔」的情況在中小型工廠尤為普遍，分工的方式往往是丈夫接洽生意及主理技術事務，妻子則掌管財政及管理工人。企業有時也會聘用親戚及同鄉，羅桂祥的荳品廠在一九五○和一九六○年間，就聘任了姪兒、姐夫、外甥、堂弟以及廣東梅縣的同鄉；然而，這種情況並不普遍。事實上，家庭成員以外的親屬，不一定比外人優先獲得家族企業錄用，而遠房親戚擔任的工作亦通常遠離企業的核心。

家族成員不但參與企業的工作，企業主更往往掌握企業的決策主導權，這跟現代西方企業的擁有權與管治權分家是截然不同的。在薛鳳旋、黃紹倫研究的中小型工廠之中，約30%到40%的決策由企業主獨自議定，他們對財政和市場推廣的決策尤為關注；受薪經理的自主性相對較低，只負責20%到35%的決策。這種由企業主主導的情況，在規模大、管理架構複雜的家族企業亦頗常見，Anthony B. Chan在其李嘉誠研究中，引述了長江集團行政董事麥理思（George Magnus）的話，謂該集團是個「由一個人操控的一人組織」；另外，和黃集團的前行政總裁馬世民（Simon Murray）亦表示「自己只是司機，要往哪方向進發還得看後座大老闆的意願」；Gordon Redding於1987年進行的研究也有類似發現，接受他訪問的公司裡，有超過九

成關於生產、市場、組織、採購以及開發研究的決策，都由董事局——主要是企業主及其繼承人——決定。非親屬行政人員在提出意見時，常常得不到應有的重視，低層職員由於了解到這種狀況，很多時候都只會聽命於大老闆而忽略中層行政人員的指令。更嚴重的情形，是一些企業主的長輩會干涉許多企業的大小事務，引致行政混亂。

企業主訂立發展大方向，跟企業主事事過問，是兩種南轅北轍的行政方針，前者可容納專業管理人才，但後者卻與專業管理相違背。一言堂的家族企業固然比比皆是，但也有很多能建立正規管理架構、廣納專業意見的。上文提及的荳品公司，不但積極從「百事可樂」等具夥伴關係的公司上學習現代推銷手法，更於1984年聘請顧問公司重整公司架構，使之更有系統；東亞銀行則於五〇年代設立內部核算及人事部等，人事部成立後，總司理簡東浦不再親自接見每位應徵者，亦不須親自檢討員工每年的表現以決定他們薪酬的增幅；至於利豐行，主席馮國經則表示現代企業的利潤是建立在頻繁密集的決策上，因此，企業無可避免地需要賦予員工高度決策權，而該公司的一位雇員，亦於1999年接受《遠東經濟評論》（162（July）：29）的訪問時，指出「她既擁有高度自主權，而公司亦提供了一切必須的支援」。此外，一些看似由企業主一言而決的事務，也不排除專業行政人員的積極參與，例如長江集團在購買溫哥華土地（Expo Lands）時，就非常倚重溫埠建築師Stanley Kwok的專業意見。由此看來，家族企業不一定抗拒正規科層架構，企業主在行使主導權之時，亦可以採納專業意見。也許如黃紹倫

的研究指出，企業主是企業的最終決策人，下屬提意見時，亦需要遵循某些行為守則和禮儀，但優秀的企業主，還是期望下屬主動積極，有所表現。

企業的主導權，跟家族企業的另一特徵息息相關──就是企業的繼承問題。現代西方企業是以才能作為挑選最高決策人的標準，家族企業卻以血緣為依歸。企業主往往會對兒子進行有系統的培訓，以部署企業的承襲；例如「維他奶」的創辦人羅桂祥，就要求他的兒子羅友禮、羅友義自中學開始到荳品廠工作，從跟車送汽水到行政都需涉獵，唸大學時，他們亦需要修讀跟食品科學有關的學科。在一次電視訪問中，羅友義就坦言他的志向是當獸醫，研讀食品科學只是勉力而為。同樣地，李嘉誠的兒子李澤鉅、李澤楷自八、九歲開始，便被安排到長江集團董事會場，坐在一角的兒童椅上旁聽；李澤楷更指出，他父親每頓飯的話題都圍繞著做生意；他們兄弟大學畢業在外工作一段時間後，就回到父親的公司，並在許多重要的投資活動中，被安排到最前線以增加歷練。

（二）企業運作特徵與家族企業的界定

家族企業有關資金籌集、人力資源、決策主導權，以及承襲權等等的安排，都反映了華人家族的特性。根據費孝通的分析（《鄉土中國》，1947），華人社會的家，是擁有成為事業組織的潛質，因此，「小家族」比「家庭」更能貼切形容這個社群。小家族的構成有網絡性及歷史性兩方面。首先，以網絡性而言，小家族的基礎成員包括由父母子組成的「親子家庭」

（conjugal-natal family），事業的擴張會使小家族進一步包容以親子家庭為核心，按照父系向外推展，關係一層比一層淡薄的親屬，這就是中國鄉土社會的所謂「差序格局」。因此，我們看見企業主在建立和拓展家族企業的過程中，會邀請友人入股，倚重兄弟子姪的能力，並聘用非親屬的專業管理人員。但由於關係親疏有別，友人往往只能成為小股東，專業管理人員則難以取得企業的決策主導權。

其次，所謂「小家族」的歷史性，是指小家族作為一個事業組織所必需的綿續性。最理想的情況，是「不因個人的成長而分裂，不因個人的死亡而結束」；事實上，小家族不單包括家的現有成員，也涵括家的過去及未來成員。從這角度去看，現存的家長只是「家」的托管人，他的作為要以「家」的長遠利益為依歸，而個人成就的大小，也視乎他對這抽象的「家」所作出的貢獻。因此，創立家族企業是有建基立業、承先啟後的意義。另外，由於現存的家長只是「家」的托管人，家族企業的終極所有權屬於這抽象的、歷史的「家」，因此，身兼小家族托管人以及企業最高決策人雙重身分的企業主，不但需要向大小股東負責，更必須對這抽象的「家」負責，這也許就是企業主對決策主導權和承襲權兩者強勢控制的原因。

以上分析也意味著家族企業的特徵——包括資金、人力、決策、承襲、所有權等等——有不同程度的重要性，可以用它們的「排他性」作為量度基準。越核心的特徵，排斥外人的傾向越高，越邊緣的，也就越能接納外人。用這個尺度，主導權、承襲權、所有權都是家族企業的核心元素，資金、人力、

日常決策都不過是次要特徵。

二、現代化、全球化與家族企業的前景

對大多數歷史及社會學者而言，家族企業的歷史地位是不容否定的。然而，家族企業，特別是華人家族企業的前景則甚具爭議性，頗多意見認爲家族企業衰微在歷史角度而言是必然的，本書第一篇的五位作者，都抱有類似見解，其中有四個相輔相成的論點。首先，現代經濟是由大型企業作主導，家族企業限於資金和人力，無可避免地會受到經營上的局限，因此只能在現代經濟體系中佔次要、甚至邊緣的地位；家族企業在西方社會日漸式微，便是這個緣故。更重要的，是現代經濟講求效率，以理性（rationality）作爲運作邏輯，跟家族所講求的血緣、親情，恰恰背道而馳。因此，家族所凝聚的向心力，雖然可以在企業發展初期，透過家長的指揮達至降低成本、增加靈活度及提升效率的效果，但當企業發展到某一階段，家長主導、任人唯親的經營方式，則會令企業因循守舊，窒礙企業的發展，使家族企業在現代社會日漸走上沒落的道路。

此外，家族企業的歷史地位，很大程度建基於不完善的經濟制度。企業的財政可以託付給誰呢？帳房是否忠誠可靠？工人是否盡心竭力地工作？在不完善的會計和管理制度下，這都是非常沒有保證的事。至親如妻子子女甚至兄弟，是企業主認識較深入的人，任用他們，實在是企業主在制度不健全、資源匱乏的情況下，最有效降低交易成本（transaction costs）的方

法；此外，任用至親，企業主亦意圖發揮血緣以及家族網絡的群體制約力量，對任用的人施以道德／社會壓力，以減低企業經營的未知之數。可是，資本主義制度的確立，使金融、法律、會計及管理制度日趨完善，提升了企業經營和市場的可預料性。企業的運作，逐漸由對個人的信任轉移到對制度的信任；也就是說，企業對家族及其他人際網絡的依賴日減，家族作為資本累積及企業管理的基石的作用也漸漸變得不重要。

家族企業沒落亦歸究於家庭關係的變化。現代經濟發展為個人提供各種機會，家庭的重要性再也不在於其提供的經濟發展機遇，而在於其提供的感情慰藉，家長難以再控制子女的事業抉擇，因此，家族企業在尋找接班人的過程中遇到極大困難，這是學者對西方家族企業沒落的解釋。華人家族企業固然也遇到上述困難，其本身亦有別的問題。華人家庭往往在子女成年後有分家的安排，而在分家的過程中，財產大致上平均分配，因而造成華人家族企業零細化的傾向，所謂「富不過三」，正是民間智慧對這現象的綜合論述，而這零細化的傾向，使華人家族企業更難適應現代化的要求。

（一）全球化

沒落是華人家族企業的宿命嗎？筆者不敢奢望在短短的篇幅中，提供一全面分析，只會就著上文所勾勒的四個論點，嘗試提供一些思考的方向。首先，資本主義發展並不是單向地趨於企業的巨大化，相反地，中小企業一直都有自己的生存空間，例如享譽國際的法國里昂的絲綢花邊業、義大利南部的時

裝皮鞋業，都一直由家族經營的中小企業所壟斷。此外，中小企業也不一定從事傳統的、勞工密集型的行業，其中有不少是現代的、先進的企業，例如八〇年代初期，某些美國工業就走上精緻化，或是所謂彈性專注（flexible specialization）的道路。其中一個例子，就是從生產大量標準規格鋼材，到小規模生產專用型號鋼材（specialty steel）；此外，荷里活電影工業也不再全盤由大公司拍攝，而是由眾多小公司協力製作而成。David Harvey（1990）在其備受讚揚的著作*The Conditions of Postmodernity*，將這說法推進一步，指出全球一體化的經濟趨勢，雖然有利大企業的壟斷，然而，壟斷的方式往往是將不同的經濟生產模式聯合起來，以達致最高的成本效益；一件商品，從構思到推出市場售賣，可能用上西方資本主義的合約制、日本大企業的終生僱用制、家族企業的家長制、非正式部門的臨時工等等。因此，家族企業並未受全球一體化的壓力而遭淘汰，相反被吸納到這全球一體化的經濟體系中。

　　在香港，很多零售、商貿、服務，甚至製造業的商號都屬於中小企業，它們在整個經濟體系中，佔著重要位置。1997年，有90%的香港製造業機構聘用少於二十位員工，它們僱用30%之總製造業員工，其生產力亦佔18%之生產總值。這些企業，有部分為普羅大眾提供日用所需，有部分則透過「承包制」（subcontracting），對本地的出口製造業作出重要貢獻。這些中小企業雖然沒有大型企業那耀目生輝的成就，但在這環環相扣的經濟體系中，實在作出了莫大貢獻。中小型企業在可見的未來仍會蓬勃發展，重要的社會變遷如資訊科技的興起，並不一

定會造成企業的巨大化，很多資訊科技顧問公司為中小企業提供專門服務，近年，很多在香港成立的資訊科技公司，都是中小型的企業。蓬勃的中小企業，為家族企業提供了優裕的生長環境。

（二）理性化

至於家族企業的經營手法，是否保守因循、重人情、輕法規，以致不能在講求效率，以理性及制度作為運作機制的現代經濟中保持相對優勢的問題，上文有關家族企業運作模式的討論已約略談及。有幾點是值得在這裡重申的：第一，華人家族企業本來就不是一成不變的，五十年前和一百年前華人家族企業的面貌就大不相同了。在日趨理性化的經濟環境中，運作模式和組織法規不斷修正，一方面揚棄某些邊緣特性，另方面則致力保存家族企業的核心特徵，並使之攀附於現代企業制度之上，以達到理性化的效果。主導權、承襲權和終極所有權都是家族企業裡不容挑戰的核心特徵；傳聞中和黃集團前行政總裁John Richardson及副行政總裁James Hubbard-Ford反對將長江集團的其中一項業務Intercity納入和黃體系，他們實際上挑戰了李嘉誠的主導權、甚或所有權，所以整件事的出路就是他們引退。但資金籌集、人力資源以及日常決策權都不是家族企業的核心特徵，因此，企業主是頗樂意將之與西方企業制度融合的，例如採納西方的股份有限公司制度以及將公司上市，這樣一方面可以引入外來資金，也可以為公司的市值訂立客觀標準，使分家和資產再集中的過程得以在最少紛爭的情況下進

行。只要處理得當，企業主亦不必擔心所持股份減少而喪失主導權。其他如引入管理專才、建立正規行政系統、下放日常決策權，更有利於家族企業的理性化，間接鞏固了家族對企業的主導權和所有權。

從以上的角度來看，家族企業不見得一定會因為傳統、守舊而趨於沒落。固然，現代家族企業的面貌可能跟從前的不一樣，但只要保持核心特徵，也就是不折不扣的家族企業。最後，在某程度而言，「家族企業」是一個文化理想，就正如五代同堂的大家庭是華人的文化理想一樣，有一些家族企業可能比較保守，逐漸會被時代淘汰，但這無損「家族企業」作為華人經濟活動一大支柱的事實。

(三) 家

筆者以為，家族企業會否沒落的關鍵，在於家庭關係的演變，以及現代人對「家」的感情。假如「家」的主軸從父子關係轉移到夫婦關係，家庭純粹是獲取感情慰藉的歇息地，假使現代人只關懷親子家庭，而淡化對歷史的家的情感，則創業不過是發展個人事業的一種途徑，企業主可以釋放對主導權、承襲權以及所有權的執著，而子承父業的社會壓力也會逐漸消退。

關於九〇年代香港家庭關係的研究不多，亦很難在此作進一步的討論。不過，筆者近月訪問了十多家中小型軟體開發公司，發現它們的經營方式一方面保留而另一方面則脫離了家族企業的特色。在資金籌集方面，這些企業以個人及配偶的積蓄

為主，只有少數受訪者的父母或兄弟曾在金錢上資助受訪者創業。以人力資源及管理方式而言，只有少數受訪者的配偶是合夥人，而他們的配偶都是軟體開發行業的專業人士。最有趣的，是他們對創業的看法：這些小老闆都異口同聲地說，創業主要是希望自己的事業更上層樓，公司能在他們退休後仍然茁壯成長固然是他們的希望，但卻無意要自己的兒女承繼；這一方面由於現代父母對子女的影響日低，二方面由於軟體開發需要無限創意，子承父業並不可行；事實上，更有企業主揚言會盡可能將企業出售圖利，再建立新公司。建基立業、承先啓後，對這些業者似乎是沒多大意義的。如果這些受訪者的意見有廣泛代表性，則家族企業是有衰微的跡象；然而，這些公司仍然非常稚嫩，有些甚至仍在掙扎求存的階段，問他們會否讓子女繼承事業是遙遠而不切實際的；子女會否繼承父業亦往往決定於事業本身是否值得投資偌大心力。家族企業是否日暮窮途，是仍待觀察的一大課題。

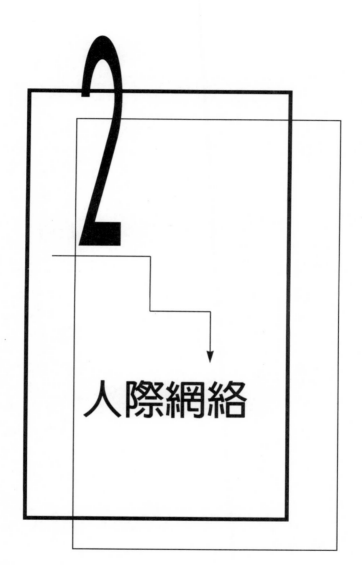

2

人際網絡

傳銷個案：
人際網絡與經濟活動的相互鑲嵌*

藍佩嘉（國立台灣大學社會學系）

一、前言

多層次傳銷，簡稱傳銷或俗稱直銷，一九四〇年代發源於美國，一九七〇年代傳到日本和歐洲，1982年後，以美資爲大宗的國際性傳銷公司陸續進入台灣，規模擴張快速，吸納的人力和資本無數，已經形成台灣的另一個經濟奇蹟。許多人對傳銷敬而遠之的理由在於他們「動用人情」、「拉朋友」來進行銷售，然而，傳銷商則義正辭嚴地詮釋他們的銷售理念爲「我們分享的，不只是生活，還有更多好朋友的關心」。這樣一種「一面交朋友，一面做生意」的經營邏輯，彰顯出人際網絡與經濟活動的相互鑲嵌，以及人情與利益之間的辯證關係，對於經濟社會學者而言，傳銷因而提供了一個頗具理論意義的個案。近年來，不論是西方社會學者或是台灣本土的企業研究，都強調經濟活動乃是「鑲嵌」於社會網絡之間，或是申論人情關係作爲台灣社會經濟結盟的信任基礎，然而，既有文獻多欠缺對於網絡建構之具體歷史過程的分析，因而容易把人際關係化約爲是靜態的組織資產，或是先存的文化格局。以下，筆者

將透過傳銷的個案來說明，在經濟活動「網絡化」的過程中，人際網絡不僅被動員、轉化為經濟活動的腹地，人際關係的形式、意義和內容也在「商品化」的過程中持續地被篩選、重組與建構。

二、消費即勞動，朋友即顧客

　　一名傳銷商事實上具備多重的身分，接觸傳銷的第一步是成為該公司產品的消費者，然後經由另一名傳銷商的推薦、並消費一定金額的產品後，成為「會員」。推薦人稱為「上線」，而被推薦者稱為「下線」。會員享有以批發價購買產品的權利，並邁入傳銷商的身分，得以零售產品，並且推薦下線、發展組織。一般銷售方式必須耗費高額的廣告成本，傳銷則是由傳銷商來扮演公司和產品的「活動廣告」，去接觸非匿名的顧客，於是，省下的廣告、人事、流通成本得以轉移為支付給傳銷商的佣金。精密設計的獎酬制度便是傳銷商最大的動力來源，也形塑了上線與下線之間的關係。簡單來說，傳銷的獎酬制度主要包括兩個部分：一是零售利潤，最常見的利潤率是30％；二是業績獎金，當一名傳銷商在推薦一定人數的下線後，成為「經理」，便可以開始領取「領導獎金」或「組織分紅」，依照職位的等級、下線的代數，上線得領取3％到20％不等的下線業績。後者是高階傳銷商收入的主要來源，其帶出的經理級下線越多，可以升到越高的等級，抽成的比例也會增加。
　　這樣一套精緻巧妙的獎酬制度，雖然耗費傳銷公司平均高

達45%的高額佣金支出（公平會，《台灣地區多層次傳銷事業經營概況調查報告》，1998），卻也為它們帶來重要的好處。首先，傳銷巧妙地結合了消費者與傳銷商的身分，如此一來等於創造了一個自動繁衍與篩選的勞動力招募機制。在「適者生存，不適者淘汰」的叢林法則下，它可以從消費者中拔擢出有潛力的傳銷商，也可以自然淘汰經營不善的傳銷商。由於傳銷商不是正式雇員，而是獨立的批發銷售者，傳銷公司不必支付任何底薪，也不必負擔勞健保、病產假、退休等支應勞動力再生產的成本。其次，由於傳銷的主力產品多是消耗性的日常必需品，如營養保健食品或美容保養品，確保顧客的「二次購買」才是獲利的來源。在「朋友即顧客，顧客即朋友」的經營原則下，得以透過朋友之間的信任與人際網絡來維持長期而穩定的交易關係。要進一步地減低消費市場中的不確定性，更有效率的一個方式是乾脆把消費者變成傳銷商，如同一位受訪者說的：「我如果只告訴你產品，你只會買一支蘆薈膠，如果我告訴你這個事業，你全家的產品馬上換成我們公司的，這樣導入就快了。」

對於號稱「無資本創業」的傳銷商來說，經營發展的最重要「資本」，不是金錢或學歷，而是「人際關係」的社會資本。誠如傳銷人的一句口號：「世界最大的財富不是金錢，而是人群。」當社會關係與傳銷組織的經營網絡重疊為一，並成為獎酬制度計算的基點時，傳銷商要達成的不僅是產品的交易，還有「人」的交易——要吸收下線、擴展組織。這也就是Biggart（*Charismatic Capitalism: Direct Selling Organizations in*

America, 1989）所謂的「社會關係商品化」，然而，筆者認為這樣的命題只能掌握到傳銷邏輯的一部分，既有人際關係的動員與「商品化」，在傳銷商經營的初期扮演著重要的角色，可是更重要的，是為了「商品化」，而進一步篩選、活化、拓展、經營、重組人際關係，筆者將在下面一一探討。

三、人際關係的篩選與建構

許多人的印象是傳銷商多半動員其親戚、好友成為其下線，事實上，親朋好友等強連帶未必是合適的銷售網絡，基於以下兩個原因。第一，親近的人際網絡並不是用來招募下線、擴展組織的合適管道。Granovetter（"The Strength of Weak Ties." *American Journal of Sociology,* 78: 1360-80, 1974）探討社會網絡對於一個人找工作時的影響時發現，家人、好友等強連帶往往提供重複而多餘的訊息，相反地，弱連帶反而是引介工作時較有效的網絡。同樣的，雖然傳銷商在經營初期通常是從自己的親戚朋友開始，然而，日後的經營發展如果仍然局限於強連帶，就會有「組織網打不開」的瓶頸，因為親朋好友延伸出去的網絡重疊的程度很高。反之，弱連帶則較有潛力擴張組織網到上線的社會網絡所不及之處，許多上線建議新進傳銷商打電話給久未聯絡的「老朋友」、「老同學」，換言之，就是去「活化弱連帶」。

另一途徑則是「陌生推薦」，在許多傳銷商的日常生活裡，「一天要換三到五張名片，買東西喝咖啡都要和人家聊

天」，在訓練課程中，上線經常提醒他們的下線，即使你只是走到街角的雜貨店買東西，也不要忘記提著有著公司標記的袋子，或是配戴公司的別針，因為你可能引起路人的好奇心，因而開始搭訕攀談，因而「建立新連帶」。

強連帶不是最佳傳銷網絡的第二個原因，在於對熟識的親朋好友進行銷售推薦時會面臨較高的「人格風險」，傳銷商擔慮被朋友懷疑其交友的動機、說話的真誠度，失去原本朋友間的信任與交情，或害怕被冠上負面的評價，像是「出賣朋友」、「利用朋友」。換言之，以情感為主導的強連帶關係，要加以商品化，也就是整合、轉化為以利益為主導的經濟關係時，兩者邏輯的潛在衝突，經常為傳銷商帶來極大的心理障礙與焦慮。許多受訪者有著類似以下的經驗：

> 一開始還是先從自己的朋友打電話，作兼職的時候拒絕我也沒有關係啊，可是當我開始全職，我就care了，而且好像凡事都不對了，你為什麼要拒絕我，你為什麼要對我冷嘲熱諷，像打電話去人明明在就故意說不在很忙啊，朋友躲躲藏藏好像你是瘟疫一樣，所以我後來就開始找陌生顧客，成功機率雖然不高，可是壓力比較小。

相對起來，所謂「陌生邀約」（邀約陌生顧客）就沒有這樣的人格風險，或者透過弱連帶的商品化，由於雙方的交情有限，所隱含的風險也較低。這樣的情形，反駁了一般用簡化的「拉朋友」、「靠人情」的概念去理解傳銷的運作。弱連帶較強連帶為佳，也部分地解釋了何以台灣傳銷業於都會地區發展較

為迅速。鄉村地區緊密的傳統人際連帶，其實並不利於傳銷網絡的擴張。相反地，人口稠密但疏離的都會地區成為傳銷的較佳腹地，其寓含豐富的弱連帶或是陌生市場利於動員與開發，也減少傳銷商在流動上的時間與成本。

簡言之，傳銷商較重要的社會資本來源，其實不是強連帶的動員，而是弱連帶的活化、陌生連帶的建立。然而，相對於強連帶，弱連帶或陌生人的人格風險雖然降低了，但彼此之間的信任強度也削弱許多。因此，傳銷商必須鞏固、重建彼此之間的信任，以確立交易的穩定性。所謂「交情」或「關係」，實是一個持續建構的結果，如同一位受訪者的話：「所謂朋友的定義是什麼，其實有經營就有關係，沒經營就沒關係！像我們現在第一次見面，以後再聯絡就是朋友，我願意和每一個人建立很好的關係，所以我的朋友很多。」

「經營人際關係」是傳銷訓練課程中的一個重要項目，許多傳銷公司或團隊都定期開設例如「溝通心理學」、「人際關係管理」的課程。在上下線之間口耳相傳的成功秘訣中，更包括許多建構人際關係的策略。在這樣的過程中，人情與利益不僅是相互加權，而是辯證改造，舊有的人際網絡不僅因加入傳銷而進行篩選、重組，傳銷商也藉由情緒、符號、感情的投資來轉變與建構人際網絡中的內容與意義，筆者將在下節中進一步討論。

四、人際網絡的發酵與家庭化

傳銷商經常說：「這是幫助朋友的事業，可以給別人希望、可以幫助別人成功。」這是因為在傳銷的獎酬制度下，下線的成功等於上線更多的組織分紅，上下線之間，在某種程度上，形成了一個利益共同體。因此，為了要繁衍組織、確保組織業績，上線不辭勞苦地提攜下線，包括示範聚會、提貨送貨、陪同拜訪顧客等等。更進一步來看，一個高階的傳銷商，領導的一支團隊裡可能有一千多人，他們真正熟識、有密切互動的可能不過二、三十人。高階傳銷商積累財富的關鍵不是個人的人際資本的多寡，而是在於能夠建立網絡組織自動繁衍的能力，或可稱之為「人際網絡的發酵」。也就是說，要能夠招募到有潛力擴展組織的下線（弱連帶為佳），進而加以扶植成功，並且維持團隊裡高昂的士氣以及忠誠度（不會跳槽或「死掉」），以確保組織的持續繁衍。

「人際網絡的發酵」，近似於繁衍子嗣般的家族關係。許多傳銷公司都不約而同地用家人的稱謂來類比上下線之間的關係，例如把下線稱為「寶貝」，把上線叫做「媽媽」，傳銷商彼此之間也經常出現結拜為兄弟姊妹、或以此相互稱呼的情形。事實上，傳銷商上下線之間的網絡，模仿家庭的形式而進行重組，構築了一個層層繁衍、相互締連的「仿家庭衍生網絡」，其中可分成三個層次。首先，整個傳銷公司可以說是一個大家庭，共享對於公司制度、產品的認同與忠誠，其大家長就是公

司創辦人，其下則是接遞香火的傑出傳銷商，他們白手起家的傳奇故事經常在傳銷商口中流傳，成為後進仰望奮鬥的典範。「仿家庭的衍生網絡」的中層則是由諸分支組合締連而成的組織網。傳銷公司的家父長在分配金錢資源的時候，依據的不是出生（加入傳銷的年資）的先後，而是完全依憑這一分支繁衍子嗣的多寡（下線的代數與個數）。其關係不太類似父傳諸子，而比較接近妻妾成群，相互競爭的不同房室，以子嗣的繁殖能力作為爭寵的判準。至於在傳銷網絡組織的最底層，除了全由女性組成的傳銷公司，其他大多數的公司都鼓勵夫妻或家庭成員的共同經營，以個別的、真實的「家庭」作為「仿家庭的衍生網絡」的最底層單位，其優點在於得以有效動員家庭勞動力，把私領域的情感價值整合為經濟目的所用。

這樣的「仿家庭衍生網絡」，不僅有助於傳銷網絡的發酵、凝聚傳銷商之間的認同與共識，更強化上線的領導權威。上線扮演著類似家父母的角色，對於督促或引導下線傳銷商的事業發展，有著關鍵性的影響。無論是傳銷團隊會議的氛圍裡，或是個別傳銷商的談話中，都經常充斥著對上線的崇拜仰慕之情，比方說下線在聚會時會以「上線上線我愛你」、「上線上線你最棒」等救國團式的口號呼喊作為鼓舞氣氛的開場白，言談中也經常尊稱上線為「老師」、「再造父母」。漢人家庭與人倫格局中的社會邏輯，例如長幼有序、孝順父母、尊師重道，被挪用整合為上下線之間關係的行為規範。因而，上下線之間層層剝削的利益連帶，被轉化為溫情洋溢的親子、師生的關係，既然上線對下線投以家父母式的照顧扶植，下線對上

線理應回報以情緒的以及物質的感恩回饋，充分反映在以下的傳銷商談話內容中：

> 我很希望你成功，我一定幫助你成功，我自己沒有孩子，我把你們都當作我自己的孩子……（這位上線的小孩在飛機事故中喪生）

> 「（我是）以中國的孝道倫理為本，視上線為父母，『上求下化』則是推崇上線的具體行動。」（某台資傳銷公司創辦人的話）

> 主講人剪輯了一卷錄影帶送給他的上線，配合著「感恩的心」的音樂襯底，他感性地說：「沒有上線的悉心照顧，就沒有今天的我……」（95/5/2 FE公司創業說明會田野筆記）

五、人際網絡的重組與瓦解

傳銷界有一種說法，傳銷公司是一面「照妖鏡」，可以幫你分辨朋友的好壞，如果朋友拒絕你（的傳銷邀約）、誤解你（對傳銷的熱誠與信仰），那麼這樣的友誼經不起考驗，失去也不可惜，如一位受訪者說的：「我覺得傳銷是檢驗你的朋友的一個很好方式，看他是不是可以跟你一起走好幾年的朋友，尊不尊重你，了不了解你，一下就看出來了。」傳銷商在加入傳銷後，既有的人際關係在邀約銷售的過程，等於經過了一次篩

選的過程，願意加入傳銷者，從朋友轉化爲事業的夥伴，對於傳銷有疑懼甚至是反感的朋友，則可能雙方從此漸行漸遠。曹蕙玲（《多層次傳銷商進入傳銷組織後交易網絡與人際網絡的變化》，1997）的訪問中也發現，「仿家庭衍生網絡」裡的傳銷商們相濡以沫，反而和血緣上的家人變得疏遠：「我嘴上不好意思說，但的確我連逛街、買衣服都喜歡和我的寶貝們（該公司對下線的稱謂）一起去啊，就像我姊姊，雖然在花旗銀行工作，在台北，可是我們一年見不到兩次面。」

傳銷商的人際網絡在經營效能的評估下，經過篩選與重組的過程，成功活化的弱連帶、或是新搭上線的陌生顧客，仍有待持續轉化網絡內容、強化人際交情、仿效家人關係，以聚合成一個緊密聯繫的社群。結果，傳銷商之間的關係不僅是事業上的結盟，也在生活上有著高度的同質性與重疊性，像是一位受訪者所說的：「到後來在一起的都是傳銷的朋友，我們會一起出去吃飯、旅行，早上起來用的都是同一個牌子的牙膏和保養品，感覺好好……」傳銷社群之「封閉性」的形成，是一個雙向的推拉過程——傳銷網絡內部的拉力旨在凝聚上下線的認同與忠誠，而網絡外部的排斥、反對，則形成推力，讓傳銷網絡更緊密。在這個高度封閉性與同質性的傳銷組織裡，上線對於下線的指導經常不局限於傳銷上的事業表現，也延伸到全方位的私領域事務，例如曹蕙玲（1997）所訪問的一位上線表示：「作直銷不只是只有家內事而已喔，你家的事情，包括夫妻打架的事情，和兒子的事情，婆媳的問題……甚至我有一個下線連要不要生都來問我……」

然而，人際網絡與傳銷活動的結盟，有其內在的矛盾與緊張，而可能導致不穩定甚至瓦解。社會關係裡的情感投資，相對而言，尋求的感激或回報是以較長期的時間，以及非量化（或至少較不精確）的尺度來度量，然而，經濟交換裡的情感投資，在金錢投資的壓力下，必須在有限的時間內得到可見數量的回饋。上線在時間與業績的壓力下，有時會對下線或顧客失去培養情感關係的耐心，而暴露出傳銷網絡中商品化的本質。如同一位放棄的傳銷商的經驗：「像我後來一直約不到人，他們就突然翻臉了，說你們要靠自己啊，現在明白直銷的苦了喔。他們大概覺得不要浪費太多時間在我身上，我後來才知道他們業績壓力很大，一個月要二十幾萬耶，哪有時間無私無我的幫助朋友啊。」

六、結論

　　傳銷個案對於經濟社會學的啟示，在於當社會網絡被整合進經濟活動時，人情與利益之間並非理所當然地成為相輔相成的加權關係，行動者必須在此鑲嵌過程中克服調解其中可能的矛盾與衝突，對人際關係的形式、意義與內容，持續地進行重組與改造。本研究發現，經營傳銷是一個「網絡化」經濟活動與「商品化」人際關係的雙向過程，與在人際網絡重組、篩選的過程中，傳銷商要透過情緒、情感的持續投資，來強化彼此之間的信任基礎及交易穩定性。和顧客的交易網絡被轉化為教導、關心、分享，甚至傳教的社會關係；上下線傳銷商之間更

結合成一個情感緊密聯繫、生活封閉同質的「仿家庭衍生網絡」；傳銷商行動者也挪用家庭主義、長幼有序等文化元素，以解消人情與利益糾結時的焦慮與緊張，並合理化其中的利益剝削關係，強化上線的領導權威。

---

*本文摘自：〈人際網絡與經濟活動的辯證：傳銷商的網絡建構、行動意義與權力關係〉，《台灣社會學研究》第四期，南港：中研院社會學研究所。如需引用，請參照全文。

關係網絡與企業

羅家德（元智大學資訊社會學系）

一、前言

　　網絡理論與網絡分析（又稱社會計量學）一直是經濟社會學中一個主要的研究取向，自從Harrison White研究職位鏈（vacancy chain）以來，即一直與經濟研究結下不解之緣，不過早期的網絡研究並不始於經濟現象的探討，主要議題有新發明的傳播、傳染病的擴散、社會支持、情感支持、婚姻配對以及找職過程等等，後來的研究才又增加了很多經濟現象，如消費者行為、組織理論、經濟制度、內部勞力市場等等。八〇年代以後，網絡研究由經濟社會學而進入企業管理研究領域，遂蔚為一時之盛，成為各主要研究大學商學院的新領域，甚至一度被Mark Granovetter認為是「新經濟社會學」中除了與主流經濟學及理性選擇理論對話之外的另一主要大支柱。

　　九〇年代後，隨著資訊化組織的興起，企業再造工程成為時代顯學，而組織結構再造往往帶來組織網絡化（Hammer, 1992），不但是組織內以內部網絡代替科層結構（Miles and Snow, 1992），組織外也結成企業網絡，使得網絡式組織被Castell（1995）視為資訊社會的主要組織結構型態，未來工作

流程設計以及組織的分工與整合，也都將依循網絡而非科層的原則，「意識形態」控制（願景設計）以及社會控制將取代科層組織的法制控制及威權控制，成為主要的控制手段，這一資訊化組織的發展趨勢，使得網絡研究進入策略規劃、組織行為、行銷管理、人力資源管理等領域，成為今日管理學研究中主要的取向（approach）之一。

關係網絡的探討已然成為管理學與經濟社會學間的一座橋樑，在近幾年社會學者的大力發展之下，企管學界已了解企業的運作絕非只是一連串理性計算的經濟交易過程的串連而已，任何企業流程其實都深深鑲嵌在關係網絡中，而這些關係網絡無論是企業的內部網絡或是外部網絡，都是經濟社會學所欲探討的對象。下面筆者就針對這兩個方向，分別以筆者在台灣所作的研究，介紹關係網絡與企業之間的關係。

二、企業內部網絡

其實早在Harrison White研究職位鏈時就開啟了經濟社會學對企業內網絡的研究，以後所謂的micro-level organizational studies就不絕如縷，犖犖大者如Mark Granovetter對內部勞力市場的升遷與轉職作了許多討論，Ronald Burt則用了他的「結構洞」對組織內權力的運作以及升遷的過程作出十分有價值的理論貢獻；管理學者David Krackhardt及Brass等人更將網絡理論及網絡分析應用於離職、工作滿意、工作設計、曠職與組織影響力等管理議題上，逐使內部網絡的研究成為一個獨立的管理研

究領域。

　一般來說，企業內部網絡分成三個類別：

（一）工作諮詢網絡（advise network）

　這是與日常例行性工作有關的權力網絡，一個諮詢網絡中心性高的人往往可以在工作設計、分配與整合上有較大的發言權。

（二）朋友網絡（friendship network）

　這是牽涉到信任關係的網絡，是「非正式控制」中最核心的部分，因為在非例行突發事件上，如衝突解決、緊急工作支援、工作小組形成等等，非正式權力具有關鍵性作用。

（三）情報網絡（information network）

　亦即公司員工會把正式情報或非正式情報向誰傳遞以及向誰求證。不同層次及私密度不同的情報需要不同的信任等級，因此正式情報網與非正式情報網會有所不同，都在公司訊息是否流通、上下是否隔閡上扮演著重要的角色。

・　而下述問題則是已有的經濟社會學與管理學網絡研究中曾觸及的議題。

　　下情不上達、上情不下達：與情報網絡有關，要算出結構洞在哪裡，成為訊息障礙，也要計算出哪裡的訊息迴路（circle）不夠，所以訊息在傳遞過程中受到扭曲。

傳達願景、改造組織文化：這與情感網絡有關，一個對員工有非正式影響力的人會在非正式場域中傳播公司願景，透過個人影響力，一種工作態度或對公司的態度會傳染大眾。

危機處理：這與情感網絡有關，而情感網絡與非正式權力有關，在危機中正式權力往往命令不動員工，非正式的權力才能感召員工同心齊力。

如何組成工作團隊：這與情感網絡及諮詢網絡有關，團隊中要和諧就要選互動良好的一群人，另外還要選與其他團隊在情感及諮詢上互動良好的人作團隊間的連絡官。

衝突解決：這與非正式影響力有關，任何兩人一旦發生衝突時，若有共同的朋友就容易找到調解人。

團體衝突解決：這也與情感網絡有關，網絡分析可以分析出小團體（clique）在哪裡，算出衝突的可能性，並找出兩團體間的橋來化解衝突。

知識累積與創意的可能性：這與諮詢網絡有關，異業間的頻繁對話最容易激出創新的火花，網絡分析可以找出不同業務的部門間是否有溝通障礙。

離職研究：這又與情感網絡有關，因為離職員工對在職員工有非正式影響力，可能因為離職行為而帶動其他人的離職，或影響在職者的工作士氣。

謠言與組織信任問題：組織信任是組織的社會資本（social capital），這與情報是否流通、組織內是否相互坦誠直說有關，靠扭曲訊息及隱藏訊息以取得權力的組織，總體社會資本會特別低。

下面我就用一個我在國內某知名組織中所作的個案研究，加以說明如何利用網絡理論研究企業內部網絡。本研究所觀察之部門，在經過觀察訪談、網絡問卷調查並繪出網絡圖，作了網絡分析之後發現，兩位主管在不同管理方式下，其直屬員工之間的網絡型態也有所差異。其資深主管（同時也是部門主管）a1喜歡公事公辦，年齡與員工有一點距離，從不參加員工下班後的活動，為人溫和而直來直往。第二主管112則喜歡建立自己的親信，在控制手段上則較強勢。而從下面情感網絡圖（**圖1**）中也可看出，很明顯地形成幾個小團體。在談私事這方面，各個小團體之間幾乎沒有什麼「橋」，還有一群人獨自孤立在團體外。112自己和三個人在一個小團體中，完全與另外兩個較大的團體隔絕。a1參加在較大的團體之中但卻相對的在邊緣位置

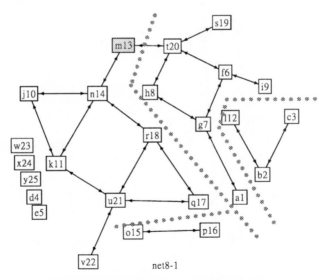

net8-1

圖1 情感關係網絡（與誰互談私事）

上。

　　但從「諮詢網絡」得到的資料中則會發現，若觀察網絡分析指標中的「內向度」（即別人指稱當事者為工作諮詢對象），a1雖然其直屬員工比較少（連另一位主管l12算在內總共十人），其內向度卻高達12，為部門內第二高。而主管l12所管理的直屬員工雖然有十三人，其內向度卻只有8。這與a1公事公辦無個人私情的管理風格有關，所以他一直是同仁心目中工作上比較值得信任的人。這一點在下面所示的情報網絡圖（**圖2**）上更明顯，a1是中心性最高的（內向度為7），大家有不明白的公司消息都會直接問a1。l i2則不太是大家打聽消息的對象（內向度為2），他讓自己的十三名員工分成兩個團體，另一個團體（很不幸的卻是比較大的團體）除了情感隔離外，訊息及諮詢

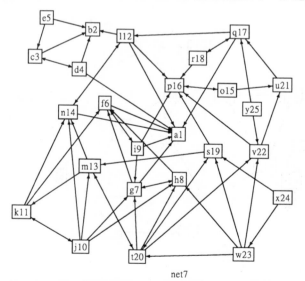

net7

圖2　情報關係網絡圖（向誰打聽同仁的離職消息）

112的溝通也相對的較少。

該部門雖然擴大規模不久，成員的平均年資也不長，但已經有幾個小團體的雛形形成了。而該部門員工由於在業務上必須代替公司接受顧客責難，若無合適抒發管道，心情不易調適的員工很容易士氣低落，並會感染給同一團體的同仁，卻沒有管道讓主管知道。針對此情況，112雖然已積極溝通，但因進行方式不佳（每次與兩三人一起吃飯並藉機溝通），且未掌握正確的關鍵人物，因此最後並未解決問題。

誰是關鍵人物？而以情感網絡（見圖1）來分析，n14與u21的中心性比較高，是與112比較疏離的小團體中的靈魂人物。但若從中介度指標來看，則發現m13及t20是最合適的「居中協調者」。由網絡圖中也能觀察到m13與t20是連接兩個小團體之間的「橋」。事實上，t20是部門中年紀最長的員工，其人際關係非常好，也受到部門內成員的敬重。因此，我們在研究了網絡圖後建議112，下次若想藉由吃飯時與員工溝通，可分別參與以n14、u21、m13 與t20為核心人物的「飯局」。如果想聽員工私底下的真心話，或藉由中間人來協調部門成員之間的衝突時，則平時就應該與t20經常溝通並保持良好關係。

這個範例說明了網絡分析方法是研究企業內關係網絡的利器，並成為公司內關係管理的有用工具。

三、企業外部網絡

在台灣顯學一時的中小企業研究有很大一部分在研究網絡

式勞力過程，其所指涉的正是企業外部網絡的研究。依照Gary Hamilton的研究，把外部網絡關係分成了三種類型，分別是生產網絡、金融網絡以及行銷網絡。Barley、Freeman和Hybels在研究商業性生物科技產業的網絡式組織時，則把上述的三種網絡又加上技術網絡。而網絡結構上，《複雜組織》（*Complex Organization*）一書的作者Perrow把網絡式組織粗分為企業集團型（conglomerate）、非依賴性外包型（non-dependent subcontracting），以及小公司網絡型（small firms network），十分類似於管理學者Robert Howard所區分的王國型（kingdom）、混合型（hybrid）以及共和國型（republics）。下面我就分別以幾個著名的網絡企業結構方式加以說明。

（一）日本式企業網絡

網絡式組織與網絡管理忽然成為一門顯學，也是拜日本式管理之賜。當美國大汽車廠紛紛敗在日本汽車廠之下時，警覺到美國式商法可能有不如日本式商法的地方，例如，日本Infiniti（Nissan的高款式車廠）生產Q45只有一家座椅供應商，而美國的通用汽車卻有二十五家供應商供應座椅的各式零件，美式商法似乎花了太多精神在零件採購上。根據1990年時的調查，日本的外包商68％從一而終，從來不換「頭家」，53％和「頭家」維持關係在十五年以上，這和大小零件都開標、便宜幾分錢也換人做做看、一紙供貨合約有時短到供一批貨、維持不了長久關係的美式商法，實在大相逕庭。於是研究日本網絡式組織蔚為一時之盛，日本人是怎麼造就它們的長期關係呢？

日本的網絡式組織是大集團式的組織，以日本的六大keritsu為例，往往公司與公司之間靠著互相握股而結為聯盟。主要的核心公司都是一些大型企業，集團的銀行則是核心的核心，幫助集團成員融資，集團也有大貿易商負責開拓市場。核心公司的總經理們則組成「president club」，大家定時聚會連絡感情。核心之外就是一群外包商，往往終身屬於某一集團，接受「父母」公司（parent company）的技術指導與財力支援，甚至核心公司會調派職員到外包商中任主管職務，以監督指導外包商的業務、財務。第一層外包商往往生產大組件，又有自己的第二層外包商，供應小零件，甚至第三層外包商，以下類推，形成一張綿密又封閉的外包網。

　　管理學者Miyashita和Russell筆下的日本式網絡組織是一種垂直分工，又權力關係不對等的網絡。「父母」公司總可以利用其掌握資源的優勢，強迫外包商壓低售價，提高品質。為了執行自己的零存貨政策，可以把存貨堆在外包商那裡，寧可讓外包商的送貨卡車打轉、繞路，也要外包商「just in time」供貨。在不景氣時，更可以任意裁減訂單。一般而言，外包商員工的薪水只有核心公司員工的60％至80％，實在受到權力不平等的剝削，然而日本企業集團的界線森嚴，想跳槽又不可能，只好乖乖俯首聽命。不過據社會學者Brest觀察，這些年來日本的外包商討價還價的能力越來越強，有走向組織理論家Perrow所謂的「非依賴性外包」的傾向。平均而言，現在一個日本外包商會有六‧五個「父母」公司，集團內的外包商與外包商的網絡更是錯綜複雜，釐不清隸屬關係，甚至有越來越多的外包

商游走於集團之間，以東京工業區為例，就有11%的中小企業不隸屬於任何集團。

（二）矽谷式企業網絡

如果日本式網絡組織是企業集團型的代表，則矽谷模式就是非依賴性外包型的典範。在矽谷，一些系統整合公司如HP、SUN、Apple以及一些半導體大廠如 Intel等固然具有世界性跨國企業的實力，也擁有自己的外包體系，但是他們的外包商卻絕非專屬外包商。例如，Weitek公司就和HP聯合研發晶片，並利用HP提供的光罩技術與儀器提高產品精度，但卻不是HP的專屬外包商，其產出只有三分之一賣給HP，其他的甚至可能賣給HP最主要的對手SUN。另一方面，SUN也和Weitek聯合研發浮點計算晶片，借給Weitek兩台SUN的工作站與兩名工程師，絲毫不怕Weitek把技術流傳給HP。

依據美國區域計畫學者Anna Lee Saxenian的研究，矽谷的公司多半靠著策略聯盟形成網絡式組織，例如在半導體業中就可以觀察到三百五十個聯盟，大多是企管學者Badaracco所謂的「知識聯盟」。雖然大系統製造商會是一個網絡的核心，但是網絡卻不是封閉的，甚至「父母」公司與外包商之間都會有一種默契，就是外包商儘量保持很多「父母」，並避免任何一家「父母」掌控其產額的20%以上。這樣的承包關係卻也不是市場上的供貨合約而已，一般而言，矽谷的聯盟都維持相當長久，以Tandem Computer為例，它的二十三家外包商中，有十七家維持了八年以上的關係。除了供貨之外，矽谷的聯盟往往還

包括市場情報與技術的分享，有時更會有財務上的相互支援。矽谷的網絡式組織是開放的，一個集團有核心，卻不成獨立王國，大家合縱連橫，既聯合又競爭，而且權力關係是比較平等的。

（三）台灣式企業網絡

說到小企業網絡型或共和國型，台灣模式或是北義大利模式就成了舉世考察學習的對象。台灣模式是我們親眼看見，耳熟能詳的「中國式商法」──一大群中、小企業，大家相互結盟，有時一張大網內不只有垂直整合，也會有水平整合，所以核心很不明顯。依據社會學者柯志明對五分埔成衣業的調查，衣廠會很巧妙地建構自己的外包系統，有專屬外包、非專屬外包以及臨時外包，不同的時節會動員到不同的外包商，以保持生產能量可大可小，趕工、度小月也都應付裕如，靠著外包，它建構了一張動員機制網，保持高度的動員彈性。但是若說這是一個「王國」，有一個核心，那就失之謬誤了，因為這「核心」也可能是別人的外包商，而且在台灣很多的商業實務裡，小廠商會向外國接一張大訂單，再水平分包出去，水平整合使得網網相連，大家互為外包，剪不斷理還亂，分不清楚何處是此網終點，何處是彼網起點，當然網絡的核心就不那麼清楚了。

在台灣，網絡關係又是如何建構的呢？社會學者陳介玄發覺台灣的商業網絡是深深鑲嵌在傳統生活之中的。傳統的人際關係決定了什麼樣的網絡能夠被建構，陳介玄稱其為「擬似家

族團體連帶」，因為商場上的外包關係常來自親朋好友、同學同事、鄰居故舊，但又不全然來自親密關係，也可能開始於資源相互依賴、利益互換而已，不過一旦關係形成，就要像「一家親」，平常大哥、二哥不亦熱火，作生意時不能斤斤計較，趕貨插單時則兄弟義氣二話不說，所以說它是「擬似家族團體連帶」，十分傳神。不同的人際關係強度，決定了不同的信任程度，也決定了商業結盟的性質與久暫。正式結構、法律契約在台灣模式網絡組織內反而是次要的，大家的「善意」、相互監督的社會壓力，以及鑲嵌在傳統生活中的非經濟性社會結構，才是「中國式商法」縱橫全球的內在邏輯。

但是隨著高科技產業的發展，我在作了四十六家高科技公司的訪談後發現，中國式商法在改變，有企業網絡「矽谷化」的趨勢。以一家中型桌上PC廠代號PC002為例，97年營業額在四十二億元，經常合作的協力廠約有一百到一百五十家，但保持關係的協力廠就有三百到四百家，這四百家協力廠平時就像放在口袋一樣，一旦需求該零件時就從袋中抽出詢價。以監視器為例，PC002廠保持訪價關係的就有五到六家，通常一次採購會以二到三家為主，以最近一次的採購來說，該協力廠供應母廠此零件的70%，而母廠只購買該協力廠產量的50%，此外根據該公司人員表示，此部分合作的第一大廠，是一家規模不大的協力廠。反而第二家協力廠是一家較大的廠商。為什麼如此？以PC002廠為例，在最近的光碟機採購，是以兩家非專屬的協力商為主，占了90%，且兩家透過訂單比例來控制關係，其餘10%的需求才從市場採購。我們可以察覺到PC產業的網絡

是比較動態的，相對於傳統紡織廠商那種靜態的合作關係，其採購所依據的是品質的好壞，好就是好，不好就換別家，這樣的合作關係有時會讓人感覺十分接近市場行為，但動態網絡不同於市場者在於合作對象還是十分固定的，而且合作關係維持得也十分久，雖然交易關係會時斷時續，但絕對不是一批一批貨地考量採購對象，一次交易持續的時間通常在兩個產品生命週期以上，而交易對象的考量則限於放在「口袋」中的少數幾家合作對象而已。以PC002廠採購光碟機為例，放在口袋中的協力廠止於七到八家，每次採購以兩家為限，和第一大協力廠的採購關係就曾中斷過，當協力廠無能供貨或配合不好時，PC002廠會中止交易，卻仍然保持合作，放在口袋裡，等待下一次的交易機會。不過一個中衛系統的動態程度會視廠商大小、資訊化程度（是否使用EDI）以及中心廠的策略而定，舉例來說，大型PC廠的外包網絡就穩定很多，不似中型廠那麼動態，為什麼？是一個有趣的議題。

相較於傳統產業的人際關係取向，高科技產業強調的是制度性的信任，其信任主要是經由一次次的交貨互動當中建立，甚至公司內部會有固定的關係檢討，就如PC001廠副總所言，產品品質好就是好，壞就是壞，基本上沒什麼好說的，所以廠商之間的誠信是一次次累積的，並不會像傳統產業可以有比較大的容忍空間。至於品管問題，大多以最終產品檢查為主要方式，甚至有些是從使用者使用後的維修率來得知，至於其合作關係是否有透過特別的合約？至今的訪談皆表示，大部分以一般採購合約的方式，此外由於資訊產品價格容易波動，所以雙

方通常以市價做為交易價格的修正指標。至於合作關係的檢討，在一些較大型的公司皆有固定的方式評估雙方合作的情況，關係檢討後，如果不盡滿意，通常以減少訂單的方式處理，就算這次降到沒採購關係，並不表示下次就沒有機會，其合作關係通常會放在「口袋」內繼續保存。

四、小結

當我們看到一台致福電腦，它不是一家公司的產品，而是一張近千家公司的網絡產生的結果。當我們看到一家像HP這樣的高科技公司，往往它也不再只是一個垂直整合的科層結構，而其中除了各功能部門外，更包括了數十或數百個工作團隊，在一個現今最常被採用的矩陣式企業結構裡，常常公司資源有30%被置於任務導向的團隊中，一點不少於運作例行工作的各功能部門。這樣一個內部網絡化加上外部也網絡化的企業環境，正是為什麼Castell稱資訊時代為「網絡社會」的原因。網絡理論與網絡分析正好提供了研究網絡式企業的良好工具，不但有堅實的理論基礎，更有數量方法與量化調查工具，還發展了一些正式模型，是經濟社會學與主流經濟學對話的重要橋樑，更是經濟社會學延伸進入管理、行銷與策略等商學領域的前鋒，難怪在九〇年代被稱為社會學三大主流之一，如今正值起步，值得更多的經濟社會學者投入相關的研究之中。

虛擬產權與中國經濟的「關係法則」

吳介民（國立清華大學社會學研究所）

一、前言

「有關係就沒關係，沒關係就有關係！」──中國順口溜

中國大陸經濟的變化，充滿費解的謎團。市場改革二十年來，經濟成長的速度很快，但是社會上卻充斥著尋租、掠奪的行為，好像貪污腐化一點也沒有影響人民的投資誘因。北京的中央政府，一再重申公有制是中國經濟的主導力量，但是到大陸各地兜一圈，很容易體會到，鄉村的集體企業、私人企業和外資──這些被籠統歸為「非國營部門」的資本──才是商品經濟的推動主力。在中國經商營利，「弄虛作假」似乎是免不了的技巧。很少人會相信報紙上和官方文書上的許多統計數字，但是每個人天天都得讀數字、做數字、玩數字。企業給鄉鎮企業局的產值，往往是浮報；給稅務局的產值，則是短報。1994年，筆者在上海做田野調查，和統計局的官員聊天，談到了中國政府系統內如何彙編數據、掌握狀況的技巧。那位負責人無心漏了口風：「必要時叫底下單位報個數，我們再來調整。」數字躲貓貓，不過是當今經濟武林中的站樁功夫，其他

「制度創新」的功法，更是五花八門，莫測高深。外行看熱鬧，內行看門道，虛虛實實的社會關係，令人眼花撩亂，不知如何入手。

二、「說不清！」

在中國，怎麼登記企業的所有權，是一門很深的學問。我們常碰見「假集體」（或稱「紅帽子」）、「假洋鬼子」、「假合資」等等難以捉摸的所有權形式。到中國做研究，學者的衝動，首先就是要「正名」。我探詢過無數的幹部、經理和學者：「爲什麼一個企業明明是私人的資本，要和政府或國營單位掛靠起來，搞頂紅帽子來戴？」我採集到的「論述」包括：「怕被割資本主義尾巴」、「沒有婆婆想婆婆，有了婆婆怕婆婆」、「西方文化說穿了就是black and white；中國呢，有很多灰色的色彩、灰色的空間」等等。把這些經濟諺語，轉譯成學術語言，大約接近「迴避政治風險」（political risk aversion）、「恩庇關係的互動」（patron-client relationships）、「中國特色的混種所有權形式」（hybrid form of ownership）。

但是，引人再三玩味的，卻是一位省級社科院學者的簡短答案：「說不清！」這句話，沒辦法直接翻譯。和他深入交談，我逐漸意會到，他的話至少有三層涵義。第一，中國經濟改革以來，一切都太混亂了，種種矛盾的現象並存，捉摸不定，從何說起？真的是說也說不清。第二，是可以說一些的，但是你把搞假集體的動機給挑明，不外乎是躲政治風險、尋求

經濟特權等等誘因。這些話說出來，豈不傷了和氣、擋人財路？第三，「上有政策，下有對策」，地方官員和企業之間各種弄虛作假的合作關係（「勾結」[collusion]），追究起來，難道不會被政府嚴厲處罰嗎？像在溫州，早在改革之前，就有官員庇護私人企業，收取「保護費」。但是，中央不定期的整肅（「割資本主義尾巴」），使得包庇「地下工廠」的官員被捕判刑，「私營老闆」有的甚至被槍斃。當然，改革之後，政治風險已經降低。然而，紅帽子私有化的策略，最近依然在各地流行，表示假集體企業的組織型態，仍然有其「市場」需求。國家的正式制度過於嚴苛，就使得較為寬鬆的地方的非正式制度安排，應運而生。但是，把模糊運作的空間，給說到底，就會觸犯政治禁忌。是非黑白，刻意讓它焦點不清，除了地方政府好辦事，中央也可以睜一隻眼、閉一隻眼。

哇！事情原來還是可以說的。但是，很少人願意弄清楚。為什麼？吃力不討好。在中國，種種數字和文字遊戲，就好像默傳功法在蔓延，可以學、可以做，就是不要去談它，尤其忌諱公開談。在香港，常聽說「廣東人經濟上開放，政治上小心，因此做研究很難」，也傳達類似的訊息。錯綜複雜的人際關係，和真真假假的地方產權操縱，編織在一起。對研究者而言，想要解開謎團，旁敲側擊，似乎比直截了當的問答，更能趨近問題的核心。

三、「同床異夢」

　　廣東是中國社會主義市場改革起步最早的區域。珠江三角洲因為地理和人文區位的優勢，吸引了大量的港台資本。地方政府的豐沛稅收，主要靠「三來一補」（台灣叫做「代工生產」[OEM]）。但是，仔細觀察，絕大部分的三來一補或中外合資企業，其實是外商所獨資經營和管理，地方政府只是坐收以「工繳費」（代工費 [processing fees]）和土地廠房為主的租金。更精確地說，是收取透過工繳費的制度安排，所創造出來的「政治租金」（political rent）。地方幹部很少涉入直接的生產活動，而是扮演著類似土地掮客和職業介紹所的角色。這就是「藉合資之名，行獨資之實」的操作方式；另一種流行的制度變形是「假代工（OEM），真外資（FDI）」（參見鄭陸霖，〈一個半邊陲的浮現與隱藏〉，《台灣社會研究季刊》第三十五期，1999）。在這種產權關係的安排中，地方政府的財務動機，和假集體盛行的溫州，是一樣的，雖然在官方規定的產權歸屬中，分屬於不同的業主（owner）。

　　為什麼會出現假合資、假代工的制度安排？外商要進入中國，面臨很高的交易成本（transaction costs）：國家政策充滿著不確定性、資訊不公開、尋租之類的財務掠奪行為嚴重等等。這和局部改革的策略，有很大的關聯。中國的改革，不是採取全面的自由化，而是選擇性的漸進開放。於是，在市場轉型的階段，地方官員便享有很大決策裁量權（discretionary power）。這種改革模式，以「價格雙軌制」（dual-track pricing）為關鍵特徵：主要的生產因素，像是重要物資、土地、勞動力、利率、匯率等等，都有價格管制。政府的公定官價和民間的市場價格之間，存在著很大的價差。這個差價，就是官員和廠商交換利益的基礎。廣義而言，在這個轉型階段，廠商使用政府所提供的制度和服務，也存在著價格雙軌的現象。例如，勞動局向外商收取勞工管理費，可以依照廠商和官員之間「交情」（「關係」）深淺而議價。其他如工繳費、公安費，以及不計其數的額外費用，都可以彈性議價。這些費用，在當地常被譏稱為「人頭稅」，因為計算方式以廠商所僱用的工人數為基準。處在這種制度環境裡面，對廠商而言，就是找到牢靠的當地合作夥伴，由其出面去處理這些「公關」事務。而地方政府和國營單位（例如外貿公司），為了尋租（賺「仲介費」和「保護費」），都競相提供這種企業掛靠（business affiliation）的服務。這就是「婆婆」（bureaucratic patronage）的由來。這也是筆者稱之為虛擬產權（fictive ownership rights）的制度基礎。

什麼是虛擬產權？簡單說，就是一個企業所有權的全部或部分，在名義上屬於一個公家單位，但實際上的財產權，則控制在另一個私人的業主手裡。私人資本志願將其財產登記為公營的性質。透過這種所有權形式的轉換，實際的業主取得更大的獲利空間，和更好的產權保障。在一個虛擬產權的地方體制中，廠商所取得的財產權，並非來自於國家法律制度的明確保障，而是靠地方政府執行中央政策的態度，以及廠商與地方官員的人際關係來維繫。

但是，地方政府給予企業的保護關係，只是一種暫時和過渡性質的制度均衡（institutional equilibrium），因為產權的安定性，只不過是依靠地方政府有條件的允諾（contingent commitment），而非來自於最終的憲法秩序（constitutional order）之公平保障。當中央政府有重大的政策變動之時，這種暫時的制度均衡就會打破，既有的政商關係網絡便隨之調整。

　　港台資本在廣東盛行的假合資、假代工模式，就是虛擬產權的一種表現。筆者曾經在一篇論文中，以「同床異夢」來形容台商與中國地方政府之間這種合作關係（"Strange Bedfellows: Dynamics of Government-Business Relations between Chinese Local Authorities and Taiwanese Investors," *Journal of Contemporary China*, No. 15, 1997）。港台資本相對於中國本地資本，享有一個優勢，就是其特殊的「政治身分」。「港胞」、「台胞」之所以被特許優惠待遇，是因為政府的政治目的（價格／制度雙軌制的另一表現）。但是，要怎麼發揮這種特殊身分的經濟效用呢？竅門就很多。外商能夠獲得的優惠多寡，端視關係的深淺。此外，因為中國地方上尋租行為嚴重，外商必須自求多福，各找門路。初次進入中國市場的外商，常被複雜繁瑣的官僚體制所困擾。因此，他們需要有可靠的人際關係，幫忙牽線仲介，在當地找到合適的合作夥伴。和地方單位搞合資，除了獲取額外的優待（出口配額、稅費打折等等）之外，一個關鍵的動機，就是幫外商排除尋租活動的侵擾，降低政策的不確定性。關於對付「三亂」，一個台商如此描述：

「他們的單位多如牛毛，什麼都要錢！他們來敲詐的次數之多，已經到了不堪其擾的地步……他們常常帶著什麼法令來，就是一張影印紙，我也看不太懂。搞得我沒辦法安心管理工廠……我能怎麼辦？我就打電話叫輕工公司（該台商的合資夥伴）的人來處理。他們幾乎每次很快就把事情辦好。你知道嗎？我們付一大筆錢給他們。如果不叫他們來幫忙，給錢幹嘛？」

雙方合作的基礎是權力和利益的交換。官員有權、商人有錢。假合資的運作方式，幫助台商創造出一個相對安定的營利空間，以迴避猖獗尋租活動、降低交易成本。所以，在大陸，雖然常聽台商抱怨官員貪污腐化、需索無度、治安敗壞，但是，港台資本仍然趨之若鶩。只要他們所付的「保護費」沒有超過預期的利潤，就值得投資。而事實上，因為中國提供的廉價勞動力和地租，他們的利潤是相當高的。同樣的，也常聽到地方官員私下指責港台商人不遵守中國的法令規範。但是，罵歸罵，地方單位仍然竭力爭取外資，賺取租稅和個人的額外利益。道理是一樣的，都是「理性的抉擇」。表面上互相埋怨，實質上各取所需。

但是，如前所述，這種合作關係的基礎，是建立在地方政府有條件的允諾。它會隨著中央政策的變動而面臨調整的壓力。例如，廣東的假合資、假代工模式，之所以迅速發展，是有匯率雙軌制和外匯留成等政策做背景。1994年之後，中央取消匯率雙軌制，靠工繳費抽取租金的機制，便產生動搖，因為

這個新政策，讓外商取得了比較好的議價能力（bargaining power）。於是，我們觀察到台商和地方單位，展開了新一輪的合作關係的談判。有趣的是，他們的互動模式，仍然依循著原先遊走的政商關係網絡在運作。為什麼？關係網絡不是一天造成的，行動者一旦涉入其中，它給你「機會」（opportunities），但同時也帶來「牽制」（constraints）。關係網絡的調整需要時間。有點「跑得了和尚跑不了廟」的味道。因此，在廣東，儘管「保護費」的相對價格（relative price），隨著匯率併軌而降低，但是在國家社會主義的體制之下，外商仍然需要地方官員的保護，以提供牢靠的夥伴關係。所以，「同床異夢」的戲碼，換了個佈景，降低票價，繼續演下去。

四、人際關係的工具性格

人情關係在中國自古有之。人際聯繫沿著家庭親族、同窗、同鄉等線索在編織、擴延。在華人社會，維繫良好的人際關係，一直被看成是重要的「人格教育」。中國人所說的人情關係，有情感和工具的兩面性格。就本文所關心的政商關係而言，一個重要的問題是，為什麼在市場改革的中國，人際關係的工具性格特別發達？或者照Mayfair Yang所說的，經改之後，關係的「交換價值」壓過了「使用價值」（情感性質的直接消費）（*Gifts, Favors, and Banquets,* Cornell University Press, 1994）。

一個社會存在著制度上的尋租空間，就會使人際關係往

「工具化」（instrumentality） 的那一端發展。Andrew Walder就曾用「新傳統主義」捕捉中國改革之前，人們透過關係來尋租的行為特色 （*Communist Neo-Traditionalism: Work and Authority in Chinese Industry*. University of California Press, 1986）。改革之後，價格雙軌制的氾濫，使得利用關係和尋租的空間更加擴大。但是尋租的環境，只是提供機會結構，它到底如何具體運作呢？在中國，商業活動上特別需要經營人脈關係。這經常表現為攀關係、套交情、請客、送禮等等現象。台灣、香港亦然，只是程度較低。

中國人常諷刺共產黨官僚，說他們「有權不用，過期作廢」。制度性的尋租環境，會催生一個特權交易的「市場」。但是，這個市場的運作型態，不像是一般資本主義體制中的市場（請注意這裡是一種理念型的對比）。政治權力可以製造財富，但是它本身不能直接兌換成金錢，因為缺乏正當性。所以，它需要一個中介機制的轉化。例如，一個官員，他掌握某種決策權力，可以審批一項低利貸款。他可以把這個特權轉給他的親屬好友，也可以「出售」給別人。然而，他沒辦法在一個公開市場上求售，他必須找到可以信得過的買主，因為這是遊走在法律邊緣的交易。他會隨便信任一個「陌生人」嗎？當然不會。這個時候，沿著已經存在的人脈網絡去撮合特權交易，就是風險最低的方式。這是利用權力「生錢」和「洗錢」的秘密機制。中國社會的信任基礎，就在這個歷史契機上，產生微妙的變化：人際關係朝著工具化的方向膨脹。工具化的關係網絡，就成為市場轉型過程最突出的媒介。

直到近代，華人社會的私人產權，仍然欠缺一種基於中央正當權威而確定的有效而平等的保障。這種歷史政治的特質，加上當前中國社會主義的市場轉型，使財產權的保障更加不穩定。故而，經營人際關係、尋租特權和虛擬產權，存在著韋伯所說的「選擇性的親和」（elective affinity）。

　　天主教的社會，幼嬰受洗時有認教父（godfather）的傳統。這是一種虛擬的親屬關係（fictive kinship）。在華人社會，有乾爹乾媽乾哥乾妹乾兒子乾女兒種種虛擬親屬關係的傳統。台灣也有換帖結拜的習俗。在當今中國，做私人生意，找個官僚機構來掛靠，這種認婆婆、找靠山的社會實踐，也在中國市場轉型的歷史契機中，得到大肆發展的空間。在這裡，我們清楚看到經濟互動的文化想像。虛擬產權，乃是社會行動者在既存的經濟結構和政治規則的約束下，從老祖宗的「文化工具箱」裡面獲得靈感，所互動出來的非正式制度（informal institution）。

　　一言以蔽之，「認婆婆、找靠山」這種虛擬產權的地方制度，和政治人脈的運作，是共生的（symbiotic）關係。我們也可以說，這是一種具有「中國特色」的經濟文化建構：虛擬產權將經濟和政治之間的互動「擬情化」。就好像在資本主義市場社會裡面，公司作為一個「法人」（legal person），也是一個「擬人化」的法制建構。但是，這兩套虛擬結構，卻隱含了迥異的政治結構和社會規範。

五、虛擬產權：偷竊行爲或是企業家的創新精神？

　　虛擬產權的制度安排，一方面使企業和資本家能夠暫時解決政策不確定，並且克服轉型經濟的高度交易成本等難題；另一方面，也讓地方官員有足夠的租稅誘因，去保護他們的經濟地盤。但是，它卻埋下了中國長期改革的隱憂。顯而易見的是，玩不起這種關係遊戲的人，就被排除在利益分贓的圈圈之外，並且要承受各種巧取豪奪所導致的惡果。這種下了社會抗議運動的因子。此外，比較不明顯的，但卻可能更嚴重的，就是這種制度安排，混淆了社會的道德判準。這是無法估量的社會成本。

　　很少人會駁斥這個常識：在一個市場經濟，用「偷竊」（stealing）和「詐欺」（cheating）等手段牟利，是不被容許的行爲。相反的，在既有的法律制度約束之下，千方百計地賺錢，則視爲「創新的企業家精神」（innovative entrepreneurship）。這看起來涇渭分明，其實不然。問題出在，市場規則是怎麼定出來的？既有的市場規則，是否存在著制度上的權力不對等關係（asymmetry of power），而這個權力關係，是否偏袒某些特殊團體？這就是今天中國市場經濟的問題所在。

　　先舉一個經濟人類學的例子，以便對比。在某些印第安人的部落社會，「需要時，拿別人的東西來用」，不被認爲是偷竊行爲。這是一種部落社會的互助互惠的道德規範。今天我需要一張牛皮，我自己沒有，就拿走鄰居的；過些日子，可能有

鄰居拿了我的玉米。這是一種多重而平行的社會經濟關係；是一種以維生「需求」（need），而非「權利」（right）為基礎的道德判準在支撐。這是一種社群成員都同意（不論明示或默認）的社會規範。

每一種經濟交易的體制，都有某種相應的規範結構。目前中國經濟的商品化和市場化的擴張程度，與其相應的國家社會主義的法律制度之間，有很大的差距。中國憲法結構在實質上並沒有保障平等的公民權，不像典型的資本主義民主社會的運作邏輯。不同所有權性質的企業之間，存在著身分上的等級差異，享受不同的待遇。人民之間的關係，也是一樣：由於城鄉戶口、本村／外人、所屬單位、政治權位等區別，而有權力稟賦上極大的落差。這種「身分制度」的環境，都使得法制之外的人際關係操作有機可趁。

現在，藉著虛擬產權，創造私人的經濟利益，究竟是「企業家精神」？還是「偷竊行為」？這中間有著很大的運作和詮釋空間。如果你老老實實地作生意、繳稅，遵守國家的法律，是個好公民。但是，因為你缺乏靠山，整天被政府官僚找麻煩（「沒關係就有關係」）。這時，你看著那些有辦法的人，靠關係搞錢，在官員的庇護之下掏空公家的財產，心裡作何感想？而從那些有本事的人來看，不懂得遊走法律邊緣，就是傻子。國家制度上的缺陷、遊戲規則的不公平，使得「企業家」和「小偷」之間的界線模糊掉了。道德判準的混淆，使中國社會未來的改革之路，更加艱難。

虛擬產權的確讓商人有較強的生產誘因，並可局部保護他

們的產權。但問題是，不是每個人都有足夠的資源去經營政商關係網絡。玩不起這種遊戲的人，就被排除在分贓體系之外。本質上，這是一種非常不公平的遊戲規則，是一種缺乏憲政秩序的市場行為。因此，「關係法則」是一把雙面刃，它對中國社會經濟的發展，同時產生正面和負面的影響。長期而言，負面的作用將凌駕於短期的經濟效益。這些問題值得我們更深入而細致的剖析。

看不見的經營者：
香港製衣業的工人網絡

梁漢柱（香港浸會大學社會學系）

一、前言

　　有關台灣、香港及中國私營企業型態的討論，有兩個主題較爲常見：創造奇蹟的企業網絡和飽受剝削的女性勞工。

　　有關企業網絡的討論，多集中於描述企業與企業之間的長期關係，但對這些關係建立和維持的條件卻探討不多。後者不必深究，因爲大家都假設這些網絡反映了古老的儒家或中國文化對華人社群根深柢固的影響，並且構成華人企業在國際市場上的一項競爭優勢。懸而未決的問題是：假如文化並非機械的一代一代地複製，複雜多元的傳統之中，部分元素如何被採納成建構社會經濟制度的資源？假如華人以至世界各地企業網絡的經營並非無往而不利，傳統以外，企業網絡的維持又有什麼社會條件？

　　女性勞工的研究凸顯了企業網絡論述的一個重要缺漏——華人企業興盛的一個基本社會條件，是女性廉價勞工的辛勤勞動。這些研究報導了女性工人如何受到工業資本和父權制度的雙重剝削，暴露了企業網絡論述的階級偏向，但往往也假設了

女性工人只是社會制度的被動受害者，並沒有直接挑戰網絡論述的一個基本命題：男性企業主是華人地區工業生產的唯一組織者和推動者。

突出以上命題如何局限了我們有關企業網絡的思考，正是本文主要的目的。藉討論香港製衣業工人環繞工作建立的社會關係，本文意圖突破資本與勞工、經營者與受害者的二元分析架構，指出以女性爲主的香港製衣業工人，對這個曾經領導香港經濟的工業的貢獻，並不局限於日以繼夜埋頭苦幹，她們更是這工業日常生產的重要組織和推動者。作者希望這些討論可以說明，女性工人爲香港工業付出的不單是勞力與汗水，還有心血、智慧與社會組織的能力。另一點，是華人企業網絡並不是什麼神秘的、有中國特色的組織型態，只有在具體的歷史場境和社會脈絡之中，才可以理解這類網絡的延續和轉變、成就與失敗。

二、從轉型到轉移：香港製衣業的歷史回顧

香港製衣業在二次大戰後迅速成長，早期主要是利用大量難民勞動力生產廉價成衣供應低收入國家。五〇年代後期，香港廠商提高了港產成衣品質控制的水平，轉以美國和西歐爲主要市場，使製衣業成爲香港最重要的出口工業。七〇年代，西方經濟衰退，許多歐美服裝銷售商出國尋找低成本供應來源，香港憑生產複雜式樣和快速的應變能力，成爲中下價時裝的生產基地，在出口競爭越來越厲害的七、八〇年代，保持著世界

主要成衣主出口地的位置。

　　七○年末期以後，中國大陸鼓勵外來投資，香港製衣廠商逐步將生產從香港遷往大陸及世界其他成本較低地區。八○年代末期開始，香港境內成衣生產大幅收縮，大量工人被迫轉業或失業，香港在世界成衣業的角色由生產基地轉變成鄰近地區成衣生產的服務中心。

　　香港的製衣業由盛而衰，不過三十多個年頭，九○年代以後，開始急劇收縮。過去的數十年間，香港製衣業如何克服以低收入地區標準而言高昂的工資和地租，在激烈的世界競爭下生存，卻還是一個未有滿意答案的問題。解答這個問題，本文追隨的方向是從成衣銷售和生產的具體組織入手。

三、出口與生產網絡：香港製衣業中的企業扣連

　　港產成衣絕大部分是透過一種統稱為原件生產（original equipment manufacturing），或國際分包（international subcontracting）的安排出口的。這類安排一般牽涉三方面的企業單位：海外買家決定設計和安排銷售有關事宜；貿易代理負責替買家物色適當的供應商，並替買家跟進生產的進度，作彼此溝通的橋樑；生產商依買家要求，在一定時限內交付一定質與量的產品。

　　由於買家、代理及生產商數目眾多，而且市場變化很大，他們之間維持的是多元多角的關係，三方面都會與多個企業保持來往，以減低風險，和應付不同的市場需要。不過，由於交

易對手是否可靠，對業務很有影響，慣常交往的商號大都傾向維持穩定而長期的關係。從買家的角度，生產商必須具備適當的技術能力，可以準時交付符合品質要求的貨物。從生產商的角度，買家必須依時清付貨款和不會在貨物品質上作無理的挑剔。代理的責任是確保雙方都不會因對方的欺詐或不負責任行為受損害。生產商假如能與一些可靠的買家和代理維持良好關係，不單可以保證訂單源源不絕，更可以避免許多業務上的糾紛和損失。人與人之間經過長期合作建立起來的信任，是這種關係的重要條件。要取得信任，製衣廠商必須有足夠的生產能力，應付買家在質和量上的要求。

對於佔香港製衣廠商大多數的中小企業來說，提高生產能力最節省成本方法是與其他業內廠商緊密合作。假如訂單的數量超過本身設備的負荷能力或者有特殊技術要求，製衣廠可以分包的形式將部分生產交給其他廠商負責。假如本身訂單不足，廠商可以承包其他廠商做不完或做不來的訂單，儘量減少生產設備投閒置散的機會。

互相承包的安排下，密集的製衣廠構成一張張重疊的生產網絡。網絡式的聯繫，使香港製衣廠商可以很低的固定投資，「彈性」應付海外買家的訂單。不過，對於廠家來說，可以完成整個或部分工序的分包廠，其實只是「彈性」勞動供應的其中一個來源，另一個來源是可以無需額外成本，隨時因應生產需要，聘用或解僱工人。

四、減至最低的承擔：「彈性」的勞動組織

香港工人有三個不成文的類別：長工、長散工，與散工。「長工」按月支薪，年終可以分紅。「長散工」按日或按件計酬，長期替一個雇主工作。「散工」同樣是日薪或件薪，但指定工作完成，雇傭關係便終止。一個典型的香港製衣廠內，長工只佔工人很小的一部分，一般包括管工和裁剪、出樣等工藝工人，以機器操作員為主的一般工人，大部分是「長散工」。

「長散工」多數由廠方直接聘請，也有部分原則上與廠方並無直接契約關係，隸屬承包特定部門勞務的「包頭」。嚴格地說，「包頭」是一個自僱的工人團隊組織人，以廠東提供的設備，完成分包下來的勞務。「包頭」往往同時替多間工廠工作，可以因應各廠人力需求的起伏在廠與廠之間調動工人。不過，也有「包頭」長期只在一間廠內工作，除代廠方分發工資予屬下工人外，工作性質與一般廠方僱用的管工無異。

「包頭」以外另一類管工是在本身件工工資以外，另收額外津貼，作監督和招募工人酬勞的「津貼工」。此外，便是與廠方關係更強，以「長工」形式聘請的管工。「津貼工」和「長工」管工都會負責聘請轄下的工人，不過那只是行使雇主下放的權力，不像「包頭」那樣獨立經營。

「長散工」不足應付生產需求時，工廠便會找短期的「散工」來幫忙。他們可以是由「包頭」從別處調來的工人，也可以是已經離職，但願意短期回廠工作的前任雇員，其中許多是

家庭主婦。另一個散工的來源是一些因為長期僱用的工廠工源不足，到其他工廠打散工的工人，也有一些工人會為了多賺外快，在日常工作以外，到別的工廠加班。這類臨時招聘，受短期件工工資吸引而來的工人，行業之內稱為「炒件工」。

「炒件工」以外的散工選擇還有「外發工」。「外發工」可以是與工廠保持聯繫的離職工人，也可以是現職工人不便外出工作的親友或鄰居。人數眾多的「外發工」可以連成龐大複雜的網絡，同時替許多工廠工作，負責統籌的是一些角色類似管工，奔走於工廠與住戶之間的中介人。

從廠商的角度，利用「外發工」生產是減低固定成本的上佳方法。不過，即使在人口密集的香港市區，聯繫分散在各家各戶的工人完成特定工序，還是很費周章的事。要應付繁忙季節緊迫的時間表和確保生產品質不出問題，最可靠的辦法還是要求廠內的「長散工」加班，其次便是找到可以即時報到的「炒件工」。問題是技術合格，願意長時間埋頭苦幹，又不會在緊急關頭斤斤計較工資的工人，未必會隨傳隨到。

五、可靠的散工：工人網絡與勞動供應

根據以上的討論，香港製衣廠商與工人的關係十分薄弱。這種薄弱的關係，使廠商可以將固定成本降至最低，同時也使他們經常要面對技術工人短缺的威脅。僱請二百人以上的大型製衣廠可依賴工源充沛、收入穩定，留住工人。五十人以下的小型廠，廠東大多與關鍵位置的工人關係密切，可以憑交情維

繫工人。不過，以工人人數和生產值計算，香港製衣生產的主力卻是五十至二百工人的中型廠。

中型的香港製衣廠內，廠東與工人的關係一般相當疏遠，前線的人事和生產安排都交給管工負責。工人最多的縫合工序，管工一般是領月薪的「長工」，職稱是「指導工」。六〇年代的「指導工」許多是受過裁縫訓練的男性技工，七〇年代開始，隨著製衣業擴張和不斷吸納女性，越來越多女工由操作工升為管工，「指導工」漸漸變成主要是女性擔任的工作。

「指導工」是製衣廠內舉足輕重的人物，她負責安排和指導工人從事不同的工序，確保生產達到水準要求，有時也包括決定各工序的件工工資。生產線前後失衡的時候，她會重新編排工人的工作，以保持流程的順暢。假如人手不足，她要決定多聘長期工人，還是去找臨時的「炒件工」。貨期緊迫的時候，她要說服工人加班工作。如果工人對件工工價不滿，她也要代表工人與廠方交涉。廠東主要是依賴管工去替他們解決生產控制和招募工人上的難題，許多事情上，指導工和其他管工都穿梭於廠方上層與工人之間，扮演了中介人的角色。

管工可以負起這些責任，主要因為他們與工人的聯繫。成功的管工都有一群核心追隨者，俗稱「班底」。這群追隨者是管工的一項重要資產，因為廠方與工人彼此之間的承擔有限，但管工卻可以信任她的「班底」會依她的指示報到工作，必要時連續加班。從廠方的角度，一個有穩定「班底」並隨時可以連絡到其他有適當技能工人的管工，可以簡化許多招募和管理工人的問題。她們的功能在整個行業都在追趕時間出貨、工人

非常搶手的高峰季節，尤其明顯，可以說，管工的社會關係是廠方能夠以最低限度的承擔取得可靠勞工供應的原因。

　　管工吸引工人加入「班底」的條件是她在工作上保護工人的能力。管工的主要責任是分配工作，而工作怎樣分配，對按件計酬的工人的收入很有影響。製衣的工序在完成時間和技術要求上並不一致，有一些工序比較容易完成，同一工序，不同尺碼要求的時間也不一樣。相等的勞力付出，未必取得一樣的報酬，工作分配不均的話，部分工人可能多勞少得。要避免因為得不到管工的照應而利益受損，成為管工「班底」的一份子是很好的方法。

　　決定件工工價是管工另一項常見任務。工價假如定得太高，管工會受廠方責難，但保護工人的管工，會依工序的難易，調節工價，儘量使工人維持一定水平的收入，必要時不迴避與上級交涉。

　　日常工作上的保護以外，管工還可以協助工人找到報酬更高的工作機會。工作了一段時間，建立起一定聲譽，培養出一個「班底」以後，管工可以接觸有意招人的廠商，尋求以轉職改善待遇。管工帶同追隨者加盟，可以減輕工廠營運的困難，特別受新成立的工廠歡迎。「班底」的實力是管工談判雇傭條件的重要酬碼，追隨管工轉工的工人無形中便成為管工提高待遇部署中的策略夥伴。

　　管工與工人之間的交往涉及許多經濟利益，但卻並非簡單直接的交換關係。他們部分在工作間以外，已有著親族、同鄉等社會聯繫，但多方面的相互承擔，也可以從工作上的長期合

作和生活上的長期接觸中產生。男性管工會以聚會、借錢等方法強化自己與下屬的關係，女管工與女工之間的關係更可以涉及個人生活上的大小事情。「像她們媽媽一樣」，是一個女管工對這種關係的描述。

管工需要小心維繫工人，因為他們之間的關係可變性相當大。替包頭工作的工人，只要有適當時間的通知，便可以名正言順的轉換工作。「指導工」與她「班底」的關係，更完全是非正式的「默契」。認識管工，對找工作有幫助，但與管工有密切關係卻不是找到工作的必要條件。工人一方面依賴以管工為核心的小群體提供日常工作上的保護，一方面也會利用跨越群體的人際網絡蒐集有關工作機會的情報。

這些情報很重要，因為與舊工友連絡是工人找工作的常用方法。由於工人一般專長於特定類別的工序，並且會長期留在一個工業區內工作，多次轉工之後，她們的網絡可以很有效地覆蓋一個地區之內相關類別的就業機會。這種由工人與工人之間的聯繫維持的就業資訊與轉介網絡，是散工制度下工人自保的方法，也是管工帶領的工人小組和「彈性」勞動編配制度可以運作的社會條件。

以管工為中心的工人網絡在香港製衣業最活躍的時期是六○和七○年代。八○年代開始，危機漸漸顯現。首先，1974年以後，香港工人假如替同一雇主工作超過兩年，便可以有權按年資領取遣散費，為免損失年資，工人漸漸不願追隨管工在工廠之間轉來轉去。此外，工人之中，已婚者佔比例越來越高，未婚的也因為生活水準提高，要求多點餘暇時間，管工要

說服工人長期晚上加班,越來越困難,作爲雇主與工人中介的角色因此被削弱。更基本的打擊是,七○年代末期開始,香港廠商逐步將成衣生產移進中國大陸,初時還要派遣香港的技術工人到大陸負責管理和培訓,到後來大陸工人的技術漸漸成熟,香港製衣業技術勞工的供應便大大超過需求。大量工人投閒置散的情況下,多年經營的勞工供應網再不是管工奇貨可居的社會資產,也不能爲一般工人的生計提供太大的保護。

六、結語

靈活、「有彈性」的成衣生產在香港港運作的條件是三類互相連結、邏輯相通的網絡。人際關係是這些網絡的基礎,透過人與人之間訊息的流傳和長期關係的建立,各方面都可以更容易找到合適的交易夥伴,並減少因對方不負責任或不懷好意而招致的損失。這種相對穩定的關係可以源自同鄉、親族等經濟以外的社會聯繫,也可以憑重複合作,逐步建立,當中各類中介人扮演著組織者的角色,爲來自不同社會圈子的人進行配對。

出口商與生產商、廠戶與廠戶之間的靈活網絡關係在有關香港工業的討論中得到不少注視,受忽略的是這些企業網絡如何依賴以散工爲主力的勞動組織和這種組織型態的社會條件。散工制度下,廠方與工人的關係差不多是即時買賣,廠方對儲備人手幾乎不作任何投資,將固定成本壓至最低,市場變化的風險完全由工人來承擔。這樣的安排下,廠商依然可以在需求

旺盛的時候，找到有適當技術、依規格生產，又不會隨時抬高工價的工人，是因為管工的中介人功能，和工人與工人之間維繫的就業轉介網絡。

　　工人網絡使香港製衣廠商能以最低的成本，解決各地中小企業常見的技術勞工不足的問題，靈活應付海外買家的需求。這些網絡的建立、維持和擴大，是香港的歷史和空間條件下工人長期組織及推動的結果。因此，以女性為主的製衣工人其實是這個香港最大出口工業看不見的經營者。

早期香港買辦的人際網絡

李培德（香港大學亞洲研究中心）

一、前言

　　國內外學界對於買辦的研究，由於觀點不同曾引起極大爭議。近年來，隨中國實行經濟改革及對外開放，學界已逐漸脫離「買辦資本、封建資本、官僚資本」的硬套分析方法，亦鮮見針對買辦為外人服務，充當漢奸的負面批評。並且，兩岸三地的學者都有一致的共同觀點，即認為買辦同時有獨立商人的身分和肯定買辦對近代中國經濟發展的貢獻。買辦一詞最早起源於中國，是明代地方衙門為向民間採購日常用品而設的職位，鴉片戰爭前亦曾見於廣州公行貿易制度，是十三行行商為來華外商所設的僕役之一。但是買辦的現代意義和真正發展，是香港開埠和中國五口通商以後發生的事。

　　1842年鴉片戰爭結束，「南京條約」完全釋放了過去中國對外貿易的限制。新條約港的出現，打破了過去中國海外貿易為廣東一地壟斷的局面。新冒起的通商口岸如上海、寧波、福州、廈門逐漸與廣州競爭。由於得到長江流域廣闊腹背地的支持，上海於全國對外貿易的地位迅即冒升。直至1850年，上海的對外貿易數量已超越廣州，成為全國第一。由於貿易路線的

轉移，過去依賴海外貿易為生者，如搬運工人、艇戶等，便失去工作。廣州已不再成為中國唯一的通商口岸，更不能壟斷對外貿易，貿易機會因而轉移到香港和上海。當時香港的發展，從另一角度來看，不能不說是英國利益從澳門和廣州的撤退。不過，值得一提的，是香港開埠吸引了不少廣東人來港尋找新機會，他們包括商人、手工藝者和勞工等。他們和英國商人一樣，都希望在香港大展拳腳。可以說，當時香港已成為廣東人移民海外的一個集散地。

二、粵籍買辦的興起及買辦擔保制度

廣州，無可否認是中國第一個對外開放的城市，與外界接觸有悠久的歷史。公行制度，便是清政府為管理對外貿易而設立的機構，其組成包括行商、通譯和買辦。正如威廉亨特（William Hunter, *'Fan Kwae' at Canton Before Treaty Days,* 1882）所說，買辦對於外商來說，角色最為重要，幾乎所有有關洋行的大小事務，從檢驗銀兩成色、會計、僱用工人（包括廚子、苦力）、翻譯，及與中國商人交涉等等，無一不由買辦負責。雖然公行制度於鴉片戰爭後被取消，但這並不意味買辦從此絕跡，反而進入一個新的發展里程。由於對外貿易於廣東進行，廣東人於公行制度時期壟斷買辦職位，是不爭的事實。如郝延平所指，他們絕大部分來自珠江三角洲，如香山、南海、番禺。近代中國買辦的興起，有以下幾個原因：(1)當買辦成為自由商人後，買辦的聘用多與血緣、地緣等人際關係有關；(2)公

行制度取消後，香港及其他中國商埠的開放，外國洋行數目激增，大大刺激了洋商對買辦的需求；(3)西方商人於中國進行貿易買賣，無論語言上，或處理本地事務各方面，都需要買辦的幫助，其中尤以英商對買辦倚賴最重。

一般來說，外商於中國做生意，大多依賴本地買辦。如眾所周知，這些替外國洋行服務的買辦從十九世紀中葉開始，多為粵籍人士。根據郝延平對英美洋行檔案的研究，於一八五〇至一八六〇年代美商瓊記洋行所僱用的二十四名買辦，全是廣東人，而一八三〇至一八七〇年代旗昌洋行的十六名買辦中，只有四名為非粵籍人士。怡和洋行於一八五〇至一九〇〇年代共僱用了三十二名買辦，其中廣東人有十八名之多，佔總數一半之強。寶順洋行於一八三〇至一八六〇年代共僱有二十一名買辦，其中並沒有非廣東籍人士之紀錄，但有九人的籍貫是無法追查的。值得一提的是，誠如郝延平所指，廣東買辦之優勢不只限於中國，更包括東南亞及日本。廣東買辦專長於茶之貿易，而浙江買辦則善於買賣蠶絲及經營錢莊。浙江籍買辦於上海取代粵籍買辦的地位始於十九世紀末二十世紀初。由於洋商開拓東亞市場多借廣東買辦之力，其中尤以日本橫濱、長崎為甚，這或可說明廣東人於日本，亦同樣有其關係網絡。

任職買辦的條件若何？誰人可擔任買辦？至今未有一個統一的說法。一般來說，英語應是首要的必要條件，但洋商往往考慮的並非英語，而是買辦的網絡關係。可以說，個人信用是最重要的條件。由於「南京條約」將中國對外貿易從各種管制的枷鎖中釋放出來，買辦很快就代替了行商，成為外商於中國

進行交易的代理人，同時又成為華商的保證人。1842年後，公行制度廢除，一些曾為行商的商人仍參與私有化的茶、絲貿易，買辦亦成為私人代理商，不像過去只為政府管制貿易的代理人。通譯於公行制度廢除後離開了行商，被新興的海關機構大量吸收，或自行組織經辦海關業務行業。根據梅愛蓮（Andrea McElderry, "Guarantors in China's Treaty Ports," Unpublished Paper Presented at the 34th International Congress on Asian and North African Studies, Hong Kong, 1993）對中國條約港雇員保證制度研究所指出，新的買辦保證制度已不再是由行商或代理商推薦所熟識的人般簡單（**圖3**），個人的連帶責任保證已成為不成文和普遍接受的規定。擔任買辦的保證人亦知道須承擔一切可能由買辦引致的風險。當洋商正依賴這種制度來確保買辦的信用時，買辦則利用他們的關係網絡來聘用雇員，或利用該職位來維持他的影響力。

目前香港歷史檔案處保存了為數甚多的早期香港華人遺囑，可以給公眾人士查閱，其中有不少是屬於香港買辦的，值得介紹。黃亞廣，廣東順德人，為香港Messrs. Smith, Archer & Co.買辦，在他的遺囑內我們不僅可見他對於兒子將來能繼承其遺志，繼續擔任買辦之願望，同時更了解到當買辦的必要條件。黃氏安排了一筆不超過五千元的款項作為謀求外商洋行買辦職位的保證金。黃氏的遺囑是這樣寫的，「假如我的任何一位兒子要當洋行買辦或副買辦，懇請我的財產託管人完成我的願望，替他們作擔保，並給予一筆為數不超過港幣五千元的擔保費……。」雖然，黃氏並沒有提及他的兒子將會於哪一洋行

工作，或他會向誰推薦，但我們可從上文得知當買辦的條件
是：(1)人事擔保；(2)保證金約五千元。

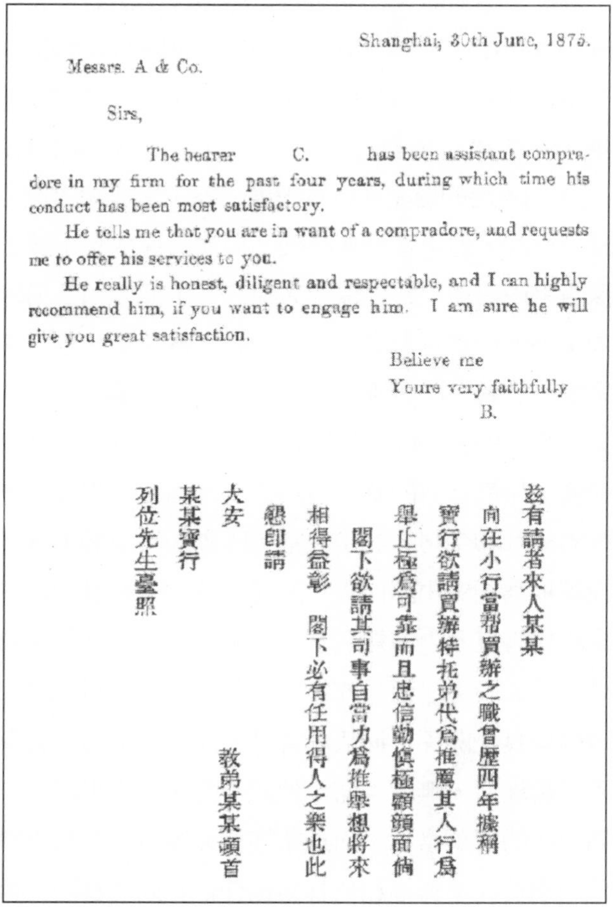

Shanghai, 30th June, 1875.

Messrs. A & Co.

Sirs,

The bearer C. has been assistant compra-
dore in my firm for the past four years, during which time his
conduct has been most satisfactory.

He tells me that you are in want of a compradore, and requests
me to offer his services to you.

He really is honest, diligent and respectable, and I can highly
recommend him, if you want to engage him. I am sure he will
give you great satisfaction.

Believe me
Yours very faithfully
B.

茲有請者來人某某

向在小行富帮買辦之職會歷四年據稱

寶行欲請買辦特托弟代爲推薦其人行爲

舉止極爲可靠而且忠信勤愼極顧顏面倘

閣下欲請其司事自當力爲推舉想將來

相得益彰　閣下必有任用得人之樂也此

懇卽請

大安

某某寶行

列位先生臺照

敦弟某某頓首

圖3　買辦推薦書樣式

資料出處：Kwong Ki-chiu（鄺其照），*An English and Chinese Dictionary*
（Hong Kong, 1875），現藏於日本東洋文庫。

1859年日本神奈川開埠，引來大批洋商，洋商又從香港、上海帶來一批粵籍買辦。這些粵籍買辦多引薦自己的兄弟或同鄉，幾乎壟斷了橫濱開埠初期所有買辦職位。例如，天祥洋行買辦Ah Qwai於1859年來橫濱，1916年逝世時將其職位傳給兒子，完全不假外人。法國郵船公司買辦黎炳垣，於1886至1910年任職期間，先後引薦自己的兄弟Lai Chun Woon和Lai Kui Woon。又例如香港的瓊記洋行買辦陳三谷，當他知道瓊記將於橫濱開設分行時，他迅速把握時機，向洋行保薦長子陳玉池。如他於保證書內寫道：「立保單人陳三谷，為擔領長男陳玉池前往日本國央喝行當買辦之職⋯⋯倘有意外不測之事，各安天命，如果懷私走騙，統為陳三谷是問⋯⋯。」（圖4）

　　何東，從1883至1900年期間擔任怡和洋行買辦，為十九世紀中國通商口岸最富有的華人買辦之一。何氏一生接受過多國政府頒贈的勳章和榮譽，其中包括英國勳銜和多個中國榮譽獎章。何氏被稱為領導中國保險、航運、外貿業發展的鉅子。他是十八家設於香港及上海知名企業的董事，其中又是某幾家公司的主席或最大股東。何氏亦投資於一些官督商辦企業，並與中國官員維持良好關係。何氏於香港、澳門、上海、青島、倫敦都有不少房地產。無可否認，他於十九、二十世紀之交，已成為首屈一指的百萬富翁。何氏家族可以說得是買辦世家。他保薦了他的兩位兄弟何福和何甘棠出任怡和助理買辦，直至他本人退休由他們取代他的位置為止。何東的養子何世榮於1912至1946年期間擔任香港匯豐銀行買辦。據說何世榮能得此職位，全賴何東出面擔保，打破了當時匯豐買辦須繳交巨額保證

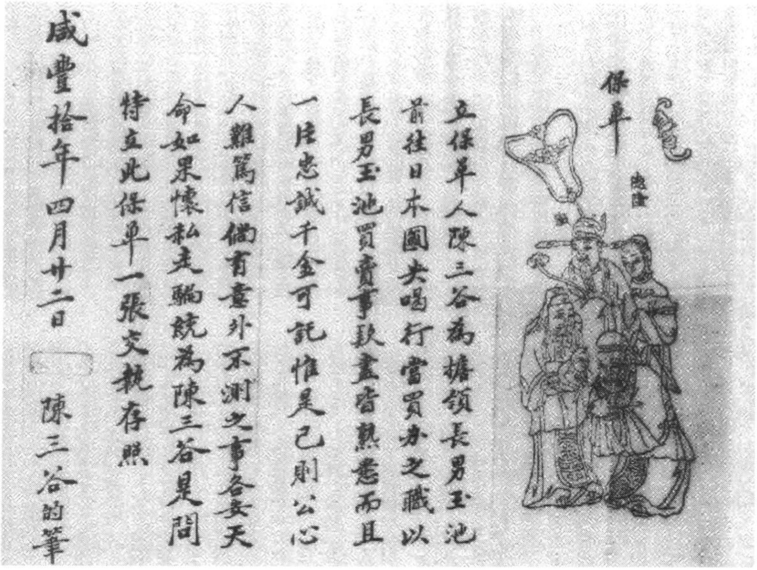
保單

立保單人陳三谷爲擔領長男玉池
前往日本國夾喝行當買办之職以
長男玉池買賣事欵盡皆熟悉而且
一片忠誠千金可託惟是己則公心
人難篤信倘有意外不測之事各安天
命如果懷私走騙就爲陳三谷是問
特立此保單一張交執存照
咸豐拾年四月廿二日　陳三谷的筆

圖4　買辦保證書

資料出處：橫濱開港資料館編，《橫濱中華街——從開港到關東大震災》（橫濱：橫濱開港資料館，1994年），頁29。

金的傳統。何世榮的四位兄弟，亦隨後成爲買辦，計何世耀——有利銀行；何世光——沙遜洋行；何世樑——怡和洋行；何世吉——安利洋行。何甘棠子何世華亦爲買辦，而何福子則繼承其父，成爲怡和洋行買辦。現保存於英國倫敦的香港匯豐銀行集團檔案裡，還可找到有關匯豐銀行買辦的資料。

三、粵籍買辦的區域活動網絡

當英國人取得香港並開始拓展商貿事業，買辦制度很快就被引入香港，直至本世紀六〇年代為止，香港是為使用該制度時間最長的中國沿岸城市。於香港殖民地社會剛開始時，特別是一八五〇年代，香港華人社會出現了一批領導者，他們多為成功的買辦、商人、工程承包者。這批華人領導菁英中，有不少是廣東買辦，計有韋玉、何東、羅伯常等，他們甚至成為本地華人社會領導層的核心。從他們早期的發跡故事可見到省、港、澳、滬之間的區域活動網絡。

韋玉，出身於距澳門不遠的香山縣，是香港著名富商，可謂三代從事買辦。他的祖父是美商Benjamin Chew Wilocks及Oliver H. Gorden買辦。父親韋光，於1852年跟隨一位傳教士由廣州來港，其後進入Bowra & Co.當買辦。1857年有利銀行於香港開設分行，韋光成為首任買辦。1879年，韋玉繼承父業，接掌有利銀行買辦職位。1896年，韋玉被委任為立法局的非官守議員，為香港開埠有史以來第四位華人議員，而第一位華人議員是伍廷芳。

1865年，羅伯常成為香港上海匯豐銀行的首任買辦，他的買辦職位一直維持至1877年他身故為止。羅氏出身於廣東黃埔，他於香港發展的事業可謂十分成功。羅氏於1877年去世，根據他的遺囑所示，他將財產都交給他的第三子羅鶴鵬。羅鶴鵬不僅繼承父親的遺產，更接掌其於香港上海匯豐銀行的買辦

職位。從以上何東、韋玉及羅伯常的個案來看，十九世紀的香港洋行買辦，特別是一些重要的商行，大多由世襲或保薦產生。

　　十九世紀的香港粵籍買辦，除以上所述數人外，根據遺囑資料可稽查的還有：Philips Moore & Co.的鄭熊、Smith, Archer & Co.的黃亞廣及Kwong A Hang、德忌利士公司的吳昌、西羅洋行的劉世南、太平洋行的劉祥、旗昌洋行的歐陽成、怡和洋行的唐茂枝、中華火車糖局的蔡紫微。從他們的遺囑可明顯見到，與他們有商業關係的洋商，主要分佈於廣州、澳門和香港三地。

　　韋光，是香港著名買辦，韋玉是他長子。韋光的成功故事正好說明十九世紀廣州、澳門、香港之間人物流動的區域關係。他的父親是美商Benjamin Chew Wilocks及Oliver H. Gorden買辦。幼年時代韋光遭家庭遺棄，流落澳門行乞。後來得一傳教士的幫助，前赴美部會（American Board of Commission for Foreign Missions）於新加坡組辦的馬禮遜教育協會（Morrison Education Society）讀書，從此改變了他的一生。他返回香港，正式開始他的事業。首先，他於Bowra & Co.當買辦，後期更擔任有利銀行的首任買辦，直至身故。

　　1866年，韋光撰寫他的遺書，於開首即提到他年輕時的遭遇和奮鬥故事。原文謂：「我的家鄉在大清帝國香山縣前山，我現居於香港維多利亞（Victoria），於有利銀行擔任買辦。我十一歲離鄉，於澳門替一位葡萄牙人打工。十三歲時，得裨治文（E. C. Bridgman）牧師之助，選派我到新加坡入讀馬禮遜教

育協會，成為他們的第一位學生。一八四三年，我返回香港，在英國政府管治下，我過著從未有過的公正和平等生活。我於香港結婚，並有數名子女，他們都於本地出生。在上進心的驅使下，我努力做生意，現在擁有雜貨店、土地、公司股份和其他財產。因我知道總有一天要離開這個世界，我特此聲明我立此遺囑是於我身體狀況完全正常的條件下進行的。」

宋展翔和韋玉的經歷十分相似。他們不僅都是香山縣人，而且同於香港開埠初期來港經商。他們雖然於香港居住，但與家鄉和海外維持密切關係。當然，他們都受到父親從商經驗的薰陶，對買辦職業甚感興趣。宋展翔的遺書內寫道：「立囑人宋展翔，字晴川，別號岳山，係廣東廣州府香山縣恭常邑吉帶鄉人。於英一千八百四十二年，隨先父守愚公到香港貿易，買辦洋務生意。又一千八百五十四年，蒙香港未士丹拿公司（Messrs. Turner and Co.）未士薀利（Mr. Ryrie）等照顧，承充買辦之職，歷今三十餘載。」

粵籍買辦於十九世紀可謂叱吒一時，幾乎壟斷所有外國在華貿易機構的買辦職位。他們在香港甚具影響力，在香港商業社會享有較高的社會地位。粵籍買辦憑血緣、地緣關係填塞新開的買辦職位，將影響力由一個群體、一個地方擴散到全國，甚至海外。舉例來說，廣東香山縣人徐潤於1852年十五歲時離鄉，經澳門和香港到達上海，得其叔父徐鈺亭、徐榮村之介紹，於他們服務的寶順洋行取得一職位。當然，兩位叔父於上海工作多年，為寶順的資深買辦，可以提供幫助。根據徐潤在其所著《清徐雨之先生潤自序年譜》（商務，1981）記述，徐

潤最初由買辦副手做起，及後正式繼承叔父之位，成為正買辦。1868年徐潤離開寶順自設寶源祥茶莊，經營茶業貿易。1883年，徐潤的財富累積至三百四十萬餘兩。徐氏投資遍及上海、天津、廣東、香港各地。徐潤一家可謂三代為買辦，除他本人及兩位叔父外，他的一個兒子為上海德商買辦、兩個姪子於寶順和禮和洋行工作。

　　與徐潤的情況相似，他的同鄉鄭觀應亦於年少時離家出外謀生。鄭氏取道澳門到上海，得到於洋行工作的叔父鄭廷江照顧，於一教會學校學習英語。1859年，鄭得徐潤介紹，先進入寶順洋行擔任助理，後到外商合盛祥茶行任買辦、經理，最後自為僱主。1874年，鄭氏獲聘為太古洋行買辦，直至1881年他離開太古加入輪船招商局為止。鄭觀應是得同鄉之介紹，取得於上海工作之機會，同樣他亦介紹他的同鄉楊貴宣繼承他成為太古洋行的總買辦。

　　另一位香山同鄉唐廷樞，同是得到同鄉林欽的保薦，於1863年擔任怡和洋行買辦。1872年，唐廷樞為出任輪船招商局總辦而於卸任之前，推薦其兄唐茂枝填補他的空缺。怡和買辦之職位，可謂長期為唐氏家族控制，直至最後由唐氏之孫唐日昌為最後一任買辦為止。值得一提的是，唐氏於管理輪船招商局及開平煤礦期間，大量引入粵籍管理階層和技師。徐、鄭、唐三氏皆為近代中國著名買辦，他們不僅同為香山同鄉，而且互相有關係。鄭是唐的親戚，亦是徐的世交。如馮爾康於其近著〈清代後期廣東人移徙上海及其群體〉（《清人生活漫步》，北京中國社會出版社，1999）所指，「廣東人到滬，因家族、

宗族、鄰里關係，互相牽引，像滾雪球一樣，人數越來越多。」

不難想像，上海開埠初期廣東買辦能夠享有優越地位的原因。據梁元生對晚清上海社會研究指出：第一，他們較早與外國商社打交道，具有實際經驗和人際關係。要知道中國開放廣州爲對外貿易商埠，已有數個世紀的歷史。粵商與總部設於廣州或香港的洋行很早便建立了關係，而當時於上海開設的洋行大部分只是分行而已。第二，語言上粵商比較容易和外商溝通，他們絕大部分能說英語或洋涇濱英語。第三，早期上海買辦服務的洋行如怡和、瓊記、寶順、旗昌等，無不來自廣州或香港。

四、小結

十九世紀的香港買辦，由於同出身於廣東，族群凝聚力甚強，這可從買辦的舉薦和保證制度反映出來。香港買辦何東、韋玉、羅伯常，無論是其個人或家族，多以世襲或互相保薦的方法來控制，甚至壟斷買辦職位。於上海開埠後曾於當地商界叱吒風雲的徐潤、唐廷樞、鄭觀應，都同出身於廣東香山，與上文提到的多名粵籍買辦，無一不透過親戚的幫助，謀得買辦職位。粵籍買辦憑血緣、地緣關係填塞新開的買辦位置，將影響力由一個群體、一個地方擴散到全國，甚至海外如日本，反映了十九世紀華人社會的特質，即重視血緣和地緣關係。當然，若從這些買辦的角度來看，憑血緣和地緣等人際關係極可

能是他們尋求幫助和解決問題的最有效方法。香港及來自廣東的粵籍買辦利用此種既非市場、又非制度的獨特方式來展開各種商業活動，正可說明人際網絡的正面功能，使他們的商業活動區域得以伸展。值得提出的是，香港割讓及五口通商後，大量西方商人湧入中國進行貿易，其中尤以英商爲最活躍，他們無不以香港爲發展遠東商貿基地，建立起包括東亞及東南亞的區域網絡，這對買辦網絡的出現，無疑有極大的促進作用。

3

族群網絡

族群與經濟 *

曾嬿芬（國立台灣大學社會學系）

一、族群與經濟：一般性的理論與命題

　　韋伯（Max Weber）可說是最早將族群與經濟的關係，有系統地予以理論化的社會學家，經濟和族群／宗教文化的選擇的親近性（selective affinity）是韋伯社會學研究的主要議題之一，在「新教倫理與資本主義精神」的研究中，韋伯關注新教徒特有的宗教文化如何與經濟的個人主義相結合，促使新教徒從事與他人不同的經濟活動——用理性有效率的方式追求財富，這是韋伯最為人所熟知的命題。其實韋伯對族群與經濟的現象，還有其他的觀察，韋伯在他的《一般經濟史》一書中就認為，早期的商業發展時期，所謂的商人就是來自異族的商品販賣者，他說：「從一開始，商業就是一種族群團體間的交易行為，它不會在同一族群內部發生，這是一種與他族交涉的活動。」而後來商業逐漸變成了某一特定族群的行業，這些來自異族的商人，經常四處漂泊，他們是異鄉人，也是陌生人，他們作為客居者的身分有利於他們的商業活動。

　　韋伯是在《經濟與社會》的巨著中，進一步將族群團體視為一個研究經濟的分析單位，Guenther Roth（1978: XXIII）認

為韋伯在《經濟與社會》一書裡，使用社會這個概念去描述一般形式的人類團體（human groups），家戶、鄰里、親屬團體、族群團體、宗教團體、政治社群等人類團體在歷史發展上各有不同程度的經濟重要性。韋伯認為文化重要的團體，尤其是持久型（persistent）團體，會發展他們自己的文化方式以符合經濟需求。新教徒、猶太人和Indian Parsees就是這些擁有持久文化的幾個團體，他描述這些族群團體是經濟活躍的團體（economically active groups）。

當代社會學家循著韋伯學派的傳統，企圖用族群團體的文化特質解釋族群團體間不同的經濟表現，而這些文化特質影響他們的經濟生活。例如此研究領域的當代先驅者Ivan Light（1972），在*Ethnic Enterprise in America*一書中研究華裔、日裔和非洲裔的族群經濟，他認為戰前從南中國和日本移入美國的移民，利用他們的文化策略（例如傳統的標會行動）開展一些小型事業。相較之下，非洲裔移民沒有類似的文化策略或者他們根本沒有機會繼續發展他們在非洲時所擁有的有利於經濟活動的文化，所以非洲裔的移民社區裡就不容易形成強而有力的商業階級。

二、族群與經濟的經驗現象

在經驗現象中，族群作為理解經濟活動的切入點，族群對經濟的影響，最顯著的經驗現象是，經濟活動的不同部門是由不同族群參與，以下便是幾種常見的模式。

（一）經濟的族群階層化

在許多社會的次級勞動力市場，亦即最卑微、最不穩定、待遇福利最差的工作，是弱勢族群集中的經濟部門，這種情形之所以常見，是因為這些族群長期受到制度性的歧視，美國便是一個典型的例子，黑人集中在勞動力市場最邊緣的位置。與此情形相反地，有些族群團體卻是從事主要勞動力市場中最優勢、最有聲望的工作，這種族群的階層化經常是優勢族群透過制度性的權力，來鞏固優勢地位的結果。但也有一些社會是基於宗教、文化理由，而形成的族群階層，在這些社會中，某些族群因為其所從事的經濟活動符合文化的期望或重要的宗教信仰，所以享有非常高的聲望。韋伯曾舉過一個印度族群dschaina的例子，印度社會中不殺生的宗教信仰，使得有可能殺生的工作，都是不名譽的，如士兵，甚至需要四處行走的商人，因為後者常在行走之際踩死無數昆蟲，所以在這種社會中，最有聲望的工作便是經營小店鋪，因為它的工作是固定在一個定點，減少殺生的機會，而dschaina族人比他族更遵守教義，他們便集中在此一行業，也因此享有非常高的聲望。

（二）族群經濟

在有許多族群的社會中，研究者發現某些族群的創業傾向會明顯地比同一社會中其他族群高，他們的創業過程經常運用族群資源，所以社會學者稱他們為「族群企業主」（ethnic entrepreneurs），這些族群企業主又常高比例地僱用同族群的員

工，Bonacich和Modell（1980: 45）在*The Economic Basis of Ethnic Solidarity*一書中稱這種由同族群的創業者和同族群的工人結合成的經濟實體爲族群經濟（ethnic economy）。某些族群團體又比其他族群團體有更大規模的族群經濟，不過，不管一個族群經濟的規模爲何，很多研究者都發現族群經濟的運作是由極容易促成正式和非正式的網絡來支持。族群經濟最初的功能是讓族群社群可以自給自足，不過這種經濟實體的影響力絕不僅限於同族群社區而已，它甚至可能成長穿透族群界線而對整個大的經濟環境都有支配力，像古巴裔移民所發展出來的族群經濟支配整個邁阿密就是一個很好的例子（Ports and Stepick, 1993）。有關族群的創業傾向，我們會在第三節深入討論。

（三）Middleman Minority

有些族群的經濟活動是高度集中在金融及商業活動，他們之所以集中在這些部門，與他們作爲移民的後代而且長期延續對母國的認同而遭排斥有關，Walter Zenner（1991）稱他們爲middleman minority，這些族群通常處於社會的邊緣地位，或是流亡，或是自我放逐，多半在離開或失去故土以後，以客居的心態，世代居留在異地。具有這種社會心理特質的族群很多，海外華人、猶太人、亞美尼亞人（Armanian）、錫克人（Sihks）等，都是典型的例子，由於一直將自己的遷移視爲是暫時的，他們通常沒有意願將其心力投注於一個固定的土地上，他們比較願意從事流動性高、固定投資少的商業活動，而通常這種工作又是被當地人所看不起，客居的族群可以不管這樣的評價，

他們甚至從事被當地社會認為不道德的金融活動，例如放高利貸。middleman minority的金融活動經常有很高的爭議性，原因有以下幾個情形。在某些社會的宗教教義（例如回教）規定，從借錢給別人的過程中獲利，是不允許的，但這並不意味著回教徒需要借錢時就可以順利找到免利息的貸款，在此情況下，只有轉向可以從事這種經濟活動的異教徒來借貸，而向異教徒借錢也比向自己的親友借錢可以保持顏面，但是異教徒也因此背上污名。即使在其他沒有宗教規範高利貸行為的社會，放高利貸也被認為是很沒有道德的事，因為這些金融業者是靠賺窮人的錢來累積財富。總而言之，這些middleman minorities因為從事金融活動，遭受各種的歧視。

在許多殖民地，middleman minorities還扮演了名副其實的中間人角色，殖民者利用他們的邊緣人位置，藉由他們來實際執行殖民的經濟活動，將當地人對統治者的敵意轉移到這些中間買辦者的身上。在荷蘭殖民時期，華人是典型的middleman minority，向印尼土著採購農業產品，轉手荷屬東印度公司出口到世界市場。華人也替荷蘭統治者向土著收稅、管理商業活動等，這種與殖民統治階級的搭配種下華人與印尼人族群衝突的歷史性根源。

（四）族群的創業傾向

馬克思主義者長久以來即預言在一個成熟的資本主義社會裡，個人想要藉由創業成功的機會就越來越渺茫。近年來，西方工業社會裡創業傾向的歷史發展正符合了馬派學者的預測，

以美國為例，非農業部門的自雇比例（self-employment rate）在1950年至1972年間一直低於7％。不過，創業傾向在美國有復甦的趨勢，在1972年至1984年間非農業的自雇比例從6.8％增加到8.3％，隨後就一直固定在這個水準上。Light和Bonacich（1988: 13）於*Immigrant Entrepreneurs*一書中推論此乃由於美國的新興移民潮促進自雇比例的復甦，然而，不是每一種移民族群都有高的創業傾向，許多社會學家即觀察到，不同的族群團體有相當不同的自雇比例，經濟社會學者的興趣即在解釋這些族群團體的創業率，例如古巴裔、華裔和韓裔以高創業率而聞名，他們形成自己同族群的經濟社區，提供同族群相當巨大的商業和就業機會，而來自墨西哥、菲律賓、牙買加、多明尼加等地的移民卻很少有人創業。動機、知識和技術等一些個人屬性無疑地會影響個人的創業傾向，不過，個人屬性無法解釋不同族群團體間不同的創業率；因而，我們必須回到社會、結構或是文化的條件裡，去尋找對於移民創業率的適當解釋。

除了第一節討論的族群文化解釋外，還有許多不同的理論試圖解釋為什麼會有不同的創業傾向。許多研究者指出勞動力市場的弱勢和創業率有相關，這被稱為劣勢理論的觀點認為，北美少數族群企業的普遍化和歷史上的制度性歧視有關。依據這樣的觀點，某族群經濟的規模與該族群在社會中所遭受的歧視成正比。然而，劣勢理論只能解釋人在困境時，創業傾向成為唯一的選擇；不過，它並沒有注意到沒有資源也無法創業的事實，創業必須仰賴包括金融資本、資訊、技術、價值和態度、動機、人際網絡、市場的各項資源。

Light（1984）指出擁有何種種類和性質的資源，對創業機會有很大的影響。為了分析移民創業時所運用的不同資源，Light將創業資源（entrepreneurial resources）分為兩種型態：族群資源（ethnic resources）與階級資源（class resources）。族群資源是指同族群因為享有某些共同的社會文化特徵，族群創業者或是直接運用這些社會文化特質，或是因這些特徵而間接獲利，這方面可參考Light和Karageorgis （1995）的論文 "Ethnic Economy"（載 *Handbook for Economic Sociology*）；族群資源包括親屬婚姻體系、middleman minority tradition、宗教、語言和族群的團結性等文化特質。另一方面，階級資源是指能夠世代傳承的資源，諸如：私有財產的所有權、擁有生產與分配的工具、人力資本、投資的資金、布爾喬亞價值、態度、知識和技術等（Light and Karageorgis, 1995）。

　　雖然，在實證上，我們很難嚴格區分何種資源為純粹的族群資源或純粹的階級資源，因為大部分的資源同時具有這兩種面向，然而將這兩種資源做理論上的區分仍具有重要的意義。正如Waldinger和Aldrich所指出，這種區分「可以使我們了解當我們研究族群企業時，和研究一般企業應有不同的研究方向」（1990: 127）（參見 "Ethnicity and Entrepreneurship," *Annual Review Sociology* 16：111-35），移民創業者和一般企業主不同之處正在於前者運用族群資源，在這個意義下，移民創業者不只是一般的布爾喬亞階級，他們也是具有族群特色的布爾喬亞階級（ethnic bourgeois）。Landa（1991: 59-61）（參見 "Culture and Entrepreneurship in Less-Developed Countries: Ethnic Trading

Networks as Economic Organizations," in Brigitte Berger eds, *The Culture of Entrepreneurship*）認為族群性經常被個人用來做為資源動員的基礎，她研究幾種族群的貿易網絡（ethnic trading networks），發現在法律契約關係通常不穩定（contract uncertainty）的開發中國家，這些以族群為基礎的貿易網絡是維持信賴與穩定交易關係的方式。

（五）全球化與族群網絡

　　族群的重要性在資本全球化中，並未消失，反而有日益加強的趨勢。Hall（1991: 27）（參見 "The Local and the global: globalization and ethnicity," in Anthony King ed., *Culture, Globalization, and the World System*）即曾論證，當國家對經濟國際化越來越沒有影響力的同時，影響經濟活動的力量便來自於超越國家或比國家更小的團體，Kotkin（1994）（*Tribes: How Race, Religion and Identity Determine Success in the New Global Economy*）更具體地論證，跨越國界的族群（global diasporas）對於加入全球經濟活動的同族群成員（coethnics），是一項得天獨厚的資源，而除了猶太人與華人之外，印度人、日本人、亞美尼亞人（Armenian）以及英國人，都有同胞在世界各地聚居，形成跨國的社群。華人族群作為一個遍佈海外的典型社群，它是一種跨越國界的集體屬類，英語世界中，將我們所謂的海外華人稱為Chinese Diaspora，即有將華人與猶太人的海外社群，相提並論的意涵。

　　近年來學術性與非學術性的論著對華人經濟圈的討論甚

多，華人經濟圈的概念指涉一個以華人族群為基礎的資本主義，這個資本主義在空間上是開放的、跨越國界的，但在社會關係上是封閉的、是以族群網絡作為連結的，而台灣也常被論者包括在這一個華人經濟圈中（Redding, *The Spirit of Chinese Capitalism*, 1990）。東南亞幾個吸收大量台資的地點（在國家與地方兩個層次），共同擁有華人族群社群的地方特性，這就是Hall（1991）所提出來的議題，即族群性做為「地方特性」如何為全球化資本提供經濟資源。

從現有的台資外移到東南亞的區域分佈，可以初步看出，在宏觀層次上，華人的社群與台灣跨國資本之間的關聯。截至1996年底為止，台灣對亞洲的投資集中於幾個華裔人口眾多的國家，如馬來西亞、印尼、泰國、新加坡，其中又以華人佔總人口高達34%的馬來西亞吸收最多的台資，而華裔人口不顯著的地區如緬甸、斯里蘭卡、印度等亞洲國家，因其廉價的勞動力，雖然也是其他跨國資本屬意的投資地點，卻少見台商去這些地方投資（參見曾嬿芬，〈跨國投資與族群關係：印尼台商的研究〉，1999）。

目前一些對台商投資東南亞的研究發現華僑在台商對東南亞投資的過程，一直都扮演重要角色。Chen（1998）的 *Taiwanese Firms in Southeast Asia*、蕭新煌與龔宜君（1998）的〈東南亞台商與華人之商業網絡關係〉研究發現，華僑是台商對外投資的催化劑，許多廠商之所以考慮到東南亞投資，主要是受到華僑朋友的鼓勵與說服。台商與華人的結合最常見的是立基於先前已經有的商業關係，也有靠親朋介紹，少部分的華

僑合作對象是台商的同學（留台生）。根據目前我對印尼台商的研究，華人在會計的工作上扮演重要角色，台商的記帳通常用兩種語言（中文、印尼文），而且「兩本帳」（一本內帳給股東，另一本外帳給稅務機關看）的作法仍然很普遍，而華人被認為能勝任這樣的工作，並且更能被台商信任（曾嬿芬，1999）。

以台商與華人的關聯似乎可以證明，族群網絡的確對有大量同族群人口四散各地的族群團體，提供參與全球化活動的社會資本，但是我們經常過早地預設了這樣的網絡關係是一種族群性的動員，彷彿族群性是先天繼承的（primordial），而不需社會的過程加以形塑。

從我對台商的研究中發現，台灣人與華人之間的關係，華人族群性並不被台商認為是重要的基礎，換言之，台商並不認為自己與華人族群有必然的共同歸屬。一方面，台商與華人的關係是在個人的網絡關係中建立的，而不是在一個華人的社群中建立的。另一方面，我們也發現台商與印尼華人之間，缺乏透過志願性結社的行動以建立共同歸屬的華人族群社群。台商透過自己與印尼華人的社會關係，所進行的各種合作與交易，就像所有的社會資本一樣，通常隱含的是定義不清的權利與義務、未被告知的履行義務時間表，以及互惠期望被背叛的可能性。但是在這樣的情形下，台商與華人並未組成一個相對比較封閉的結構，也使得社會控制的力量削弱，無法確保社會關係中信任的「品質」。global diasporas的族群特性以及其所帶來的我群感與內聚力，極可能只是一種浮面的表象，作為一種想像

的經濟社群，其基礎卻是很脆弱的。

---

*原稿附有完整的書目，爲求各篇在格式上的統一，在出版時未完整列
　出，謹此加以說明（編者）。

台灣客家族群的經濟活動 *

張維安（國立清華大學社會學研究所）

一、前言

關於台灣客家族群社會經濟地位的研究，學界已經累積了一些成果，但是針對台灣客家族群的產經關係進行實證資料分析的則還不多。本文以過去兩年台灣史文獻會支持的研究計畫所收集的資料為基礎，對客家族群網絡或客家族群資源與其產業經濟特徵的關係提出一個摘要性看法。比較完整的論文，請進一步參考中央研究院民族學研究所出版的《第四屆國際客家學研討會論文集》，和台灣省文獻會出版的《台灣客家族群史產經篇論文集》，及《台灣客家族群史產經篇採訪手冊》。

二、關於族群經濟的觀點

族群經濟在古典社會學家如韋伯和宋巴特等人眼中，基本上屬於傳統的經濟，傳統經濟的意義主要是相對於理性的資本主義而言。韋伯在討論猶太人的經濟活動與理性的現代資本主義的區分時，批評猶太人在經濟活動方面的雙重倫理，他認為雙重倫理使猶太人在同一族群與非同一族群之間，採取了不同

的做法。這種做法，就是使猶太人和現代資本主義誕生無緣的一個論據。六〇年代紅極一時的功能論也持相同的見解，以模式變項為例，現代社會與傳統社會的區別，在於傳統社會的行動者選擇特殊主義的、情感的這一邊，現代社會則是中立的、客觀的、普遍主義的那一邊。以演化的觀點來看，講究普遍、客觀、形式理性、排除親私關係、利潤極大化的原則，將會消滅和替代傳統經濟的企業。在一些落後地區，傳統企業雖還存在，但將逐漸降低其影響力。這種看法其實也相當受到現代化理論的青睞，長時期以來被視為社會經濟發展的基本路線。

　　然而，從經濟社會學的觀點來看，這種把族群經濟視為傳統社會的、邊陲地區的、非理性的經濟，或者是一種落後的經濟形式，顯然是過度簡化了問題。台大社會系曾嬿芬教授在〈族群資源做為社會資本：洛杉磯華人創業過程的研究〉的論文中指出，族群經濟的運作邏輯似乎與現代經濟中的「理性」法則，存在著基本的差異，前者根深柢固於網絡與族群社群之中，使得資源的分配強烈受到特殊主義的影響，而後者則強調公平與普遍的遊戲規則，資源的分配端視個人在市場上的競爭力，分配的過程，更不應該因個人的族群、性別等特性而有所區別。但是，新經濟社會學者提醒我們，現代經濟的運作，其實不比以前更立基於普遍的理性，而特殊主義也不全然是「非理性」的。

　　在經濟社會學觀點的思考脈絡中，族群經濟在分類標準上，看起來雖然還是傳統經濟，但是它的競爭力卻令學者們另眼相看，尤其是從族群網絡作為一種經濟網絡的基礎來看，族

群關係、族群資源都有益於經濟的結盟與效益。藉著社會網絡的整合，族群成員之間的連帶，有助於重要企業資源的運用。社會網絡對於企業的貢獻與意義是很清楚的。有些族群的制度性協助對於族群的經濟活動也有相當重要的影響。長時期以來，猶太人的企業活動，以及最近比較受到重視的華人經濟網絡，這些都牽涉到族群經濟運作特色的討論。台灣客家族群的經濟活動，便是這個理論脈絡中的一個議題。

三、族群資源與其經濟活動

關於族群經濟的觀點很多，其中有兩組概念與本文關於客家族群資源與客家產經特質的討論有密切的關係：族群資源作為一種結構的鑲嵌性，和族群資源作為一種文化價值與理念。關於結構性鑲嵌，它和「關係的鑲嵌性」可以對照著討論，關係鑲嵌所指的是經濟行動者個人的人際關係，結構鑲嵌則是指關係網絡的整體結構，例如一個族群社區。在討論族群經濟時，「結構的鑲嵌性」比「關係的鑲嵌性」對於落實社會關係的期望有更大的影響力，這種發生影響的機制叫做「強制性的信賴」，它是由集體的強制力所迫使。與「關係的鑲嵌性」和「結構的鑲嵌性」相似的另一組概念是「階級資源」與「族群資源」，基本上族群資源比較接近結構的鑲嵌性，這方面進一步的討論請參見前揭曾嬿芬教授的論文。

關於族群資源作為一種文化價值與理念，或文化、價值理念作為一種族群經濟的資源，它具有整個族群團體所共有的特

徵，同一族群的企業家有意或無意的將其用之於企業或得助於此。例如一個族群的傳統典範、態度都可能對其社會經濟特質產生影響。在此觀點之下，某些族群團體比另一些族群團體擁有更多的社會資本，或某一個族群的文化價值評價與另一個族群有所不同，這就會造成不同的族群有不同的創業率或不同的行業選擇傾向。可見一個族群的文化、宗教理念等在分析一個族群的經濟活動特質時，具有它的重要性。這和現代化理論等，把族群的關係解讀為落後的經濟形式，把各族群的經濟活動套在一條演化論的線上有所不同。

　　本文將用這兩個概念來分析台灣客家族群的社會經濟活動：(1)族群資源作為一種結構的鑲嵌性，分析族群成員之間、族群社區之內的關係網絡，與族群經濟活動的關係（和關係鑲嵌或階級資源做對照）；(2)族群資源作為一種文化價值（或文化價值作為一種族群資源），從族群成員所承襲的傳統、文化理念來分析他們的經濟活動特質。

四、族群資源作為一種結構的鑲嵌性

　　在勞動力來源方面，張翰璧在台灣北部地區對栽種茶葉的客家人所作的訪談中發現，在茶葉採收、製茶過程中，其勞動力多半由家庭成員提供，或者藉助於朋友的協助和鄰居的換工，這些鄰居和朋友，不分閩客，互相幫忙。在南部的菸葉經營方面，由於種菸相當耗費勞動力，需要與別人交工或請工，就訪談所知，以前交工可能有些特定的對象，但是漸漸地，交

工團體也就越來越隨機，以商品交換的形式進行，沒有明顯的證據指出與是否同為客家族群有關。

在資金來源方面，北部客家茶農資金來源多數為自己省吃儉用而來的自有資金，不然就是向農會信用部貸款，向朋友借錢的很少。有人指出，向宗親借錢不如向農會借。從資金來源方面而言，靠親友或族群網絡的情形並不明顯。有人提到即使有地方性借款，如向資本家借錢，茶農再將生茶賣給他們，也只是一種地方性組織，與他們之間是否為客家人並沒有一定的關係。其他地方的訪談資料也非常相似，受訪者指出：遇到需要資本時，農民會去找農會，或私下組織互助會來解決這個問題，並沒有特別指出族群網絡在資金需求方面的重要性。在文化產業方面的訪談資料，其創業資金和其他一般產業相同，沒有特別運用客家族群網絡的現象。在這些資金借貸中，客家族群的因素所發揮的作用，好像相當的間接。這些觀察傾向於做出關係性鑲嵌重於結構性鑲嵌的結論。多數客家受訪者提及在創業過程裡，很少運用到客家同鄉或是以前故鄉的人際關係，亦即客家族群的網絡資源。只有一個客家電視台表示，出資者多為「客家朋友」的情形，我們認為可能與資本額有關，在分析上，我們仍然無法區分這些共同出資的「客家朋友」，是因為他們是「客家人」還是因為是「朋友」，也許都有，但沒有特別強調客家的證據，從其他方面的觀察來推測，關係性鑲嵌似乎比結構性鑲嵌要明顯得多，也就是階級資源比族群資源更為重要。

在專業知識與技術來源方面，在北部茶農的訪談中，有些

人說是承襲於家傳，多數人是學自茶葉改良場和從觀摩中學習取得新知。這與資金來源非常類似，社會中既有的制度性管道解決了他們在這方面的需要，例如資金來源方面，如果農會、銀行借不到，而又需要資金，那麼親戚朋友或各種社會關係可能都會在調度資金方面發生作用。專業知識的來源方面，因為有茶葉改良所可以請教、學習，又有許多比賽觀摩的學習機會，因此，其他的關係也就顯得沒有這麼的重要，這也說明了何以族群因素的作用並不明顯。南部菸葉的各種工序專業知識來源，也沒有資料足以說明客家族群的網絡資源是否發揮過作用？詳細論證可參考清大社會人類所洪馨蘭的碩士論文。

由以上幾點來看，客家族群資源在其產經活動方面，並沒有發揮積極的作用。整體來看，族群資源作為一種結構的鑲嵌性，在台灣的客家族群經濟活動中似乎並沒有發揮作用，在資本、技術、勞動力各方面，都沒有足夠的證據顯示出，「是不是客家族群的成員」在這些客家人的經濟活動中，是一個被考慮的因素。

五、族群資源作為一種文化、價值理念

關於客家族群文化或特質與其產業經濟活動的關係方面：首先在行業分佈方面，相對於閩南族群，客家族群無論在台灣東部或西部，務農的比率仍然比較高，閩南比較傾向住在都市，開店做生意。例如關山農會總幹事指出：「在關山，在公所工作或是鎮長、議員的人數裡，閩、客各佔一半，有時閩南

人會多一點，但是在農會體系裡，卻幾乎都是客家人。而在產業人口裡，農業人口中客家人也佔多數，相較之下閩南人開店的多一點。」

重農輕商，可能與客家人比較保守、比較封閉的看法有關。一般說來台灣客家人多能同時說國台客三種語言，比閩南人更適合作生意，但是卻傾向於從事公職和老師的工作。受訪的陳先生指出，「我認為客家的知識份子從事公務員工作的現象比較值得注意，我想這是因為客家人一向不擅於做生意，同時也沒有資本作生意。讀書人的出路似乎就只有往公務員的方向前進了。」這種職業傾向與客家族群重視穩定的文化考量可能有一些關係。即使閩南、客家一樣從事較具工商性質的產業活動，從事的產業類別也較偏向製造業，而在觀光業、服務業、金融業方面，則較少有客家人經營。在樟腦業的研究方面，也發現相似的情形，通常參與樟腦製造者，可分成在樟樹林現場製樟腦的「製造者」和設店鋪於林務局或分局的「營業者」。黃紹恆的論文指出，依台灣總督府官所見，製造者一般皆無足夠資金自行生產，而需仰賴外國商人或福佬人等。

農和工商的對比，以及生產、製造和貿易、買賣的對比，多少看得出來客家族群比較保守、重視穩定的性格。在這次的訪談中，多數受訪者認為客家人的保守心態，主要是為了穩定的考量：「客家人的心態，老實說，是比較保守些，當需要大量的運用資本來從事產業而必須承受風險時，客家人就不會去做；相對的，垮下去的客家人也比較少，客家人做事比較穩紮穩打。」在資金的運用上，我們的資料顯示，一樣是從事茶葉

的生產製造，客家相對於閩南，也比較不會去借錢來蓋茶場，多數是自行儲蓄，等到自己的資金累積夠了，才會去投資。他們甚至覺得，「借錢」是不得已的，也是一種沒有面子的行為。「穩定」的考慮是客家產經活動與行業選擇的一項特性，即使在農業經濟方面的選擇與從事也可看出這樣的性格。馮建彰的論文顯示出，台灣東部的客家人所從事的許多產經活動，多半與政府部門保證收購等有關，美濃的菸葉種植也有相似的意義，由政府保證收購其作物，政府的「保證」是客家從事該行業的基本考量。唯一比較需要釐清的是客家與樟腦業的關係，這方面雖然看起來似乎比較有冒險性，但是細看仍有追求穩定的內涵，詳細的討論與分析，可進一步參考台灣史文獻會出版的客家族群史產經篇論文集中，馮建彰與黃紹恆的論文。

六、結語

族群資源在當代企業經營中，具有一定的作用，從經濟社會學的角度來看，族群資源作為一種社會資本運用在企業經營中是一件相當普遍的現象，並不是一個落後、傳統或將被淘汰的經濟型態。但是以此概念來分析台灣客家族群中族群資源與其產經關係，卻發現族群資源的角色不如階級資源來得重要，相同的，結構性鑲嵌的解釋也不如關係性鑲嵌的解釋來得大，也就是說客家成員的經濟活動，主要是以他所建立的個人的人際關係為主，以他個人所處的經濟關係為主，排除以「是不是客家人」作為考慮的要素。環視台灣客家環境，可能因為客家

族群並非作為一個封閉的族群有關，在語言方面多數台灣客家人能操客語、閩南語和國語三種語言，在語言溝通方面，客家族群與其他族群並無界限，他們可以暢通地和社會上多數人溝通、合作，並不把自己限制在客家族群的圈子裡。在外表上，客家與其他族群，尤其是閩南人，並不容易做出區別，不像華人在國外，形成與其他族群之間的明顯區分。另外，台灣社會所提供的制度性條件，可能也是客家族群資源沒有充分發揮作用的原因之一，如前所述，在企業所需的資金和專業技術方面都能從制度性的機構獲得，不須求助於客家族群內的人際網絡。一些在移民社會裡所出現的族群資源發揮作用的條件，也沒有充分的在今天的台灣出現，也就是客家人在台灣，和華人在一個移民社會的情形不同，這可能也是客家族群資源沒有充分展現在其產經活動中的原因。關於客家與其他族群之間的關係，受訪者都認為族群之間並無緊張或排斥的現象。有些人甚至說：「我覺得客家人最大的優點是，他跟其他族群是融合的。」一位受訪者說：「我不認為客家人會受到哪一個族群的特別排斥，坦白說我的閩南朋友比客家朋友來得多。我想除了我自己身為客家人之外，我並不覺得有必要去強調自己與閩南人、外省人的不同，我自己的資源，老實說，來自閩南人與外省人的也比較多。由於族群區分的意識不強，特別強調族群資源也沒有必要。」

　　整體看來，台灣客家族群在行業的選擇上相較於閩南族群，務農的比例比較高。即使是一樣從事工商活動，閩南與客家兩個族群比較起來，客家從事製造方面的也比從事貿易、買

賣方面的要來得多。何以如此？這些可能與客家族群所持有的文化價值有關，我與黃毅志從居住地點、教育、父親的職業等許多因素的統計控制中，都無法得出客家族群務農較多的解釋，這可能牽涉到客家文化所發生的影響，也就是文化的因素。從統計資料來看，客家族群的教育年數較閩南為高，而且長時期以來一直相當穩定，教育太高也可能是客家人在商業界不多的原因之一，這方面需要一些細緻的資料再進行分析。

從客家人的守成、保守，務農多於做生意，即使從事工商活動，也是生產性事業多於貿易商業，這可能與客家文化所強化的倫理有關。蔡惠芳對萬家香企業及賀商電腦的分析，都指出他們的勤儉特質。當然，勤勞、努力、節儉對於企業經營都是很重要的，另外「依據學者對企業家特質的分析，客家族群某些性格有利於發展事業，諸如積極入世、勤勉努力、堅毅不撓、強健體魄、實踐務實主義、有擔當肯負責」。雖然這些特質對於企業經營都是正面的，但是就像討論儒家倫理與東亞的發展一樣，主要還是要看他們所擔任的角色，作為一個企業員工，和作為企業家，可以有完全不同的倫理氣質的期待。這種情形反應出，雖然客家籍的企業家、老闆不多，但是「在管理階層中，客家人的忠誠、實事求是，極獲好評。工商界中，許多大企業就用客家人擔任中高階主管，遍佈各行業，泰半客籍工商業主管均有公私分明、不取非分之財、勤儉刻苦個性，凡事為公司著想、要求細節、事必躬親的工作表現。總而言之，傳統文化、價值理念對於客家族群的社會經濟特色的形塑，具有重要的影響，作為員工與作為老闆的倫理氣質也不盡相同，

要創業當老闆，可能需要朝向企業家精神的轉化。客家的文化特質，可能與務農、製造、擔任盡職的員工有關。我們曾在81年閩、客兩性初就業狀況的分析中發現，客家族群中，無論是男性還是女性，其初就業狀況為「替機構或為別人工作」的百分比都比較高，在「為自己工作和為家裡工作」的兩個項目中，都比閩南族群來得低，這表示吃頭路的比較多，創業的比較少。這幾個發現之間，具有性質上的相似性。

＊本文同時刊載於《客家文化研究通訊》，第三期，頁42-49（2000‧7）。

同鄉關係網絡與中國大陸的「民工潮」

陸緋雲（香港城市大學公共及社會行政學系）

一、理論與歷史的回顧

　　網絡分析作為一種獨特的理論視角和研究方法，從六〇年代興起後，經過數十年的發展成長，近年來更成為歐美社會學理論流派中佔主導地位的一種理論流派。

　　網絡一詞最早可見於德國社會學家格‧齊美爾《群體聯繫的網絡》（Georg Simmel, *On Individuality and Social Forms,* 1971）一書，而拉德克利夫‧布朗（Radcliffe-Brown, *Structure and Function in Primitive Society,* 1940）則首先使用了社會網絡的概念，近年來不少以網絡分析作為研究工具的學者，對網絡和社會網絡的概念作了各具特色、各有擅長的論述，Gary Hamilton（*Business Networks and Economic Development in East and Southeast Asia,* 1991）、金耀基（《中國社會與文化》，1992）和杜維明（《儒家思想新論》，1991）均出版過論文集，研究亞洲社會尤其是華人社會的社會關係網絡。在這時期，對社會網絡研究有較大突破的理論闡述，分別有網絡的社會資源論（Nan Lin and Peter Marsden ed., *Social Structure and Network Analysis,* 1982）和社會資本論（James Coleman, "Social Capital in the

Creation of Human Capital," *American Journal of Sociology,*
1988）。社會資源和社會資本理論都指出，個人可以利用周圍
的社會關係實現其工具性目標，而從這兩個理論的最初涵義來
看，社會資源僅僅與社會網絡相聯繫，而社會資本理論所涉及
的範圍更廣泛，林南教授在近來的研究中，對社會資源和社會
資本這兩個概念作了新的闡述，他認為，社會資源和社會資本
都與社會網絡相關，而科爾曼教授所說的「社會團體成員資格」
也是其成員的另一社會網絡，社會資本則是從社會網絡中動員
了的社會資源，林南將社會資本和社會資源聯繫起來，使我們
能更清晰地認識到關係在社會網絡中的作用。

　　金耀基教授認為，網絡建構是許多文化中普遍存在的一種
現象，但關係網絡則是中國式的網絡建構。作為具有中國文化
特質的社會關係網絡的建構，其關係的基礎完全取決於有關個
體共有的歸屬性特徵，正如雅可布斯（Jacobs）指出共有的歸
屬性特徵是所有「關係的基礎」（金耀基，〈關係和網絡的建
構——一個社會學的詮釋〉，《中國社會與文化》，1992）。

　　在中國的關係網絡研究中，同鄉關係就是個使有關個體彼
此認同的共有歸屬性特徵。俗話說，「美不美，家鄉水，親不
親，故鄉人」、「少小離家老大還，鄉音無改鬢毛衰」。這些言
詞是表達中國人對於同飲一江水、同說一種方言的故鄉人的深
情厚意，故鄉人亦即同鄉或曰老鄉、鄉親。在這裡，同鄉是一
種頗有彈性的表述，它既包括毗鄰而居的鄉親、雞犬相聞的村
黎，同鎮、同縣的故人，由此推廣出去，還包括來自不同市集
村鎮僅為同省籍的人。同鄉之所以能夠成為一種社會關係網絡

的標誌，誠如費孝通先生所說的，「作為血緣關係的投影，『生於斯、死於斯』，把人和地的因緣固定了。生，也就是血，決定了他的地。世代間人口的繁殖，像一個根上長出的苗，在地域上靠近在一夥。地域上的靠近可以說是血緣上親疏的一種反映（《鄉土中國》，1947）。

傳統中國鄉土社會，其社會關係是由血緣與地緣兩種主要的紐帶聯繫而成的，在鄉土社會中，與鄉民對血緣關係的強調聯繫在一起的是他們對地緣關係的重視。對於安土重遷的傳統鄉民來說，一村一莊，許多情況下是一族一姓，即使是雜姓集居，也常常是世代為鄰。因此村子就是他們的整個世界，而在地緣關係上建立的鄰里關係就是他們除血緣關係以外的最重要的社會關係。這種關係呈現出兩個彼此矛盾對立的特點：即在本村本鄉內部，相互間的交往強調和睦相處，止息紛爭。故此有「至者鄰里，比屋聯居，非親即有，亦宜有無相通，患難相顧，以讓救爭，以禮止暴，仍成仁厚之分」（《中湘甘氏族譜》，《家訓·睦族党》）。而對外部世界，對外村或外鄉，則抱著提防和疏遠的心理。鄉民重視地緣關係的另一個表現是，如果迫不得已背井離鄉，鄉民們在外地總會依賴其地緣關係構造一個以同鄉為紐帶的亞社會結構（sub-social structure）。

明清兩代十分盛行的會館就是這種以鄉土為紐帶、由流寓客地的同籍人自發設置的一種社會組織。在明、清末期的中國城市，外地人佔居民的比重可能接近50%（Philip Huang, *The Peasant Family and Rural Development in the Yangzi Delta*, 1990），從錢莊到特別手工技術的許多行業，都可以看到人口按家鄉的

專門化，即某一手工業的從業者主要來自於某一地區，因此同鄉組織和行業組織部分地交叉在一起。除了這種常設的組織外，黃宗旨（1992）在對1949年前長江三角洲農村的研究中還發現，在外地或進城做工的鄉民一般都是按「家鄉或家族結幫」（黃宗旨，《長江三角洲的小農家庭和農村發展》，中華書局，1992）。

1949年以後，由於剛性的戶籍政策形成城鄉二元結構，致使在三十年左右的時間內，鄉村居民甚少有機會離開農村移居城市。近二十年來，隨著制度空間的解凍，農村勞動力向非農產業的跨區域流動呈高速增長的態勢，據估計，到九〇年代中期，已有二億多農村勞動力進入非農產業。其中，鄉鎮企業吸納了約一・二億，另有約一億人流動於城市之間（勞動部就業司課題組，〈機會與選擇──我國農村勞動力的就業和流動〉，〈農村勞動力轉移問題研究──九〇年代外出勞動力的特點、趨勢與對策〉，打印稿，1997）。而這約有一億人之巨、流動於城市之間的農村勞力大軍，在中國大陸被稱為「民工潮」。千千萬萬的農村中青年勞動力在「民工潮」潮水般的簇擁下，背井離鄉進入異鄉客地的都會城市，打工經商以求生存。這批數量龐大的流動人口，在缺乏正式的組織架構的協調，和充分的社會資源支持的情況下，他們如何確定自己的流動方向及生存方式，如何協調與城市社會的關係，並嵌入這新的社會環境，而過程中以地緣為標誌的同鄉關係網絡有沒有發揮作用或發揮了何種作用，這些作用有沒有正面的意義或負面的影響，這即是本文所關注的。

二、「民工潮」與同鄉關係網絡

　　中國經濟大潮所呈現的民工潮，是以大量的農村青壯年勞動力為主體的跨區域的、由農業向非農業流動的勞動力轉移，這一現象是中國社會轉型的一個重要且顯著的結構性特徵。

　　這一現象出現的前提條件是，在農業產業中積澱了大量的「零值勞動力」，相對於農村經濟發展水準而言，中國農村人口及勞動力增長速度過高，就業及提高生活水準都相當困難，因而農村的剩餘勞動力又是一種缺乏經濟與轉移基礎的「空懸勞動力」。根據宋林飛的研究，按照總體估計法，以中國現有的耕作水準，全國農業勞動力剩餘60%左右，相當於二‧七億勞動力（準確的表達是二‧七億勞動力人年）（宋林飛，〈中國農村勞動力的轉移與對策〉，北京《社會學研究》，1996）。

　　這達幾億人之眾的「空懸勞動力」出路何在呢？從八○年代以來的情況看，基本上已形成兩條主要途徑：一是離土不離鄉，二是離土又離鄉。離土不離鄉由於轉移成本偏低，而吸納了千百萬貧困的農村剩餘勞力，並推動了鄉村工業和小城鎮的發展。費孝通先生認為，在嚴格控制城鄉人口遷移、城鄉戶口隔離的情況下，迫使農村中「隱藏」著的大量剩餘勞動力另找出路，這條出路就是人口不向城市集中而把工業拉進農村，使農村裡剩餘的農業勞動力可以向自辦的工業轉移。這應該說是中國農民逼上梁山，自己闖出來的一條生路（費孝通，〈中國城鄉發展的道路——我一生的研究課題〉，《行行重行行——鄉

鎮發展論述》，1992）。這條出路亦即是「離土不離鄉」的農村勞動力轉移模式。這種模式是八〇年代農村剩餘勞動力轉移的主要模式，但「離土不離鄉」只是農村剩餘勞動力轉移的一種途徑，它是一種隱性的「民工潮」。隨著戶籍政策的有所鬆動，在產業與地區比較利益的驅使下，規模龐大「離土又離鄉」的「民工潮」，從西部、中部向東部，從內地農村向沿海城市長途遷移滾滾而來。

這種跨區域的、從農業向非農業轉移的、大規模的「民工潮」，所採用的遷移方式是所謂「接龍式」或曰「連鎖式的遷移」，就是先前外出的鄉民向後來者提供就業訊息，使後來者跟隨先行者到其遷移的區域，並給後來者提供尋找工作和解決住宿等實際幫助。這種遷移方式就像一條龍，一節接一節，像一根鎖鏈，一環套一環。正是這種連環套式的遷移方式，才形成蔚為壯觀和持續不斷的民工移民潮。這一條龍，這連環套，亦正是農村的社會關係網絡在起著巨大的作用。

具體分析可以看到，同鄉社會網絡是透過面對面的微觀層次，和訊息傳播的宏觀層次兩個層面來發揮作用的。從微觀層次來看，本村莊彼此相熟的鄉鄰外出打工，這些第一次來到都市的農村青年發現「外面的世界儘管很無奈但也很精彩」、「外面找工作不容易但仍然可以賺到錢」。歲末年終帶著鼓起的腰包和滿肚子新鮮事的「打工仔」、「打工妹」榮歸故里，他們當然成為村裡人心目中的「英雄」。春節一過，出去過的人收拾行裝又要出發了，而沒有出去過的那些鄉里鄉鄰，則帶著家人的期待，跟隨這些同為鄉里的先行者上路了。這樣一帶

一，一帶二，連環交錯，親朋好友，鄉里鄉親，一波接一波，可以網羅帶出一個村子或鄰近幾個村子的打工人群，這是同鄉社會網絡在可以直接了解觸到的範圍內，所引發的農村勞動力向城市的流動。從宏觀層次上來看，本地民工進城打工經商，空手而出，抱財回家的訊息，除了街談巷論在熟人小圈子裡傳播，更會透過傳媒的傳播在本地區及本省的範圍內造成巨大回響。如：「三百萬川軍闖天下，一年賺回五十個億」、「勞務大軍又添勁旅，贛軍已達一百五十六萬」，中國中西部省份的傳媒春節前以這樣欣喜、興奮的語調報導本省外出的民工給本地經濟帶來的好處，這種輿論導向從宏觀層次上引發了規模更大的連鎖遷移。在微觀和宏觀兩個層面的同鄉網絡效應下，遠方的大都會中，大到出現了同鄉聚居的飛地（enclave），如有十萬人之眾的北京「浙江村」以及「新疆村」，南京的「河南村」、「安徽村」，最一般的情況是在全國各沿海中心城市出現了無數個以省籍為標誌的打工群體，如深圳的「四川妹子」、「湖南妹子」，廣東各地的「江西老俵」，可見同鄉網絡的連帶關係確實是成為民工潮流動的方向儀和指示器。

三、同鄉關係網絡在外來工群體中的功能

從上述的情況可以看到，同鄉關係網絡對外出打工的鄉民來說，其首要的功能是提供了遷移方向的訊息傳播。但對成為農村中「空懸勞動力」的青壯年農民來說，在產業和地區的比

較利益情況下，他們流向城市的最強動因是經濟的利益，但為什麼對大多數外出或準備外出的村民來說，他們首要考慮的是有熟人帶路呢？深圳的《外來工》雜誌對此作了一些調查，它的調查結果顯示超過半數以上的外來工是被老鄉（同鄉）帶出來的，調查還認為，這些外來工與其說是投奔經濟特區，毋寧說他們是投奔老鄉。「跟著自己的老鄉走，心裡踏實！」從四川到南海一間陶瓷廠打工的馬姓女青年這樣說，「96年，我高中畢業後，沒有考上大學，就想出來找些事幹，碰巧珠海有家工廠到我們縣城招工，我想去報名，但我母親堅決反對，說沒有弄清楚對方的底細，擔心靠不住。因為在此之前，有五個女孩子就是被勞務中介公司以招工之名騙到廣東陸豐賣掉的，母親說要出去的話，先與已經在廣東打工的幾個老鄉聯繫，讓他們幫忙先聯繫一些廠，有了眉目後，再出來。我就是按照這種辦法來到南海的。」（《外來工》，1999，3期）。

「跟著老鄉走，心裡踏實」，其實道出了同鄉關係網絡在民工潮中一個非常基本的功能——人際信任的功能或曰提供安全感的功能。在每個人際關係網絡中，許多學者都認為中國人是把與自己交往的人按遠近、親疏區分成幾個向外擴散的圈子（費孝通，1947）。在這種「差序格局」的社會結構中，人際交往最簡單也是最普遍的規則就是兩分法，即把一部分人稱為「自家人」或「自己人」，而把除自己人以外的人視為「外人」，而對待這兩類人是奉行不同的道德要素，其最大的區別就是一個「信」字，即對自己人可以放心，可以信任；對外人則必須有所戒備，必須小心謹慎。這個自己人的說法又是很有

彈性的，根據費孝通先生的論述，自己人應該是以一「己」為中心，根據一根根私人交往的環節向外伸展，它小可以小到就包括自己的家人，大可以大到任何跟一「己」有某種關係的人。對離鄉背井外出打工者來說，同鄉就是自己人，是值得信賴、可以拜托的人。對大部分外來工來說，同鄉確實是值得信任的自己人，同鄉關係不僅為外來工指出了流動的方向，還提供了一系列目前沒有任何一個正式的組織機構提供的實際幫助。在廣東中山一間印花廠打工的章某說：「在外打工的人最怕遇到兩樣麻煩事，一是失業，二是生病。一旦被炒魷魚，馬上就得捲鋪蓋走人，棲身之所沒有了，住旅館，又花銷不起，這時候唯一的辦法就是投奔老鄉，到老鄉的出租屋或宿舍裡擠一擠，暫時度過難關。要是生病了，看病、買藥、料理生活更得要依靠老鄉。一般的工友也不是不肯幫忙，但總覺得欠了他們人情，自己老鄉來做這些事，心裡就很自然、坦然。」（《外來工》，1999，3期）。

同鄉關係網絡除了對外出民工個人生活提供幫助外，還是為外來工在所在工廠爭取合法權益的群體力量，李靜君（1995）在研究深圳外資企業的打工妹時發現，外資企業內缺乏保護工人利益的正式組織機構，有些工廠的工會組織只是象徵性的存在，當工人與廠方發生一些矛盾或工人之間有糾紛時，很難找到正式的組織機構來解決問題，而真正能為那些形影孤單的打工妹出面說話、並發揮協調作用的，是工人中間存在的同鄉關係群體（Lee, Ching Kwan, *Gender and the South China Miracle*, 1998）。可以說，在缺乏正式的組織機制保障的情況下，同鄉

關係網絡是外來工重要的社會支持資源。

　　同鄉關係網絡作為非正式組織所發揮的社會支持、社會整合和經濟協調的作用，在大批農民移居城市並以同鄉群體為歸依所建立的，稱之為都市裡「村莊」——移民飛地（migrant enclave）的現象上得到更加充分的顯示。有關都市裡的村莊，北京的「浙江村」可能是中國各大城市中最大和最有名的一個了，所謂「浙江村」其實並不只是一個聚居地，它統指來北京務工經商的浙江人在北京近郊形成的幾個聚居區，據北京有關部門1994年底的統計，在京的浙江人為五十九萬，其中聚集而居的人數號稱有十萬之眾。這些村落的成員大多數都是來自於浙江溫州和溫嶺一帶，形成有專門銷售珍珠的「珍珠村」；專門銷售眼鏡的「眼鏡村」和專門製作、銷售皮革和其他成衣的「皮服大院」。在這些浙江人聚居的專業「村」中，在經濟上是搞產、供、銷一條龍服務，從而在溫州和北京之間架起一道熱線，並在全國各地佈下網點，以點帶線，以線蓋面，生意越做越熱鬧，擅長經商的浙江溫州人因此而名聞天下。在浙江人運用同鄉關係網絡搞活經濟這盤棋時，為了保障自己的經濟利益不受侵犯，浙江同鄉還拉起了安全保障的網絡。位於北京豐台南苑鄉的「金甌皮服大院」就是這樣一個以浙江溫州人為主的圈起來的安全地帶。

　　金甌皮服大院是在原本佔地面積五十多畝的空置地上，由散居在北京各處的浙江老鄉出資一千萬元，當地南苑鄉出地皮，開發興建的一座有一千多間房屋的大院，供浙江人在這裡居住和加工及銷售服裝。據大院「管理小組」負責人介紹，他

們都是一些本分的生意人，離開家鄉到北京只想把生意做得好一點，但在經商中不斷受到地痞流氓的騷亂，有的還受到嚴重侵害，當地的公安、派出所等市政部門又沒有足夠的能力對此進行管治。在這種情況下，他們幾十個同鄉、親友投資一千萬元，興建了這個大院，並向豐台保安公司僱了十個保安人員，輪流值班，晝夜巡邏，以保障在這裡居住及經營的浙江同鄉的人身及財富的安全（《瞭望》，1995，48：14-19）。

在城市邊緣，外來人口大量聚集之處，政府部門鞭長莫及，公共管治鬆弛，從而使治安問題日益惡化，這是大規模的農村剩餘勞動力向城市轉移的過程中，出現越來越嚴重的社會問題，浙江人在北京的浙江村中所嘗試的這種築院而聚居的生存方式，即是在社會治安和市場競爭的雙重壓力下，外來移民發揮同鄉群體網絡的作用，所進行的一種自我管理和社會整合。類似的自我管理還有那種更為正式的，並在當地民政部門註冊在案的同鄉會，如廣東省豐順縣的外來人員於1995年在佛山成立的「佛山—豐順同鄉會」，這種同鄉會既制定規章和規則，還設立理事會，同鄉會不僅幫助會員解決個人實際困難、協調處理會員與所在工廠的權益，還以同鄉會的名義捐錢資助家鄉的經濟發展和教育事業。上述種種都是同鄉關係網絡在中國經濟轉型過程中發揮的積極作用。

四、結論

中國經濟結構的轉型而引發的大規模勞動力流動和轉移，

成爲中國社會結構變遷的重要標誌，但由於相關制度建構的滯後，使勞動力的流動又充滿了盲目性和隨意性，幾千年來被土地所束縛，幾十年來被戶籍所控制的中國農民，當他們因應社會結構的轉型，擺脫束縛與控制，浩浩蕩蕩地進入城市時，先是被養尊處優的城裡人視爲洪水猛獸般的盲流，繼而又作爲外來工擔負起城裡人不願幹的髒、累差活。在離土離鄉，缺乏正式社會資源的情況下，同鄉關係網絡成爲城市新移民的重要的社會支持和社會組織資源，它既可以作爲個人之間的關係互惠互助，又可以作爲具有同一歸屬特性的群體與外界社會協調整合，彌補正式社會組織機制不完善所造成的同鄉權益受損失，或同鄉群體與所處社會環境的失調，幫助同鄉新移民盡快嵌入所處的社會。它就像一座橋樑，把家鄉同外面的世界聯繫起來，使源源不斷的家鄉人可以懷著一份信賴、一份期待投奔而來；外來人員透過辛勤勞動創造的財富和學到的技能，又成爲家鄉經濟發展的巨大促進力量。當然，同鄉關係網絡也不可避免地存在相當的負面影響，如同鄉之間的惡意競爭，以及由同鄉關係聚集而成的犯罪夥伴，這也是在許多城市外來人員集中的地區社會治安差、犯罪率高的基本因素。

關係網絡與家族企業：
以香港乾泰隆及其聯號爲例

蔡志祥（香港科技大學人文學部）

一、前言：以香港乾泰隆爲例

　　研究中國商業的學者如G. Redding和 G. Hamilton等都同時指出，中國商業的特質，是強大的關係網絡及脆弱的組織架構。他們認爲，關係網絡是中國家族企業成功的主要因素。包括同宗、同鄉、同業、同窗（同門）、同緣（信仰）的關係網絡，均建基於費孝通描述中國社會特質時所提出的差序格局。差序格局就如王崧興（〈華人的家族制〉，《中央研究院第二屆漢學會議論文集》，1989）和Andrea McElderry（"Securing Trust and Stability," in *Chinese Business Enterprise in Asia,* edited by R. Brown, 1995）所指，如連漪般由至親的直系家庭的血緣關係，向宗族、姻親、鄉黨、祖籍方言群以至同業、同窗等外圍關係擴張。關係越遠，信賴越薄，保證人的身分地位便成爲重要條件。科大衛（David Faure, "The Chinese Bourgeoisie Reconsidered," Occasional Paper Series in *Asian Business History* 3, Asian Business History Center, The University of Queensland, 2000）指出，在1904年商業法出現以前，商人縱使擁有強大的

經濟力量，但他們的身分地位並沒有法律依據。因此，為了確保商業行為有效，他們常常要依附擁有科舉功名的人作為他們的保護人。差序格局和國家賦予的身分交叉地建構中國人的關係網絡。

關係網絡是一種建構的過程。是作為對比西方企業管理體制的便利的參考架構。強調中國商業的倚重關係，並非表示西方企業缺乏關係網絡，也並不表示關係網絡是中國企業成功的必然元素。關係網絡的存在，並非決定企業成敗的因素。因為，關係本身是中性的、可塑的、可變的。在長期的發展過程中，關係時常因環境而改變，因不同的操控方法而產生不同的意義。同樣的關係，可以作為企業成功或失敗的解釋。

本文嘗試以香港一家具百多年歷史，由潮州人士開設的南北行作為家族企業的例子，透過企業生命史的角度，探討這可塑和可變的關係網絡。我們選擇乾泰隆，不但因為它是香港現存字號最老的南北行，而且更因為它自十九世紀末，已經發展了一個跨地域、多元的貿易網。我們希望透過長期的、跨地域的歷史來考察：(1)家族內部結構的變化與企業結構變化的關係；(2)華僑商人和故鄉的關係從家庭演變到宗族時，如何影響企業的發展；(3)外在環境和不同國家的政策對企業貿易關係的影響。

二、公司的生命史

乾泰隆是香港現存最古老的南北行。大概在一八五〇年代

初期，由潮州饒平縣前溪村（現屬澄海縣）的陳宣名和宣衣兄弟合資創建。乾泰隆主要經營大米出入口生意，迄一九六〇年代，它是香港主要的大米進口商。從經營開初以來的半個世紀，乾泰隆雖然經歷了多次政治和經濟的衝擊，仍然屹立不倒。它在泰國曼谷的聯號鬻利，更是當地華人財經界的翹楚。考察乾泰隆的歷史，我們不能把它視為一純粹獨立的企業單元，我們需要知道它和它的聯號在時間和空間發展的關係的變化；我們不能把這家族企業視為歷久不變的制度化組織，我們需要把這企業放在家庭和宗族的演變脈絡中考察。假如我們套用黃紹倫的家族企業模式（Wong Siu-lun, "The Chinese Family Firm," *The British Journal of Sociology,* 1985）來理解乾泰隆的歷史，也許我們也可以觀察到一個創建、擴張、分支和重整的發展過程。我們可以看到每次公司的重整也同時是家族關係的重整，網絡關係的重整和企業的內部結構與外在環境的變化有很大關係。

（一）十九世紀後半期

乾泰隆故事的開始，是一個名叫宣衣且善於泳術的陳姓潮州青年，為了脫離貧困，走出為人捕魚耕作的生活，在一八四〇年代中，毅然放棄鄉村生活，與村中的堂兄弟，放洋當水手。數年後，他們自購帆船，在東南亞、香港、汕頭和上海之間買賣南北貨物。1851年，宣衣和族人在香港島現在的文咸西街附近，租賃貨棧，創立店號，開始其南北行貿易生意。十九世紀後期，隨著英國海峽殖民地的發展，很多潮州人以契約華

工的身分前往東南亞工作。華工對土產的需求、匯錢回鄉的需要、往返中國的運輸，以及太平天國之後華南沿海地方對洋米進口的需要，都加強了南北進出口貿易的發展。

為了減低貿易的成本和風險，乾泰隆陳氏和其他潮汕商人（如元發行高家）一樣，在這時代的契機之下，建立其跨地域的貿易網絡。在十九世紀末，乾泰隆陳氏分別在曼谷、新加坡、汕頭和越南的西貢建立聯號。這個商業網絡以香港的乾泰隆為中心，在地域上把潮汕地區和東南亞聯繫起來；在業務上，從盛產稻米的越南和泰國等地收購米穀，在火礱精製後，經過新加坡和香港，轉銷華南地區消費。他們同時從事相關的行業，經營船運，一方面把華工和中國土產從華南經過香港運到東南亞，另一方面把稻米和回鄉的華人經香港送到南中國。此外，他們從事匯兌，一方面減低聯號之間實際的金融交割，從而減少利息支出；另一方面，收集海外華人的匯款，增加短期的融資。為了進一步減低貿易成本，保障風險，他們投資保險事業，自設錢莊、火礱和貨棧。無論地域上或業務上，都作橫向或縱向多元發展。在二十世紀以前，這個聯號網絡，都以香港乾泰隆為中心，乾泰隆扮演著一個維繫著子嗣兄弟的家父長的角色。

乾泰隆的聯號，無論是獨資的（如曼谷的陳黌利號），或合資的（如新加坡的陳生利號），東主和股東都是與宣衣同屬一個「紅白兩事，互相扶持」的稱為「五家」的擴大家庭（extended family）的成員。這些聯號的主要管理人都是宣衣兄弟的子嗣。例如掌管香港的乾泰隆先是宣名的三子慈宗。慈宗

去世後，由宣衣的三子慈雲接管。曼谷的陳鬻利號和西貢的乾元利號由宣衣長子慈鬻及其子孫掌管。新加坡的陳生利號及改組後的陳萬利號，以及汕頭的陳万利號和乾利號則由慈宗的子孫掌管。十九世紀後期以宣名及宣衣為中心的商業網絡和親屬網絡，緊緊相扣。即使到了1975年，乾泰隆註冊成為有限公司時，仍然規定女性不能持有公司股份，持股人對公司股份有優先購買的權利（香港公司註冊處，公司編號no.14575）。前者意味著公司股份不會因此流入外姓之手，後者顯示公司的控制權緊握在原來控股的家族手中。

隨著商業貿易上積有餘款，宣名和宣衣在親族和鄉黨中的地位亦逐漸強大起來。自1860年，他們開始在家鄉購買房產田地。他們由租種他人田地的佃戶身分，漸漸成為村中和鄰近地區內最大的地主。他們透過修建宗祠和族譜、祭祀和鄉村建設活動、捐納功名和建築瑰麗的宅第等，建構其在家鄉的地位和加強「五家」擴大家庭成員間的關係。在十九世紀後期，乾泰隆陳氏開始創建和發展時，家庭是建構商業網絡的重要文化資產，商業利潤則是強化擴大家庭成員關係的重要資源。在與其他潮汕南北行商人競爭的貿易環境下，家庭，尤其擴大家庭的人脈關係的可靠性，遠遠超越依賴方言群建構的關係。

（二）二十世紀前期

二十世紀初，乾泰隆及其聯號之間產生很大的結構性變化。首先，這些聯號在他們第二、三代管理人的領導下，建立各自的貿易網絡。他們一方面與乾泰隆維持聯號的關係，另一

方面則各自建立與乾泰隆股權互不相屬的私人公司，發展貿易
網絡，成為乾泰隆的競爭者。例如在1912年，曼谷的饗利號在
陳立梅（宣衣長子慈饗的次子，親生長子）的領導下，在曼谷
建立陳饗利匯兌莊，並且在汕頭、新加坡、檳城、西貢和香港
分別建立分行，一方面幫助資金流通，另一方面從事大米買
賣。新加坡陳生利號差不多同時重組，改名陳元利，股份和管
理權集中在宣名和宣衣的子孫身上。陳元利號先後由慈宗的長
子立植和三子的長子肯構主管。陳元利在越南和泰國建立了自
身的漁米貿易，同時以新加坡為中心，代理泰國、海南島、香
港、汕頭和廈門的船務和雜貨生意。

　　其次，乾泰隆本身的股份分配和管理體制也產生很大改
變。自從1917年慈宗去世後，乾泰隆在政府登記的東主姓名先
後為慈雲（宣衣三子，1917-1919）、立梅（慈饗次子，1919-
1931），及守明和守鎮（立梅二、三子，1931-1975）。公司的主
要管理人則分別是慈雲（1905-1933）、守智（慈饗三子之子，
1933-1975）和守炎（慈饗四子之子，1975-1999）。1933年8
月，乾泰隆的股東重整股本，把原來的十一股增為十六股。舊
乾泰隆的夥友，仍可按比例分享舊乾泰隆公司在田土廳以慈雲
的名義登記的產業及其利息（香港政府檔案編號HKRS144，
D&S no. 4/4070）。我們不知道宣名一系在1933年公司改組後所
佔的股份。1975年註冊為有限公司時，宣名的後裔只佔12%的
股份。從1933年改組，以及公司管理權更替，也許顯示出慈宗
去世後，宣名一系在乾泰隆的影響力逐漸減退，公司股份和管
理權主要集中在宣衣的子孫之手。1933年10月慈雲去世後，公

司註冊人和主要管理人都集中在慈黌的子孫上。慈雲一系持有的股份比率，像宣名一系一樣，一直減少。他們在舊乾泰隆時擁有18％股份，在新乾泰隆中只擁有6％。五○年代，慈雲之孫庸齋一直為乾泰隆米業以外最重要的部門（船務部）的經理，擁有4％的股份，可是，1975年以後，慈雲一系，已再沒擁有乾泰隆股份了。從公司的內部結構來看，從一九三○年代開始，公司的主導權集中在慈黌的主幹家庭（stem family）中。1975年註冊時，乾泰隆五十六萬四千五百八十股中，80％的股份屬於慈黌的子孫，立梅的子孫擁有其中的二十五萬股（香港公司註冊處，公司編號 no.14575）。

從股份結構和管理權的變化來看，乾泰隆公司的股份和權責並非隨著家族人口增加而無限細分。反之，作為一個家族企業，它的生存依賴不斷的重組。一些成員減持股份的同時，特定的主幹家庭的勢力則不斷地加強。

二十世紀，我們不但看到乾泰隆和其聯號之間貿易關係的改變，以及公司內部結構的改變；同時，我們也觀察到華僑商人與家鄉關係的變化。十九世紀末二十世紀初，當乾泰隆家族企業不斷擴張時，他們在故鄉的地位和貢獻亦不斷提升。慈黌在1891年退休回鄉，擔任族長和鄉長。他和弟弟慈雲捐資修建宗族祠堂，編修族譜，設立祖嘗，鞏固宗族的凝聚力；興建學校（成德學校）為宗族和鄰近鄉村子弟提供新式教育；企劃鄉村，興建新鄉與宗族子弟居住，開設市集（牛墟），興辦鄉鎮實業（利生紗廠），把利潤用作鄉村福利；以乾泰隆的名義賑濟災荒等等。簡言之，十九世紀末二十世紀初，乾泰隆家族成

員對故鄉的貢獻是整鄉和整族的。透過對宗族和社區的建設，建立了他們地域和宗族菁英的位置。

　　一九三〇年代開始，在商業領域上，慈黌一系逐漸控制乾泰隆及其聯號，他們在鄉間廣購宗族、宗親和鄉鄰的田地；興建稱為四馬拖車的巨宅，購地籌建專祀慈黌的家祠等。這個時候，立梅和他的主幹家庭是很多鄉民和宗親的雇主，同時也是他們鄉間的地主。他們在故鄉的建設是強調家族的名譽，凸顯主幹家庭的特殊地位。他們與鄉村和宗族疏離和緊張的關係，也許可以從一些地方傳說中體驗出來：鄉間傳說，在1949年解放以前，慈黌在前溪村共有七座大宅，其中四座在二十世紀才興建的四馬拖車形式的宅第佔地二萬五千四百平方公尺，有五百零六間房間。每座的建材都是從海外購買，耗時十數年才完成。慈黌爺的大宅很少人能進去。據說每年正月村中遊神的時候，他們不用與其他村中婦女一樣，到大廟參拜，提燈籠到祠堂點燈，拿回家裡。他們也不用準備祭桌在村中所屬的社（集落）奉神。反之，遊神隊伍經過大宅時，需要抬神龕進入宅中，供宅內婦女參拜。此外，在一九八〇年代，當附近村落紛紛利用僑匯僑資把舊式宅院改建為新式樓房時，前溪村還是古意盎然，舊式宅第，絲毫不動。鄉民說，慈黌爺的子孫不點頭，他們不敢改動村裡分毫。

　　村中有很多關於慈黌的傳說。這些傳說把陳慈黌和他的主幹家庭，放在一個既仰慕又害怕，敬而遠之的位置。慈黌家族和宗族鄉民不再是互相扶持，共濟同舟的夥友關係。這一變化，把海外的乾泰隆陳氏家族成員與故鄉的關係，從責任性的

家庭關係，演變成自願性的宗族關係。1949年以後，自由移民的限制進一步的把這疏離深化。他們對海外居地的關懷多於祖先的原居地，公司的人力資源也不再依賴故鄉的宗親鄉鄰。

三、內部結構和外在環境的關係

乾泰隆及其聯號的貿易關係、公司內部結構，以至主幹家族和宗族及鄉鄰關係的變化，與二十世紀的外在環境的變動有很大關係。

一九三〇年代初，世界性的經濟恐慌終於經過東南亞波及中國，潮州地區的主要通商港口汕頭也不例外。1934年，隨著智發、光發等錢莊倒閉，引起汕頭全市金融恐慌，錢莊等傳統的金融貿易機構相繼倒閉。與乾泰隆一樣，在1850年開業、在潮汕地區和海外社會同樣享有崇高地位、經營類似南北行進出口貿易的元發行高家及其聯號也相繼倒閉。乾泰隆和它的聯號卻能在逆境生存，他們在戰後的東南亞和香港，仍執米業的牛耳。

金融恐慌並沒令乾泰隆及其聯號倒閉。同樣，他們經歷了三〇年代泰國等東南亞國家限制華僑移民；太平洋戰爭以至戰後其東主，立梅的兒子守明在曼谷被華人刺殺；1949年中國政權變革，限制華人離境等外在環境的衝擊。作為一個商業機構，乾泰隆及其聯號不能改變外在環境，卻需面對外在環境的衝擊。在傳統財產諸子均分、諸子共享的原則下，商業機構的擁有權和管理權無限地細分。這樣的管理結構，在沒有有效的

金融記帳方法，以計算店鋪的盈虧的情況下，傳統商業機構最有效的危機應變方法，是把公司清盤。乾泰隆在1933年如此，它在新加坡的聯號陳生利號在二十世紀初改組爲陳元利也是基於同一道理。然而，乾泰隆及其聯號每次重組，並非把舊的結束，重新開展新事業，而是把擁有權和管理權重新規劃，集中在一個主幹家庭之手。因此，乾泰隆及其聯號每一次重組，並不需要重新建立一個新的管理體制，只需把舊有的重新整合和加強。

應付外在環境衝擊的另一要素，在於公司的管理體制是否可把擁有權和管理權分開，也就是管理人員專業化的問題。在乾泰隆及其聯號建立和成長的階段，他們的競爭對手是來自同一地區、同一方言群、經營類似行業的行家。因此，我們看到家庭和宗族成員的重要性，他們提供了企業技術和非技術職位的人力資源。然而，由於企業多元發展，在移民有所限制和海外出生的同一方言群人口增加的情況下，乾泰隆及其聯號自二、三○年代開始聘用專業經理。舉例來說，三○年代到五○年代，其新加坡的聯號陳元利號四個業務部門中最重要的兩個，米業和船務部的經理都由當地譽爲行業內非常專業的人才擔任。他們都是潮州人士，但並非陳氏的宗親，他們以專業知識賺取很高的薪資。然而，當專業人員受聘管理商業活動的同時，公司掌管財務的職位，如外櫃、內櫃及總經理，以至公司的股份都依然是緊緊地集中在總經理的至親身上。管理人員專業化，使得乾泰隆及其聯號可從依賴宗族成員提供人力資源的束縛中解放出來。1934年倒閉的元發行高家也聘用在米業享有

盛譽的姻親陳春泉、殿臣父子爲經理。但由於他們同時對公司的財政和資金擁有發言權，倒閉前的財東和經理對資金調配的爭執是導致元發行倒閉的其中一個重要因素。

應付外在環境衝擊的另一要素是多元化的問題。橫向和縱向的業務多元化可以減低風險和交易成本。在米業方面，戰後香港只有十七家官方認可的稻米進口商，潮州進口商提供了香港60％到70％的進口米，這些米有一半以上來自泰國。在泰國，80％到90％的精米火礱業由潮州商人經營。稻米進口之後，經批發商投標後轉售零售商再賣給消費者。香港的潮籍商人分別佔頭盤進口商、二盤批發商和三盤米商的60％、26％和80％。在這個潮州米業經營的脈絡下，乾泰隆一方面是戰後十七家官方認可的稻米進口商，另一方面它和聯號經營火礱、貨棧，他們的家族成員經營批發生意。此外，爲了減低成本、保障風險，他們同時經營運輸、保險。爲減低匯率回扣、增加資金流通，他們經營匯兌錢莊生意。就如其他稻米進口商一樣，乾泰隆憑藉其潮州的關係網絡，建立其稻米貿易的地位，保障貿易的成本和風險。

可是，和1934年倒閉的元發行高家不同的地方，除了高家因爲缺乏地域宗族的支持而需要依賴姻親關係，而乾泰隆陳氏則有很強的地域宗族的支持外，乾泰隆在曼谷的聯號黌利因應經濟環境而作出的變革亦有關鍵性的影響。就如王綿長在〈黌利家族創業方針及其區域性經營〉（見袁偉強編，《陳黌利家族史料匯編》，汕頭華僑歷史學會出版，1997）一文中強調的，在1933年，立梅的兒子守明把黌利棧匯兌莊改組爲現代化

的鲎利栈銀行為，以增加融資；同時自設鬠利保險公司，保障火氈、運輸和大米進出口業。業務多元化和現代化是乾泰隆及其聯號度過經濟危機的重要因素。

最後，商業經營和國家體制有很大關係。乾泰隆在汕頭和西貢的聯號因為政權交替的關係，分別在1950年和1975年關閉。曾經分別是香港和新加坡政府特許大米進口商的乾泰隆和陳元利號，由於喪失特許，面對擁有龐大國家支持的進口商的競爭（香港的五豐行和新加坡的NTUC），以及中國市場關閉等因素，自七〇年代開始，無復當地進出口界領導的地位。反之，在泰國的鬠利，雖然1945年守明被華人刺殺，遺孀下令家族不得參加包括前美同鄉會和潮州會館等僑社活動，但由於與皇族及其他華人領袖通婚和建立商業關係，雖然沒有同鄉宗親的聯繫，他們仍然在泰國的華人社會中，擁有崇高的地位。陳錦江指出，二次大戰後，不同的商業機構面對不同的國家體制，有不同的發展經驗（Wellington Chan, "Chinese Business Networking and the Pacific Rim," *Journal of American-East Asian Relations*, 1992）。處身不同的國家以及國家賦予的身分改變，同時影響乾泰隆及其聯號的不同發展經驗。

四、小結

William Bratton 指出，很多商業管理的理論是由歷史經驗建構而成（William W. Bratton, "The New Economic Theory of the Firm," in S. Wheeler ed., *The Law of the Business Enterprise*,

1994）。從乾泰隆及其聯號的發展，我們可以知道「家族企業」中的家庭結構是隨著時間而改變的。血緣和地緣建構出來的關係網絡，隨著時間和空間的遞遷而變動。十九世紀時可利用的脈絡關係，在二十世紀時並非必然成立。從乾泰隆的個案，我們可以觀察到企業的由「私人」到「公家」的發展過程、家族發展整合和分支的過程、華僑商人與故鄉裡由家庭到宗族關係的演變，也可以看到「家族企業」要不斷地重整其關係結構和企業內容，才能對應外在環境的衝擊。關係的重要性並不在於其是否存在，而是在於它怎樣被運用和解釋。

＊本研究得RGC資助，謹表謝意。

從零售活動看民族界限：加拿大華人移民身分

馮美玲（香港大學社會學系）

一、前言

　　本文旨在探討華人的海外移民身分。透過檢視位於加拿大安大略省多倫多市唐人區一座華人商場內的零售活動，讓我們從兩個層次探究民族分類和界限。首先是透過華人店主與不同種族的顧客之零售交往，分析店主如何建構「唐人」與「西人」的類別。此外，華人店主——主要是中國、香港及越南的移民——之間的商業競爭，帶出華人社區的內部矛盾。最後，筆者將總結移民身分的層次特質、環境性及時間性。

二、研究背景

　　本文的研究背景集中在加拿大安大略省多倫多市市中心唐人區內一座華式零售商場。根據加拿大1991年的人口統計，華裔已成爲該國最主要的移民，當中五成半聚居於安大略省，而多倫多市內約有三十萬華人。研究加拿大華人移民歷史的學者指出，各省份的唐人區近年已成爲中國大陸和越南移民的抵步

點，很多較富裕的香港與台灣移民已直接聚居市郊。廣東話（粵語）已取代台山話成為華人社區的通用語言。

多倫多市唐人區內有兩座華式商場，是次研究目標為文華中心，樓高四層，內裡約有一百間小店鋪，售賣各式各樣的消費用品。店主多來自香港、中國大陸及越南的移民（台灣移民並不是這個商場的主要經營者），並於七〇年代末至九〇年代初移居加拿大。1995年10月至1997年1月期間，作為一位來自香港的海外研究生，筆者成功個別訪問及深入觀察該商場其中二十位店主：十四位來自香港、三位來自中國大陸及三位來自越南（一位為越南裔，另外兩位為越南土生土長的華人）。幾乎所有店主皆略懂以至是精通一種或以上的語言：廣東話、普通話、英語、越南語、法文等，普遍上廣東話就是店主之間及店主與顧客之間的溝通方言。本文就是從這些華人移民遷移海外後的經濟活動出發，探討不同民族的交往，理解族裔多元化社會的某些特質。

為方便理解以下討論議題，先讓我交待一些對於種族類別的稱謂。本研究訪問以廣東話進行，受訪者多以不同字眼稱呼同一民族：「中國人」、「唐人」、「華人」等全等同「中國人」（"Chinese"）；而「西人」、「外國人」、「鬼佬」則全指「西方人」（"Westerners" 或 "Foreigners"）。除某些特定情況下，本文將以「唐人」與「西人」為骨幹用語。

三、零售活動：銷售稅徵收模式

本文並不打算描繪整個可繁可簡的交易過程，只會集中在店主與顧客之間，有關徵收或豁免銷售稅的討價還價上。並非每處地方皆有銷售稅政策，例如中國、香港就沒有此稅項；銷售稅相對地是西方國家的產物，即使如此，每個國家或地方的銷售稅政策、稅率、徵收方式都或許有差異。以下討論主要針對「唐人店內不用繳付銷售稅」這廣泛流傳的訊息；筆者發現當地唐人店主採用約六種徵收銷售稅模式，為配合主題，本文只會集中討論其中四種模式的某些特點，從而帶出它們如何成為一種分化「唐人」與「西人」之工具。

（一）免稅、無稅、包稅

店主不在標價上追加15%銷售稅金額，標價就等於售價。事實上，某些店主會立即糾正我所說的「無稅」概念，他／她們一概否認免稅這回事，「只是顧客不願繳付罷了！」他／她們認為這做法是迫於無奈的。同時，很多店主投訴，銷售稅的徵收加重他／她們的生意成本（假設顧客拒絕支付此稅），打擊消費意欲，嚴重阻礙小生意的生存空間，更遑論商業擴張。

（二）堅持收稅

當然，很多店主堅持向顧客徵收稅項。一位在加拿大從商二十多年的華人店主說：「除了唐人店鋪外，其他地方根本沒

有免稅這回事。我們的生意不只針對唐人，我們要跟隨主流社會的做法，胡亂實施包稅或其他做法，對其他種族的顧客來說，會十分混亂及不便。」

（三）隨意豁免或徵收稅項

對於是否豁免或徵收稅項，部分店主採取比較任意及含糊的做法。是類店主坦白承認，在很多情況下，決定豁免或徵收的關鍵在於顧客的種族；概括的說，就取決於某一顧客是唐人或西人。如果顧客是唐人，店主會假設他／她們將會拒絕支付此稅，並主動豁免或放棄徵收銷售稅；倘若顧客是西人，店主就會堅持徵收銷售稅，遇上議價時，就向西人顧客說：「徵收銷售稅是政府政策，我只是跟隨主流社會的做法。」

這種模式，與之前描述的免稅或收稅之做法有著原則上的分別：早前兩項模式適用於所有顧客；然而，這種模式就充滿選擇性，說穿了，就向「主流人士」——「西人」——徵收稅項。筆者對於店主針對個別顧客的種族而選擇性地採取銷售稅措施尤感興趣，將於稍後探究其對種族分野的引申涵義。

（四）矛盾

這邊廂店主埋怨顧客拒絕支付銷售稅，那邊廂很多店主及其家人均喜歡留在這商場內消費，從而省卻銷售稅稅款。店主無疑是不斷地合理化及制度化無稅之風。

從以上的討論，可見「唐人店內不用繳稅」之說只是冰山一角，僅能反映部分真相，不足以理解唐人區內消費活動之複

雜性和多元性。值得一提，筆者在意圖解構「無稅」神話之餘，無稅模式也絕非只限於唐人店內；此外，以上所陳述的幾種模式只是一些抽象建構，換言之，各店鋪根本從沒標明其徵收銷售稅措施或方式，店主可考慮顧客背景、貨品素質及價格、競爭對手等因素而隨時和隨意轉換模式，異常流動。事實上，甲店可以今天向某顧客提供免稅，明天也可向另一、更甚是同一顧客收稅。筆者若非以研究員身分探討這問題，作為一個普通顧客，相信已無法窺視當中的「規則」了！

　　以上分析其實並不單著眼於銷售稅對賣者和買者的經濟影響。所謂免稅或不免稅，無可避免地涉及賣者與買者多方面的談判。然而，更重要的議程是從銷售稅入手，理解於交易過程中，「唐人」與「西人」之間的種族界限。畢竟，我們不能單獨抽離經濟事務，它確實與文化、政治、社會，甚至是種族息息相關，相互緊扣。

四、稅收模式：分化「唐人」與「西人」之工具

　　為什麼唐人顧客大多拒絕繳付銷售稅呢？遺憾地，有關華人移居海外後的消費心態及行為並未得到廣泛研究，筆者只能參閱一份關於移居紐約的台灣移民的研究，當中略略提及由於華人並不認識銷售稅政策及概念而產生抗拒，因而頑強地設法逃稅。

　　誠然，類似的政策差異確能在某程度上解釋逃稅行徑，但想深一層，這種說法不能幫助我們理解以下兩個根本問題：(1)

為什麼顧客——尤其是唐人顧客——傾向在中國人開設的店鋪內爭取免稅？(2)為什麼某些唐人店主對不同種族的顧客採取隨意的徵收稅項措施（還記得模式3嗎）？筆者推斷，在這個唐人區內，透過唐人店主與不同種族的顧客之交易往來，消費活動有意無意地成為分化種族、文化及階級的工具。以下將重點討論種族分化的問題。

（一）唐人內群

正是由於移民與土生土長人士對銷售稅的不同理解和接受程度，便騰出了空間讓店主與不同種族的顧客進行有稅無稅的爭議。在免稅的談判過程中，「唐人」這個宏觀身分飾演著一個異常重要的角色，在某程度上，共同的民族身分成為相互角力的棋子。據一些店主描述，基於中國大陸、香港、越南等地均無銷售稅政策，而大家又處身於一個海外的環境中，很多顧客會假藉跟唐人店主擁有共同民族身分而合理化其免稅要求，理直氣壯地問道：「大家都是唐人，你可否豁免我的稅？」這樣的語調似乎在傳達一項訊息，對比於西人的界限，所有唐人均是相連的一群，唐人是一族內群（insiders）。假使唐人商人意圖徵收唐人顧客稅項，後者就會立即發炮：「你不要以為我是鬼佬，不要騙我，正如你騙鬼佬一樣吧！」當民族身分被轉化成為議價籌碼時，店主向同族收稅，就象徵著把華裔顧客驅逐出「唐人」這個民族內群，將之視為「鬼佬」般。

可是，作為議價手段，「唐人」這個口實並不是萬試萬靈的。如前所述，幾乎所有唐人店主皆認為「免稅」或「無稅」

是顧客強加的現實狀況。從有些唐人商戶一直堅持向所有顧客收稅的情況來看,「大家都是唐人」這個共同的、宏觀的民族基礎並不牢固。事實上,相對於其他因素,例如消費能力,「唐人」這特徵確實是最顯而易見的;但當某些唐人顧客嘗試利用這個共同身分,跟唐人店主拉近距離,意圖取得或多或少及即時之經濟回報,那些堅持收稅的商戶卻選擇對此因素視而不見,不肯讓步,堅持主流社會的稅項政策,保障本身的商業利益。

(二)西人外群

「西人」這個身分是比較巧妙的,這一點對那些因應顧客之種族身分而決定徵收或豁免稅項的店主來說,尤為明顯。在這個唐人商場內,豁免唐人稅項與徵收西人銷售稅,驟眼看已成為一個「不明文」規範。如前所述,免稅成為凝聚唐人內群的力量,假設「唐人」這個民族身分有一定的議價作用及其他因素不變,從某些店主只向「西人」及「非唐人」收稅的現象來看,後者很明顯地是被分類為「外群」(outsiders)了!當然,很多在唐人區消費的西人其實已略略聽聞免稅之做法,有些會嘗試利用另一種基礎跟店主討價還價,大聲疾呼:「我用現金付款,免稅!」

筆者不欲簡單化消費過程中,牽涉到的意識形態、行徑、計算和多方面的考慮因素,民族身分當然不是唯一影響交易決定的因素。本文集中關注類似「唐人」或「西人」的稱謂如何達致分化或凝聚類別。總之,在這個唐人社區內,唐人店主豁

免鬼佬顧客稅項是一項優惠，而非規範。

（三）環境因素

　　不過，這種所謂的民族基礎是受到環境空間限制。以上的「優惠」概念，相對地正常化了唐人區內唐人店主豁免唐人顧客的做法。筆者曾經跟一位西人教授到一間位於唐人區外之唐人花店購物，在駛往該店途中，這位教授提議筆者（華裔留學生）試圖向店主議價免稅，最終筆者並沒議價，而店主就直接向我們徵收銷售稅了。回想起來，這例子指出「處境」（context）如何影響人們的消費型態，即使驟眼看筆者跟花店店主均是唐人，在唐人區外，這種關係也不一定可作為免稅之藉口。另外，從西人教授主動向唐人學生建議議價免稅之事例來看，某些「西人」其實是意識到免稅之神話；即使如此，他／她們也會透過「內群」——「唐人」——作為橋樑，運用其民族身分，發動議價免稅，維持唐人內群與西人外群的界限，而不選擇跟唐人店主直接對話，打破這樣的分野。

　　不過，加拿大其實並不是這些移居海外華人的出生地，那些被唐人區唐人店主視為「外國人」、「外群」、「小眾」或「西人」顧客其實就是主流社會裡土生土長的「內群」與「大眾」。相反，在白人主導的主流社會裡，華人移民才是「外國人」、「外群」和「小眾」！的確，唐人區這個社會、文化、經濟空間界限正顛覆了主流社會關於「內群」與「外群」和「大眾」與「小眾」的分類區別。就算「西人」是察覺到類似的顛覆性，在唐人區內，他／她們也會嘗試透過「內群」跨越

這些分類界限，就如西人教授發動唐人學生議價，而不選擇直接跟唐人店主對話一樣。轉換環境，倘若中國人離開唐人區這個空間界限及處身於宏觀的、交替的民族（inter-ethnic）境況中，面對衝突時，他／她們就立即被「西人」分類為「外群」與「小眾」了。

從以上種種關於議價銷售稅的行徑，足見一種存在於唐人與西人之間的民族、文化及經濟界限，以及唐人區內與唐人區外的唐人店鋪分野是如何被不同人士、行徑、意識和環境不斷地製造與鞏固起來。究竟是維持或衝破這些界限和分野，不單涉及相當的精力和時間在討價還價上，更需要一些「內部」知識，掌握各種銷售稅模式的流動性。當然，顧客和店主之間在某程度上是存在著一些猜疑和不信任，尤其是那些外群或非相熟顧客已聽聞某些店主採取不一致的徵稅原則。

五、店主之商業競爭：華人社區的內部矛盾

除了以上關於「唐人」與「西人」之間宏觀的種族界限外，唐人店主之間的商業競爭也能透視華人社區的內部矛盾和分裂。早前說過，這唐人商場內的店主主要是來自香港、中國大陸和越南，訪問期間，筆者時常聽到某一店主批評，更甚是指責某一店主爭取顧客之方法，例如免稅、減稅、低價、減價等。不過，店主之間的競爭與批評並不是單一或偶然的，往往是提升至次民族（sub-ethnic）的層面上。換言之，商業競爭跟其移民來源地區在某程度上是拉上關係的。

（一）次民族分化：「中國人」與「越南人」

　　對筆者而言，所有來自中國大陸、香港、台灣、越南等地的移民，都是華人社區的一份子；沒有必要將越南人抽離成為另一社群，反正他／她們很多都是華僑，並在多方面受到中國文化的影響。然而，來自中國大陸和香港的移民大致上會自稱為「中國人」，而無論來自越南的移民是否為越南華僑，都籠統地將他們稱為「越南人」，甚至視他／她們為「越南難民」。

　　根據來自香港的店主描述，越南店鋪主要售賣下價貨品（主要是衣服），店子比較狹窄和零亂；而香港店主則較多（縱使都是少數）售賣品牌貨品。由於市場定位方面的差異，來自中國大陸和香港的華人店主多傾向譴責源於越南的華僑或越南人破壞市場規律（免稅、低價、減價等），引發惡性競爭，使這個在多倫多市唐人區內最大的唐人商場降格為一個平價商場，最終就是減低他／她們的利潤水平。

　　這個關於定價水平的爭辯，在「中國人」與「越南人」之間引發出一個根據移民來源地而形成的「他」、「我」兩敵局面，由此引申身分認知的層次性：當所有店主面對「西人」時，宏觀上他／她們就是「唐人」；當面對「外群」時，他／她們就是「內群」；當面對「大眾」時，他／她們就是「小眾」。換到次民族層次時，大家就開始區分各人特定的來源地，打探某某是中國人、台灣人、香港人、上海人之類等等，畢竟地區聯繫及社會網絡對生意人是異常重要的。不過，身分是流動和靈活的，很多變數可成為結合或分化類別之手段，如

移民先後次序、職業、居住地區、英語程度等。

（二）唐人區或小西貢？

隨著1996年底商場地庫被命名為「越南商場」後，中國人與越南人店主之間的競爭漸趨白熱化，更表面化為一場新的爭論：究竟這個唐人區是不是已經變得很越南化呢？抑或這個唐人區實際上就是一個越南社區呢？來自各方的一些對話如下：

> 「事實上，這裡不是一個唐人區，而是一個越南區。你可以看見很多越南式麵店和超級市場，很多中國人已經遷到郊外。」（越南華僑）

> 「這裡不是越南商場。這是文華中心！」（香港移民）

> 「越南店主（售賣平價貨品）令到這個商場低俗下來。」（大陸移民）

這種越南商場和文華中心之爭論帶出兩個問題。第一就是關於中國人與越南人在唐人區內的商業影響力和權力關係：究竟這是一個唐人商場，抑或是一個越南商場呢？把爭論推而廣之，第二就是討論唐人區的本質：究竟這是一個唐人社區，抑或是一個越南社區呢？就算華人承認今天的唐人區有越南化的趨勢，他／她們都會在另方面抹黑越南商人，例如歧視越南移民以難民身分進入加拿大，並倚賴社會保障過活，又說他／她們靠走私貨物而集取資金、靠逃各種稅項以維持經營狀況。不過，越南商人則盡力把自己跟那些靠政府資助為生的越南人劃

清界線，多番強調自己如何刻苦創立事業。

　　類似的權力鬥爭已加速及表面化華人社區的內部矛盾和分裂。有學者指出，基於台灣、香港、中國大陸、越南等移民各方面的差異，北美洲華人社區內的經濟結構已失去其單一性。根據筆者觀察，這種內部矛盾現時仍只限於零碎及微觀的層面上，其對華人社區和主流社會的長遠影響則有待觀察及研究。

六、總結：華人移民身分的意義

　　以上的討論，從加拿大多倫多市唐人區內的零售活動出發，帶出經濟事務如何跟文化、政治、社會、階級、種族拉上關係。在討論「唐人」與「西人」之間的種族界限以及華人社區的內部矛盾之中，我們察覺到移民身分的層次性、環境性及時間性。首先，族群身分有其層次性，它是流動的、多層的和複雜的；有很多因素影響身分的自我認知，它就好像幾扇窗口，讓你站在不同的角度去觀賞窗外的風光，用不同方式跟外界交流。其次，族群身分有其環境性，這篇文章探討的是加拿大華人移民在唐人區內的生活體驗，這些經驗很可能會有異於那些在「主流社會」拚搏的華人移民，也會跟那些在別處生活的海外華人的境況，出現結構性的差異。最後，族群身分有其時間性：今天華人移民在海外身處的情況，跟百年前前往美加「尋金」的祖先已截然不同，移居海外的心態和動機亦已改變。

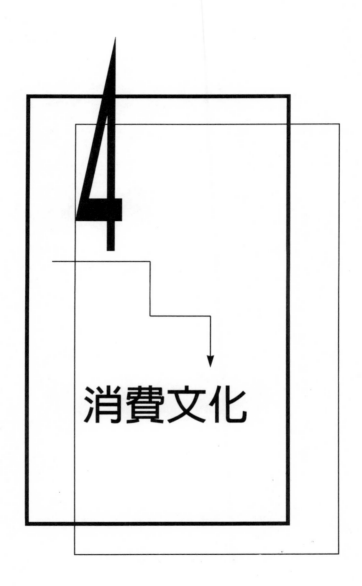

4

消費文化

台灣的檳榔消費文化

潘美玲（元智大學社會學系）

一、前言

　　在台灣吃檳榔是一種習慣，也是一種文化。無論在大都市或是小鄉村，走在街頭放眼所及，地上的紅色檳榔汁是五步一灘，檳榔攤則是十步一攤，馬路兩側檳榔攤五花八門的招牌，以各式民間語言與霓虹燈招攬行人過客的注意。而在玻璃櫥窗裡面足蹬六吋高跟鞋，坐在高腳椅上，穿著清涼的檳榔西施，是駐足購買檳榔顧客的目光焦點。檳榔的消費構成台灣街頭獨特的景觀，「檳榔的消費文化」是當前台灣文化的一部分。

　　檳榔在台灣是僅次於香菸的嗜好性食品，因而有「台灣的口香糖」之稱，因為嚼檳榔會產生紅色的汁液，所以吃檳榔的人被稱為「紅唇族」。在1995年檳榔產業已經超越甘蔗，成為僅次於稻米的第二位農產品。根據行政院農委會1996年公布台灣種植檳榔面積超過五萬四千五百公頃，產量高達十五萬六千多公噸，產值近一百三十二億七千餘萬元，嗜好人口已經逼近三百萬人。由於嗜吃檳榔者與日俱增，檳榔成為農民的「綠色黃金」，甚至升級為「綠色鑽石」。台灣檳榔產業的發展程度驚人，直接和間接靠販賣檳榔維生的人口超過百萬，根據保守估

計，檳榔相關產業的經濟價值超過新台幣千億元，全省有超過十萬個檳榔攤，是台灣最大的攤位族群。由於彼此競爭激烈，近年來以僱用年輕女孩大膽的穿著作為促銷的手法，「檳榔西施」成為台灣九〇年代檳榔文化中最引人注意的一部分，也從此「妨害風化」、「社會道德淪喪」的字眼和檳榔消費相提並論，檳榔文化變成「檳榔色情文化」，同時引起社會人士的關切與政府單位取締。

隨著檳榔消費在台灣的發展已經由個人嗜好變成了社會問題，牽涉的領域從個人健康、環境清潔、生態環保，拓展到社會風氣和公共規範。行政院衛生署與醫學界對嚼食檳榔導致國民健康的危害是憂心忡忡，而農政單位也開始對檳榔大量種植導致山坡地水土流失的問題提出警訊，檳榔問題之嚴重及其影響之深遠，學者甚至提出「檳榔亡國論」，中央研究院在1998年就針對檳榔問題召開研討會希望尋求對策。雖然絕大部分的人都知道吃檳榔沒有好處，就連有吃檳榔的人也大部分如此認為，但是言者諄諄，聽者藐藐，檳榔在台灣所引起的爭論，可以說是到了嗜之者趨之若狂，而厭之者惟恐不能去之為淨的程度。縱使政府與醫學界一再警告吃檳榔可能得口腔癌，檳榔還是有這麼大的市場，紅唇族與日俱增，這種現象恐怕不是單用消費者「愚蠢」，或者歸咎社會的「墮落」就能解釋的，必須從整個檳榔消費所牽涉的社會經濟結構及其歷史過程來分析，才能理解為何檳榔文化會蓬勃發展。

二、台灣檳榔文化的起源

　　檳榔自古即被列為藥用植物，具有止痢、驅蟲、祛寒、治病、防感冒之效用，所以廣為先民喜好與食用。但在不同的台灣歷史階段扮演不同的社會功能，因而發展出不同的檳榔文化。台灣的原住民早有嚼食檳榔的習俗，以排灣族和阿美族最普遍，檳榔都是自己加工，因為嚼食檳榔後可使臉色看起來紅潤，因此為原住民女性所愛。在排灣族的生活上，檳榔是交際應酬的必備食物，也是婚禮上不可或缺的禮品。根據歷史學者何一凡和尹章義的研究，在清代漢人移民的台灣社會中，先民拓墾以嚼食檳榔抵擋熱帶地區的瘴癘之氣，同時檳榔被視為是社會中的一種貴重禮品，用於待客以及解決紛爭的媒介，全盛時期甚至還有專業的「檳榔師傅」為顧客挑選檳榔，調製不同的配料，台灣漢人的檳榔文化於焉形成。

　　在日本人統治台灣期間，因檳榔不是糧食而將檳榔的管制劃歸保甲衛生部門管理，嚴格取締吐檳榔汁，甚至禁止檳榔的種植，導致嚼食檳榔之風萎縮。戰後國府遷台，台灣重燃嚼食檳榔之風，國民黨政府對檳榔採取三不政策：不鼓勵、不禁止、不輔導，任由業者自生自滅，而至一發不可收拾。

三、台灣的工業化與檳榔的商品化

　　台灣光復初期仍屬農業社會，檳榔屬於昂貴的消費品，仍

用在待客、應酬、婚事、紛爭等社會交際的範疇。檳榔成爲個人的嗜好品，消費變成商品化則是隨著台灣工業化的過程而形塑的。六〇年代以來，台灣由農業社會轉型爲工業社會，大量的勞工階級興起，對主要以勞力謀生和戶外工作者而言，檳榔可以提神醒腦且生津禦寒，有紓解疲勞和提振體力之效，加上只是在口中嚼食而不會妨礙手中的工作，比起菸酒有其便利性，因此檳榔成爲農工勞動階層的嗜好品，而有了廣大的需求。

同時面對農工產業結構的變遷，鄉村的勞動力老化與不足，爲了要維持甚至提高已經相當微薄的農業收入，農村生產以高經濟作物取代糧食作物。檳榔本身就是一種可以在山坡地粗放的農作物，又因有市場需求，因此價格好，利潤也相當高。根據農林廳在1994年做的「台灣農產品生產成本調查報告」，檳榔可以創造出三倍於生產成本的收益，比稻米的收益整整高出八倍。由於成本不高，利潤很好，加上山區的道路系統完成，使得山坡地可以機械化的快速開發，從1980年到1990年，檳榔的栽種面積就增加了十倍以上，檳榔園就像綠林軍般地佔據台灣的山坡地。檳榔的種植已經從一般農民的田邊副業被取代成爲一種專業化的大規模經營形式。

因此隨著台灣工業化的過程，社會經濟收入的提高，檳榔已經由昂貴的消費品轉變成一般大眾的嗜好品。加上大規模的栽種，檳榔的產銷已經不限於地方消費，而是透過中盤商再分別銷售到全台數以萬計的檳榔零售店或檳榔攤，供應全國各地的消費者。

四、台灣民主化與檳榔熱血

　　由於台灣原住民有嚼食檳榔的歷史文化，先民來台開發之初，胼手胝足於披荊斬棘之際，為適應本省氣候與風土而嚼食檳榔，因此檳榔代表著一種庶民的質樸。一九八〇年代中期，在台灣社會政治解嚴之際，民主運動和本土意識的潮流被視為台灣本土的、草根的象徵之一，因此在黨外群眾運動的場合，經常出現穿著拖鞋、口中咬著「民主檳榔」的民眾，與演講台上的激情演說相互呼應。

　　在風起雲湧的社會運動中，檳榔的主要消費群除了廣大基層的勞工大眾外，就是處於台灣社會弱勢族群的原住民，因此參與社運或同情弱勢團體的大學生與社會菁英人士也嘗試嚼食檳榔，以此作為和弱勢團體同一陣線的行動表現。此時，檳榔的消費也變成是一種理想的熱血，反抗主流的文化象徵。

　　當這股民主化的浪潮漸漸被各種地方選舉制度所取代之後，政治人物將檳榔作為與其選民拉近距離的橋樑，在婚喪喜慶、選舉拜票、會見選民的交際場合，遞上香菸與檳榔都是基本的禮數。特別是在地方議會裡，經常可見黑牙紅唇「為民喉舌」的民意代表，檳榔成為台灣選舉草莽文化的呈現。

五、檳榔的銷售與非正式經濟的營生策略

　　在台灣，檳榔的食用者多在檳榔攤前購買用小盒子裝、經

加工或填裝配料的檳榔嚼塊。檳榔嚼塊則主要有紅灰及白灰兩種，「紅灰檳榔」是以整顆之鮮綠檳榔果實（剖開後尚有汁液）切去首尾後，在檳榔果實中間部分斜切三分之二，然後將小番茄、硝石灰、酒及其他香料或中藥粉（如人參、玉桂、川芎、茶等粉末）所配成的紅灰配料，以刀尖削少許放在檳榔果實裡，再配以荖花即成。「白灰檳榔」則是以整顆（檳榔短少期則切半）檳榔果實，外包一張裹有石灰的荖葉而成，俗稱「包葉」，「雙子星」為荖葉包裹兩個檳榔果實之衍生產品。這些台灣檳榔嚼塊的組成及吃法是不同於其他東南亞國家的。

　　檳榔的產地價格雖然隨著生產週期而變動，但是檳榔的零售價格即使在檳榔盛產時期仍維持一定的高價位。一般而言，檳榔攤賣的檳榔都是小盒裝五十元，大盒裝一百元，全年售價不變。但是裡面的檳榔顆數，就會隨收成季節而有大月多、小月少的變化，也就是說中間商與零售商都維持了一定程度的利潤，只有大賺與小賺的差別，因此經營的風險極低。

　　賣檳榔所需要的技術很低，一般人大約花上半天的時間就可以學會切檳榔、調料、填料、包裝，然後開始進貨賣起檳榔。一個容得下一個人的小攤子，大約最多花個新台幣五萬元本錢就可以買到。擺設的地點，許多都是公家的地或是路邊，有些甚至佔用商家騎樓或人行道，因此租金通常能省則省；如果是借用到私人的地，通常一個月的租金也不過二、三千元之間，比做其他的生意找店面都要方便而便宜。而且一盒檳榔的價格才五十或一百元，所以每筆交易都可以收現金，賒賬率極低，一邊天天收現金沒有呆帳，另一邊卻可以開票付款給批發

商，只要有幾個固定顧客會天天上門，檳榔的生意絕對有相當程度的利潤。

檳榔的銷售主要是以固定攤販的形式，其經營模式屬於非正式經濟部門的攤販特色：低資本、小規模、勞力密集、非正規技術訓練。是一種進入障礙非常低的謀生方式，可以是就業條件不夠的人、移民或是社會邊緣人口的營生手段，也可以此為副業，作為滿足家戶生活收入的補充，早期的經營主要來自家戶的勞動力，特別是已婚婦女的二度就業。

檳榔攤和一般的攤販一樣，通常是不循政府規約營業的單位，雖然受到政府的取締或處罰，但成效一般都很有限。檳榔攤在台灣的發展已經是二十四小時不打烊，從都市到鄉村無所不在，都市型的檳榔攤大都佔據騎樓、人行紅磚道，也有佔用巷道；鄉村型檳榔攤多設在各重要幹道，包括高速公路交流道、省市聯外道路及示範道路兩旁，都屬非法佔用道路搭建違建設攤。警方的取締行動完全視業者有無佔用道路或行人紅磚道，為佔用公共營業事實或者影響交通的違規事項，根據道路交通管理處罰條例取締告發。然而也是因為地緣的關係，檳榔攤對地方消息耳目靈通，甚至夾處黑白兩道之間，地方選舉充當「樁腳」或平時賭博六合彩「組頭」的角色，有些在地方上還具有某種程度的影響力。

由於嗜食檳榔的紅唇族人數一直在快速成長，檳榔的行情看好，導致檳榔連鎖店的興起。連鎖店有獨資連鎖，也有加盟連鎖。所有連鎖店的原料、配方、包裝都是統一供應，甚至連招牌的形式都有統一的規格，使檳榔攤的經營更加容易，從而

使得檳榔攤的數目遽增。檳榔攤主要是依附其消費人口而群聚，根據清華大學王俊秀教授對新竹市檳榔攤的研究，新竹市每平方公里有六‧七處檳榔攤。而王柏山等三人對中部都會區所作的調查，以大里市和台中市的每平方公里分別有十一處和九處檳榔攤，遠高出其他的鄰近中部都會鄉鎮的一處或一處不到。也就是勞工人口密集的都市，檳榔攤的數量也越多。五步一攤、十步一店，檳榔生意也因為這種區位密度集中的程度而面臨不同程度的競爭。

面臨眾多檳榔攤的出現，如何吸引顧客就得各出奇招，一開始的競爭形式是以檳榔口味的正統與配料改良為賣點。前者以強調檳榔產地特色，如雙冬、梅山等。後者則以獨門調配的加工配料強調品牌與連鎖店，如007雙子星、阿秋、兄弟、阿鴻等。由於競爭的白熱化，有的品牌連鎖店更以打火機、香菸、毛巾或罐裝飲料等作為促銷，以擴大其行銷市場。當然有些檳榔攤也兼賣其他的飲料、菸酒，或者零嘴食品等各種組合應有盡有，以產品的多樣化刺激買氣來增加收入，因此在醫院旁邊看到檳榔攤兼賣花束也就不足為奇了。

總之檳榔攤的經營是很典型非正式部門營生的策略，家庭式的兼業和傳統攤販的經營方式，鄉里熟識的鄰人朋友為主的顧客群，十幾年下來檳榔攤也某種程度構成台灣地方社會的一部分。然而其經營形式隨著檳榔產業的市場擴大，銷售競爭的激烈化，已經使檳榔的消費文化不再單以在地的顧客為主，而必須對所賣的檳榔商品加以宣傳促銷，以拓展陌生過客與司機的客源，加上近年來台灣失業率上升，產業普遍的不景氣，相

對檳榔的購買力下降，「檳榔西施」的出現就是在這種競爭劇烈的環境下，檳榔業者想出的促銷手法。

六、檳榔西施：九〇年代檳榔消費文化的象徵

根據行政院衛生署1994年的一項調查指出，男性的嚼食檳榔盛行率為16.9%；女性只有為1%。由於檳榔攤相繼快速大量的出現，造成各家檳榔攤的競爭激烈，於是一些檳榔攤的業者就開始找年輕的少女擔任銷售人員，並要求她們必須作時髦搶眼的打扮與穿著性感涼快的服飾，來吸引這些男性消費者的買氣。檳榔西施出現後，也同時改變了傳統檳榔攤的小攤子經營方式，由傳統以家庭自雇的婦女兼業，到改採僱用年輕的少女，以底薪加業績方式經營。根據《天下》雜誌的報導，在1998年桃園張老師輔導的四十八位從事檳榔西施工作的少女個案，她們的平均收入在兩萬五到三萬五之間。對於國中輟學或僅國中畢業，或缺乏一技之長的少女而言，確實是很好的就業機會。然而僱用檳榔西施的檳榔攤老闆也不會擔心花高薪會虧本，因為她們賣的檳榔顆粒數比較少，一樣一盒是五十元，但其中包含檳榔西施附送的「養眼服務」。

「檳榔西施」坐在透明落地玻璃屋的高腳椅上，在裝潢著豔麗耀眼的霓虹燈的攤位「舞台」上，加上撩人的坐姿來吸引消費者上門。開始打美女牌的業者確實生意興隆，當然引起其他檳榔業者群起效尤，一股風潮般的僱用檳榔西施後，又開始比銷售小姐的年輕化，在服裝上爭奇鬥豔外，甚至穿著比基尼

式或只有內衣的服裝，於是穿著越清涼，作風越大膽的，生意越好。

這種僱用穿著暴露的少女招攬生意，也就是將女性的身體作為吸引消費的廣告，除了衣著上遊走在社會規範的邊緣，也有些同時開始兼營色情行業，一旦越過這個界限，就已經不是以販售檳榔為主的產業了。然而值得注意的是，從事檳榔西施的少女，可能因為高薪誘惑，透過檳榔攤接觸到色情媒介業者而成為色情產業的一環。

即使大部分的檳榔攤沒有兼營色情交易，民間團體與政府單位認為「檳榔西施」文化傷風敗俗，而加以批判並加強取締。然而因為色情交易本身的取締不易，政府通常以其他違規或違法事實來取締這些檳榔攤，如以非法僱用十八歲以下的少女賣檳榔，涉及違反少年福利法和社會秩序維護法。並同時會同工務、建管、稅捐等單位對非法佔據道路設攤者依法告發，拆除攤位，希望全面杜絕檳榔西施。然而對於年滿十八歲的檳榔西施，除非穿著過分暴露，警方也只能使用勸說而已。

七、檳榔衛生管理：個人健康與階級文化

「檳榔西施」引起爭議主要是在性別、商品與社會風俗的層面，取締檳榔西施是針對檳榔的業者，而九〇年代末，檳榔消費文化的爭議話題則加入了公共衛生與階級文化的面向，主要的對象是針對檳榔的消費者。

由於嚼食檳榔者常隨地吐檳榔汁，不但有礙觀瞻，而且影

響環境衛生，又滿地污漬，被認為有損國家形象，因此「不雅觀、不衛生、不健康」就成了這些檳榔消費族群生活方式的刻板特徵。根據中研院經研所研究員傅祖壇的調查，大多是以男性藍領勞工階級，「四十歲以下、中等教育程度、室外工作者居多，除吃檳榔，也比較常喝酒、吸菸及酒後開車」。他們普遍嚴重低估吃檳榔導致口腔癌的風險，有四成的人已經上癮，即使檳榔漲價也不會少買。

台北市衛生局正著手擬訂「檳榔衛生管理自治條例」，在自治條例中規定，公共場所不得食用檳榔，目的不在於禁止販售檳榔，而在於加強檳榔的衛生管理，希望藉由限制販售對象及嚼食場所等方式來減少其對健康的危害。檳榔的嚼食由不被管制、不受限制，已經開始在公共領域不被接受與容忍，也從個人嗜好的消費與個人健康的關係，被拉到公共衛生的層面。

這種將檳榔消費規範在公共場所之外的作法，是台北市政府建立「健康城市」的措施，如果條例通過的話，將直接影響檳榔的生意，當然引起檳榔業者的抗議。然而這個條例的爭議也同時引出了以藍領的勞工大眾為主的檳榔消費族群與都會區中產階級的「環保、乾淨、衛生、健康」之不同階級生活方式之間的對立緊張。這種趨勢仍方興未艾，影響程度也有待觀察，但是可以確定的是，個人健康與公共衛生的議題將會為未來台灣檳榔的消費文化投下一個重要的變數。

夜市消費文化所呈現的文化意涵

余舜德（中央研究院民族學研究所）

一、前言

　　夜市在中國社會至少有一千年的歷史，但一直很少爲學者研究過＊；可能因爲它發生在夜間、且是以休閒爲主的活動，不若主要的經濟活動重要，且常緊鄰紅綠燈戶的風化區，屬於社會的邊緣地帶，因此甚少有關於夜市的記載存在於任何官方史料中，迥異於歷代縣誌中對攸關民生之早市詳細記載的情形。但是夜市實在是中國社會中非常重要的一種社會—經濟制度，更是中國人的消費—休閒生活相當獨特的一面。我們知道，至少在宋朝繁華的都市生活中，夜市即扮演著非常重要的角色，爲《東京夢華錄》、《都城記勝》及《夢梁錄》的作者們描述宋代都市生活最引人入勝的主題之一。在今天，夜市更是台灣最受歡迎的夜間公共休閒活動，每晚在全島各個角落（甚至遠至山區部落）都有夜市的蹤跡。

　　今天台灣的夜市主要由傳統的小吃攤及販賣各種輕工業產品的小販組成，此傳統的經濟活動和資本主義結合後，形成現代社會的一種特殊消費型態。同時，夜市極具效率的銷售網絡，一方面比其他管道更有效率地將商品販賣到各個角落，成

爲現代消費主義與流行文化滲透現代人的日常生活，最有效率的管道之一；另一方面，傳統與現代的結合所呈現的獨特意涵，也給予逛夜市的顧客們特殊的意義與經驗，因而成爲今天台灣殘存之鄉土文化仍然生生不息最具體的象徵之一，是台灣人帶領國外的訪客，體驗道地鄉土文化最常造訪的地方。

　　夜市幾乎在所有有中國人（華人）的地方都會出現。除了在台灣及中國大陸廣受歡迎，亦普遍存在東南亞華人的社區中，即使在歐美社會因爲法令的因素，限制夜市的出現，但在華人集中的社區，亦常有專賣夜市小吃的餐館出現；因此我們可說，夜市不只是一種經濟型態，更是一種文化現象，是中國社會數種文化面向——例如「時間」與「空間」——交織之下的產物。面對這個多面向的夜市，我們該如何去了解它的消費文化？我想我們可以從幾個問題的提出來思考：首先，爲何是「夜」市——也就是說，晚上的時間在中國文化代表著什麼意義？同時，在中國社會「市」的定義又是什麼，因此人們在「夜間」造訪「市場」，能夠得到異於「逛百貨公司」的經驗？再者，夜市小吃在中國的食物分類系統居於何種「地位」，具有何種意涵，因而適合於夜市的環境？同樣地，社會如何定位夜市，也關係著夜市人們對夜市認知及情感上的認同，並進一步地影響到他們於夜市的行爲與體驗？夜市鄉土小吃與現代商品消費的結合，到底創造出怎樣的吸引力？而這種結合又爲何會使夜市具有如此顯著之「傳統」的象徵意涵？這種傳統鄉土的象徵意涵的出現和哪些因素有關？筆者希望透過這些問題的探討，帶領大家進入夜市的世界。

二、時間

　　夜市和早市在功能及文化意涵上皆有明顯的區隔。一般被稱為菜市場的早市具有明顯供應日常生活所需之功能的性質，呼應著白天「正式」、屬於「工作」的時段；相對地，夜市主要提供的是休閒的功能，反映著夜間非正式、可以放鬆白天所象徵的束縛之特色。兩者的功能與意涵，明顯地呈現於兩種市場的活動、販賣的商品，與整體的氣氛上。就如大部分的台灣人習慣上會說，到菜市場「買菜」，但是若到夜市，則會以「閒逛」表示，說明著到夜市常沒有特定的目的，就是自由自在地去逛逛，要做什麼到了夜市再說，明顯缺乏早市的功能意涵。

　　夜市通常從傍晚開始營業，但是多在晚飯時段之後，整個夜市才開始活絡起來。都市固定夜市內因有眾多的小吃攤，一般較早開市，有些大夜市在中午時刻會有少數小吃攤做中餐的生意，其他多半在五點半近台灣人習慣的晚餐時間，才開始有顧客湧進，但整個夜市開始熱鬧起來則多在七點過後；鄉下的流動夜市則更明顯地多在用餐時段之後，人們稍事休息後出來閒逛時才開市，比一般都市內的固定夜市晚；八、九點則是夜市最擁擠的時刻，賣膏藥的康樂隊、遊戲攤、小型拍賣會逐漸進入佳境，交易也多半在這段時間完成，等到九點半後，小吃攤前再次擠滿吃宵夜點心的顧客們，為小吃攤帶來晚餐後另一陣的忙碌。夜市散市則多在近午夜時刻，最後一批宵夜客散去

後，熱鬧一晚的夜市才落幕。

夜市的時間流程顯示晚飯後的夜間時刻應具有特殊的意義。中國社會在時間的利用上，將晚飯後到午夜的時段定義為「公」／「私」皆可、工作／休閒並不清楚劃分的時間，明顯異於歐美許多社會將此段時刻視為「私」、屬於家庭的時間觀念。在中國社會，人們常在晚飯後離開家庭的空間，從事外出逛街、訪友、辦事，或到公園乘涼等活動，許多行業也不依照朝九晚五的工作時間，在夜間繼續營業，這個現象也顯著地反映在晚間以服務業為主之商業活動的盛行，更呈現在台灣都市多采多姿的夜生活上。即使在今天，因為消費私人化（如電視及家庭卡拉OK）的普及，使得人們在晚上的時間於家中或其他私密空間進行的活動種類增加，但是這個現象似乎並未顯著地影響到台灣人夜間到公共場所休閒的頻率。相較於其他休閒活動，夜市的普遍性尤其更加凸顯中國社會的時間觀念；夜市存在於台灣都市及鄉間大小聚落，較百貨公司、商店街或電影院等現代的消費中心更加普及，它們在夜晚七點半到十一點之間所聚集的群眾，恐怕凌駕台灣其他任何夜間休閒場所，因此夜市可說是台灣最受歡迎的夜間公共休閒活動；夜市於一九八○年代起在台灣各地的蓬勃發展，說明著文化的時間觀念在經濟越加資本化的台灣社會，似乎越加顯著。

同樣地，台灣的夜市在國家的管制下依然能夠蓬勃發展，和夜市在夜晚的時段營業有密切關係。相對於白天正式、有秩序、有明顯束縛的時間意涵，夜間的非正式意涵與秩序、束縛的鬆懈，使得國家及社會大眾較能夠容忍存在於夜市之所謂的

攤販問題。較之於白天的路邊攤，政府對夜市的管制就鬆懈許多，有些夜市地點在白天時受到警方嚴格的管制，但到傍晚一定時間後，用攤販的話說，就「開放」了，少數大型的固定夜市到了夜市營業的時間，整條路形同自行建立的徒步區，路面擠滿了攤販與顧客，而大家也都知道夜市開市後，任何種類的車輛都不應該進入。而夜市相關史料的缺乏也反映了國家及社會大眾對夜市夜間營業、具非正式、休閒特色的認知，即或今天的官方統計，亦沒有將夜市攤販的資料與其他種類的小販分開處理，比起國家（無論哪個朝代）對早市的重視，和社會大眾每日生存所需較無密切關係的夜市，在過去尤其很少受到國家的注意，即使今天政府因為攤販問題與人民對居家環境的重視，而逐漸注重夜市的管理，然而政府雖然在近年來發動數波嚴厲的管制，夜市不但沒有消失，反而在屢次的取締聲浪中逐漸分佈到全島各角落。

三、「市」的定義與空間意涵

夜市是一種市場，擁有中國社會所認定之市場應具備的特質。根據中國社會一般對市場的定義，一個特定的時空下發生的貿易事件如果要被稱為「市」，它必須擁有相當數量的販子及顧客，同時在一個擁擠的空間中出現；如果我們指的是零售市場而非批發市場，則市場內的生意種類及商品特質，亦要具有相當程度的歧異性。通常我們很難用數字來說，到底要有多少生意種類及參與者，在一特定空間裡聚集，才能使一個交易

的場所被稱作「市場」；但是很清楚地，一群在一個寬廣的空間中散亂分佈的攤販，並無法被稱為中國文化中所謂的市場。數字的多寡並不是判斷的標準，重要的是這些商業行為是否能夠吸引足夠的人潮，製造出一番熱鬧繁榮的景象。

　　台灣的小販對市場是否能夠具備這個有聚市作用的熱鬧景象非常關心，小販常以「成市」、「結市」（台語）來表示一個市場攤販及人潮的聚集是否已經達到一個標準，能夠製造出人氣鼎沸的熱鬧氣氛，能在顧客與小販增減的互動關係中，突破一個基本的門檻 （threshold），而也因此，我們說一個市場存在。「有市」或「無市」是另一個表達方式，只有小販並不成市，需要顧客聚集、熱鬧氣氛產生後方才有「市」，只有攤販及店家而沒「市」，更被描述為「冷清」或「散市」。一個不結（不聚）的市，只是一群位於同一地點但各自孤軍奮鬥之小販；用小販一般的說法，市就「散」了，失去了聚集人氣、生意的氣勢。而只有在人潮、商業活動、聲音、能量的相互作用達到某個程度，使得市場內部開始活絡起來，人們可以感覺到能量開始到處流竄，擁擠的人潮、吵雜的聲響、油煙的熱氣都不再令人厭煩，現場的景物與熱絡氣氛結合，鼓勵參與者融入其中去體驗此空間所蘊涵的意義，於是此交易場所開始「成市」，為大眾所認定，也才開始有個名稱。

　　台灣有許多夜市並不位於菜市場或廟口附近，白天時，這些地點一片冷清清，既無人潮，更無其他商業活動，但在傍晚時段，攤販開始進場，伴隨著下班經過的路人、來往的車輛，氣氛逐漸活絡，一個中國文化市場的意涵，在此空間逐漸顯

現。受訪者常清楚地以熱鬧與否來判斷一個夜市攤販的聚集是否「成市」，他們最常的表達方式爲：「這裡不夠熱鬧，怎麼叫做夜市！」

　　但是夜市的熱鬧氣氛從另一個方向來看，卻是亂象，因而夜市常被劃歸爲社會的邊緣空間。夜市的攤販經濟、生意行爲（例如討價還價）及整體的亂象，從現代化的眼光視之，常被認爲是今天台灣社會不應再存在的現象，它是國家所倡導的模範之反面，而攤販對國家約束的頑強抵抗，更是對國家權威直接的挑戰。在文化層次上，夜市所代表的大眾喜好，常被文化菁英批判爲粗俗，夜市所販賣的黃色書刊、錄影帶、非法但又廣受歡迎的賭博性遊戲及賣膏藥的脫衣舞秀，都被斥爲尋求直接快感的低俗享樂，與中國人一向自豪的精緻文化背道而馳；大量消費夜市攤販的廉價商品，亦使得關心現代社會文化道統及喜愛高級文化的人們，在抗拒資本社會商品化的侵蝕時，拿夜市當作攻擊的目標，把夜市描述成台灣這個 「貪婪之島」具體的表徵之一。夜市在文化系統之空間區隔中，被定位爲一個不正統的邊緣空間。

　　因此，夜市不若百貨公司，受到社會所肯定，在文化系統中擁有一個鞏固的地位。夜市至今仍在正當／不正當、合法／非法、中心／邊陲的分野上遊動。但是當夜市益加被邊緣化、被描述爲一個不光彩之經濟行爲盛行所在的同時，它所激發的想像及緬懷，又吸引很多人參與它的活動，我們可說夜市體現著正反兩種感情的並存，而很諷刺的是：那種愛憎關係常在夜市的地位越向邊緣流動時，所提供的樂趣反而越受歡迎。筆者

發現，人們在夜市的熱鬧氣氛中，常可隨意發抒、扮演在夜市
這個特殊場合所容許之具有叛逆意味的行為，使得逛夜市在象
徵意義上顯得異常顯著。在夜市中，禮節、工作、家庭責任等
例行公事的中止與象徵上之叛逆行為的表現好似一項儀式，帶
領參與者進入融合的狀態，而人與人之間根植於禮儀及道德的
階級與身分，能夠暫時排除。因此夜市常被描述成一個「自
在」、「平民化」、「無拘束」的地方，用一句受訪者的話來
說：「夜市是一個可以邊走邊吃、大聲喧嘩、穿短褲拖鞋就可
以去的地方。」

　　不同的評價、標籤及論述常同時存在於坊間人們對夜市的
觀念及官方的宣示中，人們往往以其中之一種論述來肯定或否
定夜市存在的價值。筆者對夜市消費者的調查即發現，當一些
中產階級在觀念上輕蔑夜市所代表的大眾文化的同時，卻發現
在夜市的熱鬧、紛亂中，體驗與群眾融合的感覺，實具有獨特
的樂趣；而就是因為夜市在台灣文化空間的分類系統上之邊緣
性，使得夜市成為台灣人將自身與日常生活的繁瑣與工作的約
束分離的地方之一。因此，我們也可以發現，到夜市的人其實
是「三教九流」的人都有，並不屬於社會上某一特別階級。

四、夜市的食物

　　夜市的食物通常被歸類為小吃，而至少從宋朝起，小吃即
是夜市最重要的特色，《東京夢華錄》、《都城記勝》及《夢
梁錄》的作者對宋朝開封及杭州的夜市之描述，都強調夜市令

人嘆為觀止之多樣性的小吃。《夢梁錄》的作者吳自牧更指出當時有許多只有夜市才供應的吃食。在今天，小吃仍是夜市最重要的特色，是建構夜市文化意義的要件；而夜市也常因其特有的小吃而聞名，台南市的Sakaliba、基隆廟口、台北圓環等老夜市的小吃都吸引許多慕名而來的顧客，因為這些夜市所提供之小吃有其特殊的意義，而捐棄原本對夜市的成見，如朝聖般地前來體驗這些小吃的獨特魅力。

「小吃」是中國食物系統中相當獨特但並沒有精確定義的項目（food category），基本上所有落於中國食物系統兩大基本觀念──「飯」及「菜」──之間的食物，都可以被廣義地包括在小吃的項目中，例如包子、餃子、麵、羹、糕點，乃至西式的麵包、餅乾、甜點等，在今天都被稱做小吃。小吃可說是飯與菜的結合，如「飯」，小吃可以吃飽，而又如「菜」，本身具有味道，所以又被稱為「主副合一」的食物；小吃可以成為一頓飯中唯一的食物，不需有其他的配菜，也可配合「飯─菜」的基本搭配出現，擔任配角的地位；小吃更常是「正餐」之外食用的食物，在日常之宵夜、點心時間出現，除了少數幾樣（如水餃），一般家庭通常也甚少烹煮這些小吃。

由於小吃位於中國食物系統飯菜主軸之外的獨特性，而常被賦予特殊的文化意義。例如小吃常標示著重要的節慶，粽子、年糕及湯圓等都是典型的例子，一般家庭只在節日或特殊場合才烹煮這些食物。以炒飯、炒麵替代白飯則是一般家庭宴客時表示鄭重及歡迎最常安排的方式；而小吃在正式宴席也擔當重要的角色，雖然大菜才是宴席中賓客的焦點，小吃則常被

用來象徵此次宴客的理由，如生日的壽桃及婚宴以「早生貴子」為題的甜湯；宴席中小吃也被用來標示進度，如「半桌」時常出現春捲、燒賣等點心，而甜點則常擔任最後一道菜。小吃也常在家庭聚會非正式場合時躍居為主角，親朋好友圍聚桌旁一起包水餃、吃火鍋的團圓氣氛，使得這兩道小吃常在團聚的場合取代一般的飯菜正餐，令人在用餐之餘更添加一份親密的感覺。所以在非節慶的日子，這些小吃在家庭日常飲食的出現，也常象徵著某些異於平常的意義。

夜市的食物承襲了小吃在中國食物系統的特質，它們是日常「正餐」之外或特殊節日出現的食物，適合宵夜點心及夜市的場合；這些在家庭並不常出現的小吃項目在夜市由小販終年提供，並有一些夜市攤位因為提供這些小吃而聞名。提供火鍋、羊肉爐、海鮮鍋等攤位或餐館也與夜市結合，並有許多攤位採用矮桌、矮椅，以進一步烘托享用這些食物時的親密氣氛。夜市小吃種類繁多，各具特色，許多是地方上食物特色的代表，到夜市享用這些家鄉食品，在過去為都市移民聊解鄉愁的方式；夜市小吃因為簡單而主題明確，容易為地方居民附加食物之外的意涵，較大菜更容易代表小地方的民風，成為台灣地方民俗文化的表徵。今天到夜市享用小吃是人們帶領外地來訪、尤其是國外來的親朋好友，體驗地方文化特色最尋常的方式，因而夜市小吃也常被冠以「地方風味小吃」或「鄉土小吃」等名稱。因此，消費者逛夜市之餘到小吃攤品嚐宵夜點心，也有離開日常的例行步調，在一個特殊的地方，享受異於平日之樂趣的意義。

夜市被視爲台灣殘存之民俗文化的代表和夜市的小吃有密切的關係。當台灣社會逐漸商業化的過程中,夜市的風味小吃顯著地成爲人們緬懷過去的對象之一,媒體報導的方式常強調小販及他們所製造的食物純樸、鄉土的刻板印象,更以傳奇性的故事來塑造小吃的形象,因此台南度小月擔擔麵煮肉燥的砂鍋四十年不曾清洗的故事,或是新竹貢丸不計工本、純手工製造的例子,常成爲這些小吃攤的註冊商標。如此的描述方式,將市井小民的夜市小吃對照於工業社會的現代食品,以前者令人懷舊的特質,賦予夜市小吃另一層面的現代意義。所以夜市小吃不只"good to eat",它們尚且"good to think with",吸引著無數的消費者,如朝聖般地,前來品嚐一下地方風味小吃所代表的特殊文化意涵。

五、夜市的經濟型態

夜市主要由小型的銷售單位(攤販)組成,若將夜市產品的生產與批發亦包括在內,夜市經濟所反映的是台灣以中小企業爲主的經濟組織型態。夜市多由攤販組成,大型的固定夜市則尚有一些商家因爲夜市聚眾的能力而進駐,這些商家中有一些是資本較爲雄厚的連鎖店,近年來更有集團資本的連鎖店(如統一超商及麥當勞)及百貨公司,逐漸在夜市的外圍建立據點,而呈現夜市經濟「資本化」的趨勢,其他商家則和攤販一樣都是典型的小企業,多以家庭企業的型態存在。同時,在這些攤販及商家背後,尚有無數同屬小型企業的批發及製造

商,為夜市製造商品或準備小吃攤的半成品,因而夜市經濟不只和數十萬的攤販人口有關,更關係著無以計數的供應商及勞工。

夜市的發展和台灣經濟的成長過程有密切的關係,也因此反映著台灣經濟企業組織的特色。台灣從六〇年代後期開始發展進口替代,所生產的輕工業產品逐漸奠定現代消費主義興起的基礎,大量生產的廉價民生用品逐漸取代過去裁縫店、委託行的商品;七〇年代中期的石油危機引起之世界性經濟蕭條,更造成攤販銷售廉價現代消費商品之契機,攤販紛紛以「外銷退貨」的名義推銷產品,一方面造成夜市的盛況,並取代傳統跌打損傷膏藥、五金、卜卦等夜市行業;另一方面,夜市小販所造成的「切貨熱」,也奠定夜市成為台灣輕工業產品主要銷售中心之一的地位,有效率地將成衣服飾、小家電等民生用品,銷售給七〇年代工業化所衍生之龐大薪資階級及都市居民。在這個潮流中,許多以切貨名義兜售的產品,其實是一些小工廠(而非從事外銷的製造商)專門為此等級的市場所製造的——松山五分埔生產的所謂粗盤成衣即是最典型的例子;今天這個部門的製造業仍是夜市攤販主要的供應商,它們多是小型、沒有營業登記的地下工廠,針對夜市所代表之流行潮流變換快速、業者惡性競爭的市場與消費文化,設計產品,爭取生存的空間。因此夜市經濟組織型態,可說具體呈現台灣社會以小型家庭企業為主、經濟分割微小單位化(compartmentalization)的特色。

這種經濟組織的型態顯著地影響著夜市消費文化的取向。

台灣小型製造業的生存要件之一，在於必須能夠把握流行的動向（尤其是日本市場流行的趨勢），以顯著但多樣式的設計，利用價廉、較低品質的材料，快速推出，以爭取瞬息萬變但有限的市場。成衣服飾業是典型的代表，精於開發新產品者在換季時，因應世界流行趨勢的走向，設計適合台灣消費品味的產品。因爲競爭激烈，業者多採取少量、多樣式的策略，跟著市場的銷售指標，隨時調節設計與生產。因此，在季節之初，我們常可看到非常多樣式的成衣服飾出現，經過市場的考驗後，無法「跑」起來的商品常被「切」給鄉下的販子，少數銷售成績好的款式則會被眾多的廠商模仿，在極短的時間充斥大城市的夜市，並在市場快速飽和後，又很快地消失。再者，因爲攤販商品屬低價的次級品，顧客較不在意明年流行取向轉變時，這些服飾是否已經退流行，因而廠商在設計上，儘可強調流行的取向，以抓取崇尙流行的顧客，不似名牌商品在設計上需顧慮商品的壽命（試想誰願意花高價購買穿一季就「穿不出去」的服飾），因而在設計上雖融入流行趨勢，但刻意不過分誇大。

這種現象——多種樣式、強烈呈現流行的設計及商品快速替換——亦會在其他日常消費品（如某些小家電、廚房用品或文具等）出現，成爲台灣中、低層消費市場一個相當有趣的特色，而藉著夜市有效率的銷售網絡與廣大的消費群眾，以小型企業型態存在的台灣日常生活用品製造業對台灣的消費文化實具有極大的影響。

夜市的經濟組織型態也關係著夜市所呈現之傳統意涵。小

販販賣的雖是代表著現代消費文化的流行商品，但是攤販呈現的人際關係與夜市意涵的結合，卻成為台灣鄉土文化的象徵。「『店頭家』熱情敦厚，不時夾雜著招呼、吆喝聲，行人三三兩兩閒散遊蕩，構成一幅淳樸和樂的景象」，是媒體報導與抒情散文介紹夜市的表達方式。從這樣的描述，我們可以知道人們踏入夜市，不只因其空間的擺設、傳統小吃及衍生的意涵，而是進入一個塑造出來的文化情境；與此同時，人們也進入一套夜市攤販的經濟型態所呈現的人際關係，而這個地方所蘊涵的情境及社會人際關係，常被描述為鄉土、淳樸、道地、真實且非刻意營造的。所以夜市雖是現代消費文化非常重要的傳播機制，但卻又是人類學者所謂的「文化觀光」場所，是台灣鄉土文化仍然存在的具體象徵。

六、結語

探討夜市的消費文化讓我們觸及中國社會一些相當基本的課題──包括時間、空間、食物、攤販的經濟型態，及因此衍生之傳統相對於現代的論述。這些文化面向的交互關係，一方面定義著夜市在現代台灣社會的意涵，並架構出夜市的消費文化；另一方面，亦說明著夜市歷史傳承的延續性及其與台灣現代社會的結合。台灣的夜市雖然歷經改變，但是這些文化面向之間相互交織出來的結構性關係，不但依然賦予夜市豐富的意涵，更凸顯夜市在現代社會所象徵的傳統意涵，帶領消費者尋求在夜市空間中的感受與行為模式。此篇短文即在說明，我們

若循著這些文化脈絡來觀察、思考，夜市可說提供一個視窗，容許我們深入探究台灣人民的生活與文化。

———————————

＊Yeung（1973, 1978）曾從地理學的角度研究過新加坡的流動夜市（pasar malam）的分佈與功能，但是並未探討夜市的文化意義與經濟組織。其他的研究（如Mc Gee and Yeung, 1977）則多以「攤販」為研究的對象，將日夜間、早晚市的小販都放在一起分析，並未特別探討夜市的現象。

消費、階級與身分政治：
深圳女工的經驗

潘毅（香港大學亞洲研究中心）

一、前言

傳統經濟社會學的研究重點，多集中在生產領域方面，階級、職業和工作被認爲是現代社會最重要的經濟生活；消費領域的研究往往被忽視，消費活動更被視爲次要於生產活動，對於認識人的階級位置和階級意識並沒有重要的影響。近二十年來，經濟社會學矯正過去的偏差，開始重視消費活動對人類社會和經濟生活的影響，部分英美學者更認爲自八〇年代開始，先進的歐美社會已經進入消費主義的時代，人類的經濟活動都爲消費活動主導。

一位英國社會學家Rosemary Crompton（"Consumption and Class Analysis," in *Consumption Matters,* edited by Stephen Edgell, Kevin Hetherington and Alan Warde, 1996）指出消費活動其實與階級分析息息相關，決定個人的階級位置並不限於傳統的生產領域，有不少研究已經指出，不同的消費模式可以影響甚至鞏固個人的階級位置，亦可以塑造個人的階級意識。反之，不同的階級位置，也會直接或間接地影響其消費行爲，當然兩者之

間的關係千絲萬縷，不易也不應將之簡單化。

　　本文嘗試用中國大陸深圳女工的消費活動來說明消費經濟社會學的三個主要課題：(1)消費和階級之間的關係；(2)消費與社會身分的互動；(3)消費與日常生活及人的自主性。本文所採用的資料來自於1995至1996年間本人在深圳對女工所進行的田野研究，女工們豐富的生活，提供了不少讓我們認識消費行為和理論的好機會。

　　深圳的女工，大部分是來自農村的民工，是中國大陸近二十年的改革中新形成的勞動階級，她們脫離鄉土，不怕勞苦地來到城市尋找工作，往往一做便是三、五年，成為城市新興的無產階層。以深圳作為一個經濟特區為例，近三分之二的人口便是由這些民工所組成。由於這些民工沒有城市戶口，另外她們的經濟收入也太低，不足以維持她們在城市過「黑市」生活，因此，即使有一小部分人已經在城市工作超過十多年，她們並沒有在城市生活的權利。這種奇怪的現象造成對民工極大的剝削，她們實質上是城市新興無產階級，卻沒有勞動階級的名義，她們並不被視為傳統的工人，擁有一切受城市保障的生活和工作權利。這種獨特的階級結構和關係將直接影響她們的消費行為和經驗。

　　近年來研究階級和消費行為的學者往往集中於研究中產階級的消費活動，並受法國著名社會學和人類學家Pierre Bourdieu的影響，認為中產階級透過各種途徑來塑造他們各自獨有的消費模式和特徵，把其他階層的人排除或隔絕，消費作為一種最重要的文化資本，就是用來維繫和鞏固階級地位。這些研究雖

然有貢獻，卻忽略了勞動階層和弱小群體的消費經驗也有同樣的重要性。深圳女工的消費經驗告訴我們，勞動階層的消費活動的的確確存在著維繫社會不平等的功能，女工的階級位置決定了她們在消費領域的不平等對待，甚至嚴重歧視。

二、消費和階級

深圳民族文化村和世界之窗是旅遊消費重點，每一個女工都希望到那裡遊玩，她們特別對世界之窗好奇，因爲整個公園像一個縮小的世界遊樂場，仿造各國的著名建築物，像巴黎鐵塔、倫敦大橋、古埃及金字塔等等都羅致俱備，是女工的夢想之地。可惜世界之窗的入門票十分昂貴，並不是一個普通的女工可以負擔。像世界之窗厚厚的圍牆一樣，它象徵著富裕、夢幻、新天地和疆界；圍牆內外有別，貧富懸殊。儘管牆裡的東西都是假的，它所代表的卻是一個女工夢寐以求而又無法達致的新世界。在這真假之間，畫下了一條階級有別分隔線。

當然，並不是說每一個女工都無法進入世界之窗，只是闖進了，也要付出代價。這種代價不單是經濟性的，同時也是文化性的。由於我和其中三位來自四川的女工比較要好，有一天便邀請她們到世界之窗玩耍，她們高興極了，到處拍照，儘量把自己嵌進一些擬幻似真的景象裡，好像自己真的能跨越階級界限，進入另一個空間，開拓種種新的生活經驗。

她們的興奮很快便受到挫折。由於是星期天，世界之窗充塞著來自各地的遊客，從衣著外表看，他們大多是城市富有階

層的人士，而和我一起來遊玩的三位女工卻很明顯是來自農村的民工。由於人潮洶湧，一些著名的景點更成為爭先恐後要拍照的地方。她們已經儘量忍讓，可是有時因為樂而忘情，忘記別的遊客在等待，於是劈頭便是一句：「打工妹，讓開點吧。有工不做，到處跑。」三位女工的興致頓時一掃而空，這一句話的弦外之音像是在說，打工妹應該留在工廠裡工作，她們不應跑到世界之窗來，那裡沒有她們的位置，不同的人應該做著不同的事情。

消費領域表面是公開、沒有等級之分，可是很明顯，誰有資格消費，誰沒有，卻是一個階級的問題。打工妹的階級位置排拒她們進入高檔的消費領域，萬一闖入了，也將受到歧視。出自語言的歧視是文化性的，可是卻和經濟關係糾纏不清。深圳女工在消費領域所受到的歧視比比皆是，包括平日到報紙攤買雜誌、理髮店剪頭髮、搭乘公共交通工具等等，都處處受到不禮貌對待。她們也習以為常了，這無非是她們來自農村民工的身分，在城市人和在她們自己眼中都是低人一等，歧視便因貧窮和她們的階級位置而合理化了。

三、消費和社會身分

在中國的女工，她們的階級位置除了是由本身的經濟能力所決定外，國家政策也扮演重要的角色。戶口制度雖然逐步瓦解，卻仍然限制民工在城市生活的權利，城市有許多服務和消費也因此將她們拒諸門外，否則，便要付出比城市居民高出數

倍的價錢，例如最基本的醫療和教育服務便是。一位女民工到醫院看病，假如她沒有本地戶口，收費是本地人的三倍，有時一點小毛病，也會去掉她半個月的工資。在深圳工作的女工，每個月平均有五百元人民幣工資，扣除住宿，一般能留下三百元作積蓄，由於城市的消費昂貴，她們都很謹慎地花錢。

　　為配合發展，深圳到處辦了很多非正式的職業教育文憑課程。從農村來的民工，一般教育程度不高，在工廠的生產線工作了兩、三年後，往往也想學一些打字、文書和電腦資訊的知識來提升自己，因此那些文憑課程極受女工歡迎。可是，她們往往需要付出昂貴的學費，一學期一千多元的電腦課程，便奪去了她們勞苦一年的儲蓄。她們有時也感到不公平，可是一句「誰叫我們是打工妹」便把氣憤消滅掉。她們的社會身分彷彿注定了她們不單要在生產領域裡受剝削，也必須在消費領域裡處處受歧視和不公平對待。

　　中國女工的社會身分之所以卑微，究其原因是城鄉的貧富差距太大。城市出口導向的輕工業發展，又需要大量農村年輕的勞動力，因此便把農村大量的剩餘勞動力吸引到城市來。可是城市的發展卻只顧及本身的利益，不願意看見這群勞動者真的轉化為城市工人，繼而加重市政府的負擔。因此用一種行政手段，阻止民工的社會身分真正轉化，他們要這些民工知道，縱然在工廠裡幹了十年八載，一旦離開了工廠，誰也要再回到農村裡去。民工的身分始終是農民，城市並不屬於他們的。

　　深圳在短短二十年內發展成一個現代化城市，高級的商店、娛樂場所和咖啡廳比比皆是，只是它們的外觀已判斷了什

麼社會身分的人可以光顧。又有一天,我非常口渴,於是堅持邀請兩位同伴的女工到附近的咖啡廳,結果卻令我非常後悔。兩位女工坐下後,看見飲品的價格昂貴(一杯咖啡的價錢相等於她們一天的工資),便開始議論起來,其中一位說:「一杯奶茶為什麼需要十二元,十二元用來自己買茶葉和牛奶,可以沖十多杯。」另一位又說:「這些店子,都是騙人金錢的地方,我們下次不要進來。」咖啡廳的侍應開始對我們白眼,服務態度非常惡劣,最後還說:「沒有錢,便不要進來,打工妹不要在這裡說三道四。」

打工女的社會身分,導致她們在消費活動中遭受歧視,反之,消費經驗在日常生活更進一步鞏固她們不合理、不平等的社會地位。這種循環的結構性關係,制約中國女工的階級位置、社會身分和抗爭的可能性。可是任何一種結構性的關係,都不是自我封閉的,消費領域所存在的彈性和突破口都比生產領域大。以下我們要討論的便是在這種消費結構和關係的制約下,中國女工是否可以找到反抗之處。

四、消費與日常生活的自主性

消費活動和日常生活之間的關係非常密切,衣、食、住、行無一不和消費行為有關。本文的前半部討論了階級關係和社會身分如何影響消費活動,而消費行為反過來又進一步鞏固既存的不平等現象。現在我們要探討的就是中國女工在面對這種壓迫性的結構時,如何反過來利用消費活動來改善自己的社會

身分，甚至改變自己的命運。改變衣著和改善外表，是深圳女工常用的生活策略。

「人靠衣裝」，深圳的女工一進入工廠工作，便會換上T恤、牛仔褲，從衣著告訴別人自己已經洗腳上田，眞正成爲工廠女工。工作了一、兩年的女工由於受到城市消費文化的引誘，便開始懂得美容化妝，唇筆、指甲油、潤膚膏、晚霜是她們喜愛的消費品。晚上停工後，她們最喜歡便是在宿舍裡談論如何裝扮自己，以及到什麼地方買又便宜又好的化妝品。徹頭徹尾地改變自己的外貌是她們的夙願。

來自農村的女工常在廠裡被來自城市的管理階層取笑「粗手粗足」，她們要設法改變的便是這種粗鄙的形象。因此我們不難發覺在生產線上工作的女工，都喜歡替自己的手指甲染得漂漂亮亮，色彩奪目。此外，她們要改善的便是經太陽曝曬而較黑實的膚色。城市人皮膚較白，她們便想學城市人，購買漂白雪花膏來讓自己的皮膚變白。

東方市場是深圳女工們消費的好去處，也是符合她們的社會身分而又能幫助她們改變身分的平民消費場所。星期天和休息日晚上，女工們便三五成群地結伴到東方市場逛街，各式各樣的衣服、鞋襪、手錶和化妝品林林種種，價錢又合理便宜。女工們便是在這裡尋找適合自己的貨品，以求把自己打扮得漂漂亮亮，拉近和城市人外表的距離。這種消費活動使每天辛勞工作十小時的女工取得滿足感，她們不斷努力改變自己，並且使這種改變成爲有可能。她們雖然不能靠集體的力量反抗結構性的不平等和歧視，卻能靠自我改善，而儘量改變自己受歧視

的處境。消費活動可以一邊剝削女工，也可以一邊令女工自我改善，以致自我提升。

　　女工們另外一個自覺的消費活動，便是到一個稍微摩登的理髮店剪一個時髦的髮式，改變自己的外觀。紮辮子是農村姑娘的特徵，它象徵落伍、貧窮和非現代。把辮子剪掉，是她們的自覺要求，也代表了她們決心做一個工廠的女工。把頭髮燙曲更是一種投資，普通的價格也必須花上一個星期的工資。可是對於她們來說，這種花費是值得的，把自己妝扮得煥然一新，除了能滿足愛美的天性外，更能改善社會身分。

　　由此可見，透過各種合宜的消費活動，女工不單可以在她們艱苦和不斷重重複複的流水線工作後，取得一刻的快樂，更可以利用消費行為，美化、裝扮以及改造自己。使自己成為一個現代化工廠的女工是她們的自覺自主要求，這種要求是文化性多於技術性，要掌握生產線上的技術，對於她們來說，一般只需要三至五個月，要改變自己的外貌和行為卻往往複雜得多，沒有充足的時間和金錢是沒有可能的。我們可以見到每一個農村來的民工，在工廠裡工作上一、兩年後，都幾乎把自己改變成一個新的人種。現代化的城市女工身分，遠遠地吸引著她們。

五、小結

　　階級位置和社會身分造成中國女工在消費領域裡遭受歧視，種種的例子說明消費活動可以繼續鞏固不平等的階級關

係。可是，中國女工作為一群有主體性的社會個體，同樣曉得透過某些消費行為，來改善自己所面對不公平的處境。在改進自己的階級位置和社會身分方面，她們也能主動參與某些適合自己的消費活動。因此，在消費領域裡，她們不是一些被動被壓迫的個體，反之，她們也可以是積極的主體，努力透過消費活動而改善自己的階級位置。

香港服裝西化的歷程及其社會學意義

陳效能（嶺南大學社會及政治學系）

一、消費文化的社會學意義：就服裝而言

消費活動是最基本的經濟現象之一，連從來沒接觸過經濟學的人都知道「消費物價指數」、「消費者信心」等東西都是跟一個社會的經濟狀況關係密切的。近期東南亞「金融風暴」引致整個地區多個社會的經濟系統陷入困境，就以香港爲例，市民消費能力及意欲減弱，導致零售及飲食業市況跌至新低，而經濟評論員多把市場內部消費視作經濟復甦的重要指標之一。但消費除了是個不折不扣的經濟學現象外，它的社會學意義近年亦開始受到重視。

「消費」這兩個字在一般人眼中可能跟「花錢」或「買東西」沒什麼大分別，某程度上他們是對的，但「消費」除了指使用金錢換取貨物或服務以外，亦包含了消耗、用盡，甚至是吞食等的意思（尤其當我們細看英語consume一字時），而「消費者」（consumer）更是「生產者」（producer）的相反詞。「生產」一般涵義是正面、有建設性的；而「消費」涵義則較負面，容易令人聯想到「浪費」及對社會「沒有貢獻」的意思。這點在現代較富裕的社會中比較明顯，原因是大部分的經濟活

動都跟滿足「基本」需要無關（如花錢買美容護膚品、名廠球鞋、法國紅酒等）。加拿大一本雜誌*Adbuster*便是一本專門針對現代富裕社會如何受到由跨國企業及廣告商為首所創造的消費文化所毒害的雜誌。「消費」既是經濟現象，亦是生活方式及文化。它是一種為個人提供生活意義、主觀身分認同，以及和別人溝通的工具之一。其中衣著便是消費品中最具明顯文化意義的一種，除了語言、面部表情及身體語言外，衣著很可能是最有效的溝通方法，從一個人的服裝打扮，可以猜到他的工作類型、階級，甚至是性格等。

「人靠衣裝，佛靠金裝」帶出了表面形象包裝在現代社會的重要性。自有人類歷史以來，自我裝飾（self-adornment）一向是用來表達個人身分和社會地位的重要工具。除此之外，社會整體人口服裝的轉變亦可反映其經濟及社會文化的變化。反之，個人或社群服裝消費的改變則反映其主觀身分及文化認同等問題。比如說，日本女性從和服改為穿西式服裝，中共六、七〇年代的全民解放軍裝，都反映出這些社會文化及政治經濟的特質。個人方面，一向穿慣了菊花牌內衣褲的你改買Calvin Klein，亦或多或少說明了你主觀身分或經濟地位的改變吧？

本文以下部分將探討香港服裝「西化」過程反映出香港社會結構及文化的一些變化。接著下來的一節我先簡述香港自開埠以來一般人的衣著經過的改變，之後我會嘗試分析這些改變的具體原因及其社會學意義。

二、香港服裝簡史

香港雖然經歷了英國一百五十多年的殖民統治，但英國文化在香港的影響，只是極之表面和有限。英國視香港為中國貿易市場的踏腳石，亦從沒否認香港無論地理或文化上來說都是中國的一部分，更加意識到「回歸祖國」只是時間而非原則的問題。這些原因都解釋到為何香港的「西化」極為表面，香港人的家庭觀念、迷信的程度，以至起居飲食都仍然十分「中國化」。話雖如此，香港人的衣著可說是徹底的「西化」，今天遊客們（還有誰？）若想看到仍然穿著中式衫褲的香港人，必須到新界地區或離島的村莊才可見到那些「傳統」的中國人。市區地方大部分人的衣著多以西式便服為主。

香港在十九世紀中期割讓給英國以前，居民大多以漁農業為生，衣服一般簡陋，以實用、耐用及舒適為主。不論男女，大多穿寬身衫褲（所謂的「大衿衫」），較富裕或講究的人家，男的多穿長衫馬褂，女的則以套裝襖裙及旗袍為主。1841年正式成為英國殖民地後，香港華人的服裝沒有什麼大變化。原因有兩個：一方面，英國政府無意把華人納入其文化體系之內，二方面，香港不少華人對這地方多抱「過客」心態，除了原居民外，大多視香港為一謀生之處，他們（多為男性）必有回鄉的一天。故此英治初期，一般華人對西方文化只是好奇居多，並沒有濃烈興趣。除小部分華人「買辦」、公務員（以翻譯為主）及專業人士外，一般香港人和西方文化的接觸極之有限。

十九世紀末至二十世紀初，香港的社會階層結構極為分明，任何穿著西式服裝的華人十居其九是屬於與西方文化有直接來往的人，亦即不外乎商人、公務員，或曾放洋留學的菁英，全屬當時社會的中上階層。一般華人沒有接觸西方文化的機會外，亦沒有穿著西服的能力（倘若有足夠金錢亦未必知道往哪兒找西服！）；當時勞動階層大都生活艱苦，改善甚至是改變衣著並非首要事項。以上因素使香港直至第二次世界大戰以前西服並不普遍。

大部分香港人今天所穿的都是西式成衣，這個似乎是理所當然的現象只是近二、三十年才普及起來。嚴格來說，七〇年代以前，很多人的衣服都是婦女在家中縫製或是由裁縫度身訂造的。根據《香港服裝史》（香港服裝史籌備委員會編，1992）一書所指，1948年全港只有八十八間西式女服店，大多為客人來料訂造或提供衣料供客人自選，可見女裝西服供應有限。相反地，男性當時已多由中式衫褲轉為穿襯衫及西褲，尤其市區非體力勞動者為甚。女性方面，從事服務行業和一般勞動工作的仍以中式衫褲為主要服裝。教師、公務員等則多穿改良過的旗袍（廣東人稱為長衫）。長衫可說是公認的中式女裝，雖然它的性質到底有多「中國化」仍值得商榷，但至少長衫並非西式服裝。傳統滿清旗袍是寬身的長袍，並非長衫那麼貼身，更加不會出現裙身開側叉或短（甚至無）袖等的設計。二十世紀長衫的變化或多或少受到西方時裝潮流的影響。但為何西式男裝比女裝更普及，更受歡迎呢？

香港戰後經濟發展急速，令非體力勞動的職業增多。從事

工廠或文職工作仍多以男性爲主。這些工作的性質要求較端莊的衣著，但傳統的長衫除了令穿者行動不便外，更重要的是價錢昂貴。相反，大量生產的西式成衣如人造纖維襯衫及西褲，不但價錢相宜，方便實用，更能配合許多男性工作的需要。四、五〇年代仍然穿著唐裝衫褲的男性則多從事較低下階層工作。女裝方面，不少女性仍穿中式衫褲爲主，較爲講究及追上潮流者則穿長衫。在香港長衫流行的全盛期五〇年代中期，估計全港約有二千名長衫裁縫，可見其普及程度遠超過西式女裝。「長衫熱潮」主要來自上海，中共成立後大量移民湧入香港，單是1954年便有超過六十六萬名難民到港，1941年至1950年間則共有七十萬人到港。除了來自廣東各縣的難民外，亦有不少從上海到港的企業家、電影業從業員及裁縫。改良過的旗袍估計源自當時中國最多與西方文化接觸的城市——上海，貼身的旗袍令女性身形看上來較修長，較接近當時西方時裝設計的線條。對香港女性而言，長衫代表著追上潮流及現代化。

　　一直到了六〇年代中期以後，香港女性才開始多穿西服。一般歸因於六〇年代香港受到西方青年文化影響，迷你裙、針織上衣、圖案及顏色大膽的衣服成爲潮流，繼而令女性（尤其年輕女性）摒棄長衫，改穿西服。但這原因並不能解釋爲何香港的男性比女性更早在衣著方面變得西化。更徹底的答案可能是和男女性於五、六〇年代不同的勞動市場參與率有關。雖然香港的經濟於戰後急速發展，當時仍以轉口業爲主的勞工市場對女性工人需求不大。一直到了五〇年代韓戰期間，聯合國對中共實施禁運，直接影響到香港的經濟，才「迫使」香港走上

出口導向型生產的道路。到了七○年代輕工業生產成為香港經濟重要的一部分，外資工廠紛紛開設，廉價勞工的需求激增，女性（尤其年輕女性）亦開始進入勞工市場。當年輕女性有獨立的賺錢能力，她們作為消費者的身分更加明顯，可見女性服裝消費轉向西化有一定程度上受到香港整體經濟發展的影響。大量生產的西式衣服不但價錢遠比訂造的長衫便宜，款式又比中式衫褲更具「現代感」，更能迎合女性在公共空間所扮演的新角色。

雖然經濟發展直接影響消費者的需要及消費能力，香港服裝的西化在一定程度上亦受到大眾傳播媒介及流行文化影響。隨著香港土生土長年輕人的成長，流行文化亦變得以年輕人為中心。電影方面由早期的古裝片、戲曲及以家庭倫理為主題的影片，轉為以年輕人享樂、愛情及友情為主題的時裝歌舞片。其中以六○年代中期為甚，造就了紅極一時的青春派偶像（如陳寶珠及蕭芳芳），她們亦成為年輕女性衣著潮流的指標。到了七○年代，電視成為一般市民的主要娛樂，電視明星的衣著亦對香港人的時裝消費觸角及品味有一定影響。

到了二十一世紀的今天，香港人的時裝已可說是跟世界時裝潮流同步。世界各地所流行的牌子、款式及顏色在香港街頭均可第一時間見到。今天在香港仍然穿著中式服裝的人已甚少，除了特別場合（如歌星劉德華為服裝店「上海灘」宣傳其「穿華服日」）或從事旅遊服務行業者（如在高級酒店洗手間內「侍候」各位的中年男女工人）外，中式服裝只會在成為世界時裝潮流的一部分時，才會被消費者垂青。亦即是說，香港的

服裝可以說是徹底的西化了。

三、經濟發展、文化身分及服裝消費

上文描述香港服裝西化的過程，似乎暗示經濟發展和服裝西化有著不可分割的關係。環顧世界各地的「先進」社會，亦即經濟發達的社會，人們不都是穿西式便服為主嗎？似乎只有那些十分「落後」或窮困的社會才不同吧！似乎那些不以西服為主的社會都給人一種「落後」及「古老」的感覺，如印度、尼泊爾及中東國家等。西式服裝和「現代」的關係無可否認是存在的，並和西方經濟霸權有直接關係，但這並不代表經濟發展和服裝西化之間的關係是直接和必然的。兩者之間的因果關係是一種需要被解釋的關係，而並非「自然」或「必然」的。就以香港的例子而言，上一節我們已討論過在香港經濟「起飛」時，長衫比西服更加普及和受歡迎，更加被女性認為具「現代感」，可見不一定所有「西式」的文化都會無條件地被一個社會等同為「現代」的。

根據世界系統理論（world system theory）的看法（Immanuel Wallerstein, *The Capitalist World-Economy,* 1979），世界資本主義系統的發展不是個別經濟體系的發展，而是整個世界系統的發展。個別社會分別位於世界資本主義系統的中心（core）、半邊緣（semi-periphery）及邊緣（periphery）部分，而個別社會經濟的發展情況，視乎它處於整個系統的什麼部分及其他次系統的發展狀況。世界資本主義系統發展的特質是它必

須要不斷找尋更具生產效益的生產方法，增加利潤。除了發展新的生產科技外，使用更廉價的勞工及拓展新的產品市場亦同樣重要。這系統發展的邏輯本身會不斷把其他社會的經濟體系納入其中，而香港亦不例外。香港由轉口業轉向出口導向的輕工業，除了受到中國禁運影響外，西方國家戰後經濟蓬勃，內部消費需求激增，工資上漲，「迫使」資本家到外地找尋更理想的生產地。電子業及成衣業這些需要大量勞工的工業正好配合到當時大量由中國內地到香港的難民，為他／她們提供就業機會。這個耳熟能詳的香港經濟發展「奇蹟」的故事，又和香港服裝的西化有何關係？

一個社會的經濟發展除了會導致外資流入、就業機會增加、人民生活水準提高等社會現象外，亦會有可能導致一些意料之外的效果（unintended consequences），而經濟發展及位於世界系統中心的社會文化「流入」系統半邊緣或邊緣的社會內，便可能是這樣的一種意料之外的效果。隨著西方國家紛紛在香港開設生產線，一些「貨尾」（即出口剩餘的或有瑕疵的貨品）便開始在一些設於工廠區的「出口店」出現。最初對這些「貨尾」產生興趣的並非一般女性，而多是那些本身在工廠區工作的中產階級女性及她們的親友等。這群收入相對高，又經常和西方服裝最新潮流有接觸（基於工作關係）的女性，在六〇年代末及七〇年代初期，並不容易在香港一般市面上零售店買到西式成衣，這些出口店便成為購買追上西方潮流服裝的熱門地點。這些並不多人知道的消費熱點令商人們開始意識到香港西式女裝成衣市場的潛力。隨著經濟持續增長，專售西式

女裝的成衣零售店便紛紛開始出現及普及。

　　前面提到資本主義世界系統的發展必須不斷開拓新的產品市場，不斷刺激消費，創造新的需求及消費者對於物質及生活的欲望。就服裝而言，雖然中式衣服曾經歷過不少變化，但這些變化相對於西方衣服的變化來說是有限的。就算是花式多多的二十世紀長衫，其基本款式變化不大。更重要的是，長衫講究剪裁的功夫，很難大量生產。加上七〇年代開始，裁縫行業缺乏新人入行，使長衫的價錢亦相對提高，越來越少一般婦女可以負擔得起。

　　西式服裝對於消費者有什麼文化意義，而這些意義又跟西服的普及化有何關係？先前提到西式時裝的變化較中式時裝變化多，剪裁沒那麼多限制，大量生產後更是價錢大眾化。這些基本的因素除了解釋到西服的普及外，亦可以代表著及滿足到消費者對於「現代化」及「現代感」的憧憬及欲望。相對於「傳統」，「現代」是多變、新鮮、除舊的；而時裝正是一個最徹底地「現代」的系統。它歌頌短暫的快感（穿一季便丟掉！）、多變（天天新款！）及個人（我的品味！），這些都是完全地配合到「現代感」的特質，當然亦能配合現代資本主義發展所需的東西（如不斷創造新的欲望及需求）。

　　西式時裝除了配合到現代化及資本主義的特質外，對於六〇年代中期（亦即西式女裝開始在香港普及的時期）的香港來說，可能有多一重文化意義。前文提過五、六〇年代有大量難民由中共到港，他／她們大多是為了逃離中共的政治及經濟環境而到香港來的，六〇年代中期中共發生的一場文化大革命，

除了在中國內地本身掀起了巨大的社會文化改變外，在香港亦產生不少回響，不少人亦認為1967年香港發生的暴動和文革有一定關係。當時中共由黨領導層至平民百姓一律以解放軍裝為主，所有衣服、髮型及其他裝飾一律以簡樸為原則。不用說西式服裝，連顏色較鮮艷的布料亦不得見天日。對於那些剛剛從中共逃難到香港的人來說，在文革期間全面地接受及投入西式時裝的懷抱中，除了是個人正式成為「現代人」的象徵外，更深一層的文化意義是象徵著他／她們和中共地理上、心理上及精神上的距離感。穿上迷你裙、夏威夷襯衫、架上墨鏡，是認定自己不再在中共生活及已「脫離」中共影響的最佳證明。

四、二十一世紀香港服裝／時裝的社會學

「服裝」所指的乃任何穿在身上的衣服裝飾，它和時裝二字的意思，正如前文所說，是完全不一樣的。時裝（fashion）的意義是指「時下」或「時款」的裝束；它的存在是包含著「變化」這特質。不變的，便不是時裝。現今香港可以說正式成為世界時裝體系的一部分，時裝的社會學除了包含著它和經濟發展、跨國企業及世界資本主義系統的關係外，它的文化意義跟傳媒及其他文化中介人（cultural intermediaries）的關係亦十分重要。要了解二十一世紀香港社會的時裝消費文化，需要顧及的因素亦因而變得更多、更複雜。

飲苦茶

鄭詩靈 (牛津大學社會文化人類學研究所)

一、前言

童年陰影之一是「飲苦茶」。每有小病纏身，本來蠻慈祥的祖母都要軟硬兼施，聲嘶力竭上大半個小時，方能把那碗熬了幾個小時又濃又黑的涼茶送到我嘴裡。生病本身倒沒什麼可怕的回憶，「飲苦茶」的苦苦掙扎卻十分難忘。

奇怪的是，二十年後的今天，我卻自動自覺走進裝修門面不再「老套」、「古舊」的新裝涼茶鋪，花上十元八塊，皺著眉捏著鼻子咕嚕咕嚕，喝下一碗「特效（苦）廿四味」。就如其他在廣東長大的孩子一樣，我對「涼」、「熱」等飲食健康概念與日俱增。同時間，涼茶鋪已於這二十年間進行了革命性的演變，成爲九〇年代香港消費文化潮流重要的一環。

此文藉著涼茶鋪於香港百年的歷史，探討香港於十九世紀後期至二十世紀末文化、政治及經濟的變遷。作爲中國廣東民間傳統之一的涼茶，在香港這英國殖民地廣泛流傳，不但能安度七、八〇年代現代化及科學化的衝擊，更於九〇年代成爲嶄新的潮流焦點，涼茶鋪的確功不可沒。究竟涼茶鋪如何立足香港？其間又經過多少變革、扮演多少個角色？如何跟香港人的

生活緊扣在一起？涼茶鋪興衰榮辱一世紀，可說是香港歷史珍貴的一課，更是香港經濟文化的一面鏡子。文末所提出的論點，是涼茶鋪於九〇年代興起，實屬這「浪漫中國懷舊熱」時期的一部分。這懷舊熱是在一百五十年英國統治後，香港人於面對「回歸祖國」時所出現的認同危機的一種回應。浪漫化的中國文化成為香港人對中國認同的一種演繹，涼茶鋪則成為這認同實踐的一個舞台。

二、醫「飲」同源的涼茶

「涼茶」是廣東人對中國傳統醫學理論的道地演繹。健康之道在於「氣」之陰陽調和，人體與天地萬物之間的「氣」要調理得當，方能身心平和。廣東一帶天氣既濕且熱，易患「熱毒」之症——青春痘、喉痛聲沙、消化不適甚至感冒發熱等均屬「熱症」。涼茶是家傳戶曉的民間療方，由各種草藥配搭熬製而成，既生津解渴，亦能清熱解毒。「清熱五花茶」、「消滯酸梅湯」、「滑腸火麻仁」、「特效廿四味」等涼茶鋪標語，耳熟能詳，皆因涼茶鋪已成為香港生活的一部分。

三、1897-1945：涼茶鋪立足香港

據王老吉（國際）公司負責人王女士所述，王老吉於1897年註冊，是香港首間售賣涼茶的店鋪。首家於上環文武廟旁啓市，繼而於1915年遷往中環鴨巴甸街，為早期人口聚集之地。

王老吉本人據說在偶然的機會下「發現」這「能治百病」的秘方，更受清朝文宗王封爲御醫，1853年於廣州設店。王氏的後裔逃至香港，以「斗零（香港五仙）一杯」的秘方涼茶成爲人所皆知的商標。

早期香港只屬過客之地，以旅居或逃避戰火的流亡人士爲主要人口。在醫療設備極度不足、衛生條件惡劣及疫症屢次爆發的情況下，民間療方成爲勞苦大眾當時唯一可依靠的靈丹妙藥。王老吉涼茶鋪跟贈醫施藥的黃大仙廟堂，也於此時一傳十、十傳百，成爲流落異鄉人士的庇護所。

1938年的《香港年報》描述，隨著中日敵對狀態往南方伸展，更多的難民逃到香港，人口稠密、污染及疫症等健康問題日趨嚴重。分租房屋的人數由每層二十驟增至六十。惡劣的生活環境令流落異鄉者更依賴如王老吉涼茶等的廉價民間療方。據記載，其後佔據香港的日軍，也有慕名而來光顧王老吉涼茶，可見其名氣之盛。

據Graeme Lang和Lars Ragvald（*The Rise of a Refugee God*, 1993）分析，黃大仙也是靠提供草藥給貧困階層而受人認識及信奉。黃大仙據說創製了長生不老之藥，被道士們供奉，更以其名義於世紀初香港開辦藥堂，不時贈醫施藥，特別受二、三〇年代抵港的難民所擁戴。於1921年從香港島灣仔區遷至九龍現址，黃大仙廟經過日據時期依然屹立不倒，更令信徒與非信徒對黃大仙的神靈信心大增。

王老吉與黃大仙分別以草藥療方贏得難民社會群眾的信賴，隨著社會的發展，生活素質不斷改善，這批昔日的難民也

不忘歸功王老吉的「靈方妙藥」和黃大仙的「有求必應」，締
造了兩個香港神話。

四、1946-1968：涼茶鋪與阿哥哥

　　這時期的涼茶鋪爲受流亡潮衝擊的香港締造了一個理想的
公共空間，積極吸收外來科技如收音機、點唱機與電視機，讓
顧客只需一毫子買一杯飲料，便能享受到當時人皆夢寐以求的
奢侈。怪不得涼茶鋪人流不絕，店鋪數字也直線上升。

　　和平後的香港受國共內戰影響，難民數字暴增，人口由六
十萬升至1946年的一百六十萬，共產黨勝利後流亡人數再增。
房屋設施不足，數十戶分租同一單位絕不爲奇。光線不足，空
氣不流通，擠迫不適的居所，加上休憩設施不足，涼茶鋪自然
榮登街坊聚腳點的寶座。涼茶鋪開拓社會空間之餘，更透過電
子媒介，令市民不分貴賤，也能得知世界奇聞大事。作爲戰後
香港草根階層的社交場所，涼茶鋪對社會融合的貢獻，實在不
容忽視。

　　爲了吸引顧客，涼茶鋪開始引入蔗汁及杏仁露等一般飲
料，不再獨沽涼茶的藥效。再配上舒適的座位，充足的光線以
及電風扇等設備，涼茶鋪比不少人的「家」更具吸引力。

　　收音機在四○年代末進軍涼茶鋪。香港麗的呼聲於1948年
啓播，廣播劇、音樂會、粵劇等節目極受大眾歡迎。據一位老
香港回憶，當年足球比賽是天大的事情，遇上直播，上班的人
也會獲准到涼茶鋪收聽賽事的廣播。李我的廣播劇每日正午十

二時播出，也吸引大批失業、退休人士或主婦等忠實聽眾到涼茶鋪收聽。

五○年代的涼茶鋪點唱機廣為當時年輕人所鍾愛。粵語長片裡穿上迷你裙、高跟鞋的「飛女」，跟束「騎樓裝」（以髮乳蠟起劉海的髮型）、穿反領短袖花衫的「飛仔」巧遇涼茶鋪，繼而於點唱機前鬥跳「阿哥哥」的火熱場面，至今仍印象深刻。

麗的呼聲於1957年首創電視廣播，王老吉涼茶鋪率先於1958至1959年在店內安裝電視機。當年一台電視機每月租金為五十五港元，而半技術工人的工資則為四至八港元；至1961年，六十萬家庭中只有一萬零八百二十四名登記電視用戶（《香港年報》，1961）。涼茶鋪引入電視機，令顧客以一毫子的低價，便能與街坊共享一般人望塵莫及的奢侈品；除了粵劇、歌舞、兒童節目及訪問等娛樂節目，每晚更播放本地及國際新聞，「公仔箱」的影像閃爍生輝，香港人眼界大開之餘亦開始放眼世界。

戰後涼茶鋪的發展教人刮目相看，這可說是當時市場策略、社會環境及世界潮流絕妙配合的結果。但這名把戰後香港引入花花世界的領航員，將發現自己失寵於踏上國際舞台的香港社會，成為受冷落甚至排斥的對象。

五、1969-1984：失寵的年代

中美兩國關係於韓戰後僵化，禁運的經濟戰略繼而開展。

香港作為轉口港的功能突然消失，因此被迫轉而發展出口製造業，以開拓本地資源。中華總商會所籌辦的香港工展會，成為六〇年代每年最具規模的全港盛事。六〇年代末期開始，房屋政策改善，傳播媒介對香港本土意識的啓蒙，加上國際貿易及傳媒帶來西方現代化的模式及渴求，「香港認同」的雛型逐漸出現。同時間，香港人對中國認同的掙扎，隨著1967年文化大革命所引起的憤怒情緒而淡薄。對共產中國的排斥感，因而轉換成對追求現代化及國際化前所未有的堅毅決心。正如 Matthew Turner（*60/90's Dissolving the People*, Hong Kong Arts Centre, 1994）所說，六〇年代末香港人開始產生一種「生活形式」的認同，對不論是真實或所渴求的自我形象（複數），或日常生活如飲食及教育等，存在「可選擇性」的共同認可，這是香港人顯示自己不能再受中國傳統或中國式現代化所引導的表徵。涼茶鋪於這歷史交叉點成為「非現代」及「非科學化」的象徵，漸漸失色於躍升為國際大都市的香港。

1969年，香港第一座衛星歷史性地，對香港、美國以及其他國家進行直接電子播送（《香港年報》，1969），這是香港晉升世界市場的里程碑。1974年，麥當勞進駐香港，肯得基家鄉雞、堡加敬等現代化符號陸續登場，摩登、衛生的飲食環境成為現代社會的標誌。花得起的都要一嚐再嚐各式「西餐」，或光顧豪華食肆，如珍寶海鮮舫或酒店扒房等。八〇年代，東南亞專門食肆比比皆是——越南、泰國、日本美食是指定消費經驗。香港成為大都市的歷史，從香港人飲食取向多元化之中可見一二。

香港政府於1972年頒布房屋計畫，居住環境得到改善和保障。在「有家可歸」變成理所當然的同時，經濟發達令電視機從奢侈品變成家庭必需品。香港無線電視成立於1967年，1969年「每十個香港家庭中有九個接收廣播服務，約三分一家庭擁有電視機」（《香港年報》，1969：240-41）。到涼茶鋪花幾毫子飲杏仁露看電視節目的日子一去不返。隨著娛樂事業的發展，保齡球場、的士高等都於七○年代紛紛出現。涼茶鋪的天花吊扇、浴室瓷磚、硬板凳、穿利工民白色短袖內衣作制服的涼茶鋪「夥計」等，都與這摩登時代脫節。加上民間傳統藥飲與世界化、科學化碰個正著，涼茶鋪被打入「老套」之列，追求現代化的香港人避之則吉，店鋪數目也直線下降。

這時期的傳媒亦致力耕耘這份現代香港認同。由許冠傑帶起的粵語流行曲潮流，取代過往國語流行曲的地位，以廣東話描寫香港社會種種現象及追求的歌曲深受歡迎。電視片集強調香港人刻苦耐勞、精明、有遠見的性格特徵，更以愚昧懶惰、貪金拜銀的「阿燦」形象（電視片集「網中人」），來凸顯香港人與「大陸仔」的分別。此刻，本土意識完全擺脫了七○年代以前那份中國情結。

在這經濟起飛，並於世界市場耀武揚威的年代，科學精神、消費主義成為主導；私人空間與公共空間的清楚分野，隨著各家庭趨於自給自足而得以牢固；涼茶鋪作為傳統醫療及社交文化的保衛者，在這現代化過程中，理所當然受排擠。

六、1985-1999：重覓中國心

涼茶鋪於八○年代中期再戰江湖，把準香港市場及文化脈絡，抓緊香港人追隨健康飲食潮流的機會，再加上一個中國懷舊大變身，成功地東山再起。分析新派涼茶鋪的出現，竟可找到當中重覓中國文化的底蘊。

「回到自然」大概綜合了八○年代中開始的健康飲食潮流，「不含味精」、「無糖份」、「無脂肪」等標示到處可見。食肆及潮流食品均以「健康」為賣點，但又與過往強調藥效的趨勢不同。

正如王老吉涼茶鋪東山復出，就採用不提藥效，改而提倡涼茶作為一般飲料的策略，負責人王小姐說：「消費者或會覺得自己不是病人，所以便不飲涼茶。當我重新建立門市時，我對市場不大肯定。即使一般人接受中國醫藥，或許會對配方很執著，而不隨便走進來喝一杯飲料。」王小姐也承認既然王老吉這老字號人所皆知，也就不必強調它的藥效了。但為了保存那「傳統」形象，王老吉依舊給飲用廿四味的客人送上一顆陳皮梅。

紙包裝王老吉「清涼茶」於1985年面市，於超級市場及便利店有售，是繼「菊花茶」之後富中國特色的包裝飲品，為消費者於汽水、果汁及乳製品之外提供多一個選擇。另一方面，生茂泰公司亦推出一系列不同功效的即沖涼茶，如「川貝枇杷蜜」、「甘火竹蔗汁」等，更詳述其藥效成分，加上精美印

刷，比起大陸出產、包裝較遜色的類似飲品，更能吸引既注重內容也注重包裝的中產消費層。

至於涼茶鋪，則從命名、裝修到銷售貨品都來個脫胎換骨，煥然一新之餘也替「涼茶鋪」一詞重新定義。

（一）命名

六、七〇年代名噪一時的「單眼佬涼茶」、「別不同」等涼茶鋪老字號，均沒有多大中國情懷。新一代的涼茶鋪則採用富懷舊色彩的店名，不是某某堂，就是如王老吉般以某某古人專號為名，更有運用家傳戶曉的事蹟作賣點，如「寶芝林」就是以主演了數十套「黃飛鴻」粵語電影的「關德興師父」作招徠。負責人李小姐說此店務求繼承寶芝林的濟世為懷，為街坊提供特效中藥食療。

（二）裝修

裝修方面，主要是模仿粵語長片中，書香世代大家族的堂皇大廳——金漆牌匾、紅木傢具、山水字畫成為必然記號。惟香港租金高得駭人，以致店主被迫地盡其用，每每令店鋪擠得連走廊通道也欠奉。象徵道家追求長生不老的金鼎和大葫蘆，已成為涼茶鋪的指定擺設，實用則為其次。

另一方面是開放式的設計。即使冷氣大放，涼茶鋪也是無遮無掩、中門大開，模仿往日那份街坊鄰里相聚閒聊、無拘無束的親切氣氛——然而經濟現實往往令閒坐涼茶鋪成為自討沒趣之舉，皆因人流不絕對店鋪來說方是賺錢之道。

總括而言，涼茶鋪賣的不只是涼茶飲料這麼簡單，形象和氣氛變得更重要，浪漫的自然風格及中國情懷方是建立市場的要策。

(三) 貨品

　　健康飲料潮流，加上飲食消費模式改變，令涼茶鋪集甜品與補品店於一身，更融會中西飲食精華，創造新的飲食潮流。

　　「天然食品」的號召力於八〇年代中期興起，外出飲食消費令飯後甜品、午間小食等習慣與日俱長。「許留山」的「椰汁西米撈」風靡一時，更演變出各式各樣美果「西米撈」；寶芝林的「廿八味」企圖為古方「廿四味」錦上添花；杞子木瓜奶惹人好奇，花旗參龜苓膏是中西合璧的飲食典範，妙品紛紛登場；蘿蔔糕、煎腸仔至潮州牛丸河粉也現身涼茶鋪，選擇應有盡有。

　　以健康飲食為主導，這時期的涼茶鋪積極把這世界潮流地道化，與減肥餐單、素食主義、健康舞等平分秋色，將中醫飲食原理與現代健康食品靈活配合，吸引了多元化的消費者。

　　「許留山」是九〇年代初涼茶鋪風雲的主角，受歡迎程度可見於其兩年內設立四十間分店的事實。1994年「許留山」的多元化發展惹來官非。持著市政局頒發的涼茶鋪牌照，按條例只可發售涼茶及龜苓膏等十二項食品。許留山的主力「西米撈」（$25～$30）卻比五元一杯的菊花茶有更佳的利潤，故店主寧願繳付每日以萬元計的罰款，以等候食肆牌照頒發，許留山仍每日人流不絕。

許留山及同類型的新派涼茶鋪是否單靠產品多元化而贏得香港消費者的認同呢？眾多涼茶鋪的中國情懷取向又是否屬於一個更大型、更基本的文化趨勢呢？

七、懷舊與文化認同

　　涼茶鋪象徵了現代香港人對過去的一種渴望與追尋。要注意的是，販賣這些中國情懷的對象，的確是本地香港人而非外國遊客，這點從那純中文的餐牌可見一斑；這份本土懷舊熱的特點，在於那超越時空與歷史的中國典型，一份理想化的中國情懷，正是在非理想的政治現實下最合適的舒緩。

　　注入這份懷舊氣息，涼茶鋪不再「老套」，反而變成了潮流的化身；正如寶芝林的林女士表示，中國式裝修並非懷舊，而是跟上潮流的選擇。

　　其他消費場所亦有相同取向：「阿二靚湯」的傳統裝修與節令湯水，令其連鎖店人氣急升；「雙妹嘜」這與涼茶鋪都曾屬老套之列的花露水及化粧品公司，突然在各最摩登、最大型的商場出現，更以其兩位穿著長衫女子的懷舊月曆海報為形象賣點。高級百貨店「上海灘」更以舊上海的室內裝修，加上簡體字招牌為形象，色彩斑斕的唐裝為特色，極適合高價市場及外國人士的消費意慾。

　　在這一系列的例子中，那中國形象比內容更重要，形象的歷史根據並不受注目──有「東方巴黎」之稱的舊上海，跟共產黨推行的簡體字格格不入，卻成功地製造了一份中國味道，

讓消費者大飽眼欲。「上海灘」於報紙刊登的全版廣告，更見這將新舊中國混合而成的中國狂想曲。其中兩日的標題為：

> 「抓緊大中國主義的形象化傾向，旗幟鮮明地開張大吉。」
>
> 《明報》4/3/1995）

> 「百花齊放，百錦交集，百貨精品，百色起義。」
>
> 《明報》5/3/1995）

香港人的中國認同，於這重新演繹與創造的中國情懷中找到出路。

但為何有這懷舊熱的出現？而這現象的出現又告訴我們關於香港的什麼呢？涼茶鋪的重現與中英聯合聲明簽署後不明朗重疊，在Davis的理論建構裡，這時期的香港正經歷「認同間斷」（identity discontinuity）。曾被追求現代化與國際化的香港人所摒棄的中國認同，突然變成當前的政治現實。一直為自己大都市身分認同而自豪的香港人，發現「尋根」的迫切性，甚至經歷一個集體認同危機，遂展開一連串的集體認同尋覓。中國文化熱成為尋覓的中心，風水和中醫重新備受重視，中國風味消費變得理所當然。

然而為何追尋一份浪漫化的中國認同，而不積極投向現代中國的懷抱？這份懷舊消費熱的擁護者，正是在香港輝煌歲月土生土長的年輕一代。他們的身分認同正是建構於與中國大陸的對比，也是對「中國人」這民族身分最含糊的一代。殖民統治的結束並未帶來對一個獨立自主的將來的盼望與喜樂。相

反，處於政治不肯定與無能感及中國認同的迫切性的隙縫之中，非政治化、非民族主義主導的中國懷舊得以形成。就如 Fred Davis（*Yearning for Yesterday,* 1979）所提出，懷舊的出現取決於現存的恐懼、不滿、憂慮及不明朗，而懷舊則是對「認同間斷」的威脅的一種回應。於香港政權移交的過渡期，陸續有不同形式的尋根熱，從消費文化到學院派的研究工作，都力圖尋找香港人與中國文化的千絲萬縷，希望能以「我是中國人」一句話，克服此刻的「認同間斷」，預備「九七回歸」的歷史性時刻。

八、展望新時代──後九七涼茶

涼茶鋪的起跌變革，一直與香港社會變遷息息相關，東山再起更成為尋找及實踐中國認同延續性的重要媒介。那麼，在九七回歸後的今天，涼茶又扮演什麼角色呢？

也許我們能於王老吉罐裝涼茶於1998年的電視廣告中，找到一點提示。四名穿上畢業袍的大學生各手持飲料，討論去向。唯一飲用王老吉涼茶的男學生，於其他人大談要到紐約、巴黎、東京等地發展之際，充滿自信的說：「講到好嘢，人哋有嘅，中國都有，點解唔留番喺自己嘅地方？」跟著螢光幕出現的是「放眼世界，心連祖國──新時代精神」巨型標語。

喝一杯涼茶，不單再是浪漫中國的尋覓，乃是對中國國家與其資源的肯定，甚至個人對國家的承諾。與過去、與世界及中國認同的對話，又翻開新的一頁。

代跋：經濟與社會 *

張維安（國立清華大學社會學研究所）

一、十年前

記得1990年夏天，在北加州的加州大學戴維斯（Davis）校區，是一個極為炎熱的夏天，偶爾將近攝氏四十度的高溫。這一年我在傅爾布萊特基金會的獎助下，到這裡做博士後研究，初次到此地，對於美國的生活與制度一切都陌生，甚至連租一間房子都需要幫忙。為了多看幾間適合有小孩的家庭居住的環境，朱燕華小姐（Cindy）和我在棋盤式的戴維斯城中，不知道走了幾趟，不知走了多少時間。這是第一年認識Cindy，那時她是UC Davis的社會學博士生。我記得她跟Gary寫論文，也在Gary所主持的Institute of Governmental Affairs工作，那時在這裡的台灣學者還有翟本瑞、尤惠貞夫婦及賀端藩、林鶴玲，我雖然掛單在「比較研究中心」（Center for Comparative Research），但是大家倒常有機會聚在一起。

在這之前，Gary曾經於1984年在東海大學擔任過傅爾布萊特學者，之後又繼續和高承恕老師有合作計畫，我擔任過Gary的研究助理，和本瑞同時是Gary和高承恕的學生。大家會碰在一起，雖然有一些人脈可循，但更重要的是在學術研究的一些

親近性。我們過去都對Max Weber有相當的興趣，高承恕在東海大學講授韋伯多年，Gary在華盛頓大學時從學於G. Roth（主持Max Weber的*Economy and Society*的英文翻譯），並以中國的行會為題撰寫博士論文。根據高承恕和Gary事後的說明，1984年對他們兩位的研究取向都有相當重要的轉變。1987年高承恕從魯汶回來，在東海設立了「東亞社會經濟研究中心」，和Gary進行長期的中國企業的社會基礎研究。基本上這些研究看起來似乎是全新的開始，但如果說是立足在過去理論興趣的繼續延伸，可能更加貼切。

Cindy取得博士學位後回香港大學社會系教書，大家仍保持聯絡，並在學術上持續交流分享。1999年Cindy來台灣蒐集研究資料，跟我提起共同編輯一本具通俗性經濟社會學的書之構想，我初步看了一下台灣學界在這方面的研究，覺得可行。於是開始討論、修改計畫書，為了使這本通俗性的集子有一個焦點，我們以關係網絡作為主軸，主要分為個人關係網絡、家族（家庭）關係網絡、族群關係網絡三部分，來討論經濟與社會的關係，最後再加上消費與社會文化這一節，這個規劃並不企圖包括經濟社會學所有的領域，因為在篇幅和頁數方面都有相當的限制。在邀稿方面，我們沒有驚動所有在這方面學有專精的學者，而是以我們這個年齡層的同好加上一些以經濟社會學為主要研究題材的年輕學者作為邀請的對象，非常感激來自台、中、港三地學者的熱情參與和配合。

學術界的研究成果和社會大眾對社會的認識之間，需要一些橋樑來加以溝通，這是本書的一個重要目標。本書的對象是

作爲大學生入門導讀和一般社會大眾閱讀的讀本，所以我們邀
稿時都特別請作者把可以進一步參考的材料寫在文本之內不另
立參考書目，並以緊湊的方式論述其觀點，在格式上和正式的
學術期刊與學術論文集有所區別。這樣的構想算是一項嘗試，
非常感謝生智文化公司鼎力支持，總編輯孟樊先生和政大李英
明教授的鼓勵。

　　我把這本書誕生緣由從十年前的這段故事引出來，並非單
純爲了講故事，相信，讀者多少可以從這裡了解到本書誕生的
一些脈絡。許多事情的發生，回溯起來都有一些脈絡可循。許
多經濟活動的可能與不可能也有類似的現象，套一句大家熟悉
的話，這些經濟活動，並非在一個眞空的狀況下發生。經濟行
動的分析不能單純地考慮經濟利得，甚至經濟利得的計算邏輯
在不同的社會文化脈絡之下也會有所不同。簡單的說，經濟行
動的分析必須作爲一種社會行動來分析，要把社會面向放進
來。

　　下面簡略地說明一下這個觀點。首先說明經濟行動與經濟
倫理的社會性，我認爲經濟行動的基礎在社會領域，市場其實
也是一種社會建構。其次分析經濟倫理必須作爲一種社會倫理
的觀點。最後，從社會學的角度來看，隨著全球資本主義經濟
邏輯擴張、蔓延所帶來的議題更是不可忽視，社會學研究不只
關心經濟競爭力的提升，更關心經濟邏輯對社會邏輯的影響，
如系統對生活世界的殖民、形式理性過度膨脹，和人類異化的
問題。

二、經濟行動與社會行動

如本書的緒論所言，從社會學的觀點或經濟社會學的觀點來分析經濟活動，首先面對的挑戰是主流經濟學理論對經濟行動所採用的概念，社會學者普遍認為新古典經濟學理論，在消除所有非經濟的動機方面是走過頭了。從社會學的觀點說來，經濟行動是無法和文化、社會習慣、階級和權力分開的。經濟社會學認為古典經濟學對經濟活動解釋的問題，主要出在他們都把人和人之間的關係，以原子化的方式來處理，可以說是把社會因素從經濟活動中趕了出去。經濟社會學或Granovetter所謂的新經濟社會學，所扮演的角色就是把社會因素帶回經濟活動的討論之中，指出社會因素在了解經濟活動的重要性。Granovetter 所提出的embeddedness的概念、華人經濟圈最近討論比較多的關係論或關係主義、網絡理論，都把「社會關係與經濟活動」的關聯性重新提出來討論，經濟活動並不在一個真空的環境下進行。尤其著重經濟活動所立足之社會網絡的重要性，接著經濟活動中社會網絡角色的提出之後，有些學者進一步提出動態的網絡概念，例如網絡化的觀點指出社會經濟的互構性、辯證性。基本上，經濟活動應視為一種社會活動，社會關係作為一種社會資本，如族群關係做為一種社會資本也是學界討論的重點之一（可進一步參考曾嬿芬在《台灣社會學研究》所發表的〈族群資源作為社會資本〉）。因此社會資本在進行經濟活動時有所引用，也是一種正常的現象。

關於經濟行動與社會行動的討論，可追溯到韋伯的學說，雖然韋伯並不認為經濟行動一定是社會行動（參見康樂、簡惠美譯的《經濟行動與社會團體》（1999），尤其是第一篇），但是他強調經濟的過程與對象莫不是透過人類行動中所賦予的特定意義來呈現。韋伯（1978）在《經濟與社會》一書中，對社會學下定義時，充分表達了這個主張，他認為：「社會學是一個與『社會行動』的詮釋性理解本身有關的科學，因此也是與社會行動過程和結果的因果解釋有關的科學。我們所稱之『行動』，是行動的個人將其主觀意義附加於其行為上，這個意義的賦予可以是明白的或隱含的，可以是省略的或默從的。若他的主觀意義考慮到他人的行為，並因而指點其行動方向，在這個範圍內，行動就是社會性的行動。」人們總是透過社會建構的過程來解釋他人的行動。

　　關於社會學在經濟行動上的解釋和經濟理論之經濟行動的差異，Granovetter和Swedberg （1992）在《在經濟生活的社會學》一書中指出韋伯做了兩點區別：第一點，行動總是受他人行為所影響，在解釋他人行為之下，採取自己的行動。解釋的方式可以是用看的、想的及與他人討論等等，但強調行動者都是透過社會性建構的意義來解釋他人的行為。第二點與權力相關。如果經濟行動和「經濟構成一個社會中主要的權力這個理念」分離的話，經濟行動對社會學觀點的意義就不大。韋伯對經濟行動所下的社會學定義為：「行動者和平的控制資源。」「和平的」這個字眼說明了韋伯心目中有特殊形式的權力，寬鬆一些，可以說成經濟的力量。從這個權力取向的經濟行動概

念，韋伯分析了一系列重要的經濟事實。如交易，本質上應被理解為藉由折衷利益衝突的解決。市場，雖經常受權力實際分佈的影響，形式上是自由的（實質的管制對形式的市場自由）。貨幣作為一種計算工具和作為一種武器，其意義是不一樣的。經濟行動作為一種狹義的經濟行動與作為一種社會行動，所關照的面向並不相同。

　　基本上，經濟社會學和經濟理論有重疊、也有差異，Swedberg（1998）在《韋伯的經濟社會學理念》一書中的說明值得參考。從這樣的區分來看，我們所編輯的這本書無疑的不是經濟理論觀點的研究，從經濟社會學的角度來看，經濟行動作為一種社會行動，經濟乃是社會世界的一部分，無法與其他的社會領域分開是至為明顯的。社會學的分析除了觀照經濟行動的形式理性之外，也關心實質理性，後者因為和「最終目標」相關，超出了傳統經濟學理論的關懷。韋伯在經濟行動的分析中，把社會面加了進來，把宗教的、文化的、法律的等等因素收斂在行動詮釋上來解釋，經濟行動作為一種社會行動，無法獨立於社會關係、社會結構，乃至於人際網絡等等因素的影響，一個人或一個社會的行為如何受社會結構、文化因素、意識形態所影響，是一個古典的問題，經濟行動作為一種社會行動，其社會因素的考量和分析是很重要的。雖然功利主義的傳統假定理性的、自利的行為受到社會關係最少的影響，甚至認為經濟行動是個人收益的理性計算。但是社會學家則不輕易接受這種看法。經濟社會學的發展，便是在和經濟學不斷地對話中所發展出來的。

從社會學的角度來看，一項經濟活動的意義，很自然的需要透過行動者的文化生活來分析。相同的經濟行動置於不同的社會脈絡中，將有不同的意義。社會文化對經濟的影響，可藉著「理念與利益」這一組關係來說明。韋伯指出：「直接支配人們行為的是物質的利益和理念的意欲，不是『理念』。然而由『理念』所創造的『世界圖象』，卻像鐵路轉轍員一般，經常決定著由『利益』的動力所推動的行為去向。」社會價值理念的重要性，在討論經濟行動的意義時是清楚的。

三、經濟倫理與社會倫理

在〈傳統文化與企業倫理〉（收於《經濟倫理與近現代中國社會》一書中）一文中，謝國興與我曾經藉由韋伯的「宗教與經濟」議題之分析指出，對我們有啟發性的地方在「社會倫理與經濟倫理」的關聯性，而不是在中國的宗教倫理與經濟活動的關係，因為宗教倫理如果沒有轉化成為社會倫理，對人們的生活秩序發生影響，對人們的經濟活動發生意義，宗教倫理與經濟活動也不會有什麼關係。相同的，如果有一種理念支配了人們的生活方式，成為人們生活秩序正當性的基礎，雖然並非來自於宗教領域，但是對於分析該社會之經濟活動、經濟秩序仍然具有重要性。一種理念即使與某種經濟活動有密切關係，但是如果只記載於古書，對社會生活不發生影響，將無法說明它的意義；相同的，一種宗教理念即使和某種經濟活動具有親近性，但是如果只在宗教領域，對社會生活不發生影響，

也很難說明其意義。宗教倫理作爲一種經濟倫理，必須同時作爲一種社會倫理。我們認爲經濟倫理的討論必須擺在社會脈絡之下來處理，經濟活動作爲一種社會活動和其他的社會活動是一樣的，討論經濟倫理不能不討論其作爲社會倫理的重要性。

　　基於上述的觀點，我們主張企業倫理並非企業經營活動中的特殊倫理，企業倫理必須就是社會倫理，或者說企業倫理乃是企業活動中的社會倫理。Peter F. Drucker 曾經指出，「有關於企業或企業家的所謂倫理信條者，不知有多少人苦口婆心的提出，或印刷成頁。但是推敲起來，所謂企業的倫理也者，大部分多是既無關企業也無關於倫理。最常見的一大信條是『誠信』。屢屢有人告誡我們，企業不能騙，不能偷，不能撒謊，不能行賄也不能受賄。可是除企業家之外，難道他人便能騙、能偷、能撒謊、能行賄和受賄了？這是日常爲人的行爲準則，任何人都得遵守，任何人均得遵守，任何人均不得以其據有某種職位或工作而例外。」由此可知，沒有獨立於一般社會倫理之外的企業倫理，企業倫理只不過是社會倫理在企業活動的特殊脈絡中之運用而已。這裡的倫理可以包括對企業事業的倫理、對員工與顧客的倫理、對國家的倫理、對社會的倫理、對人類的倫理。

　　這些倫理都是社會倫理，被生活在這個社會的人們所接受，透過對生活秩序的形成來發生影響。我們可以說經濟倫理與社會倫理的基礎是一樣的，企業倫理作爲一種經濟倫理，只不過是以企業活動爲範圍的社會倫理。雖然企業的內容在於經營生產、交易等事業，但是一個生活有準則、道德品行好的人

顯然就是一個最好的企業家，因為有一個可以令人相信的品德，顯然就是最好的經營資本，企業倫理就是企業活動中的社會倫理。

有些社會倫理看起來與經濟利益也許有幾分的對立，但是與經濟活動最有關係的，正是來自於這種看似無關緊要的影響，「義、利」之間的關係就是一例。例如，一個講義氣的經營者，有時候為了講義氣，必須違背經濟理性原則所不同意的行為，履行承諾、忍受損失，但是這種對義氣的堅持，卻反而成為經濟活動最重要的資本，尤其是在法治未充分制度化發展之前的社會，企業主之間的行為，工人與老闆之間的行為，所依恃的就是一個人待人處事的態度。一個講究義氣的人，他的象徵性資本超過一個人實質上的資金，講信用、講義氣的紀錄，比任何法律的保障還有效，陳介英等在研究中所指出的延遲給付的現象，如果沒有這一層信任，那是不易運作的。我們認為企業倫理的基礎，不只在於對經濟活動本身有何獨特的看法，韋伯在分析新教倫理與資本主義精神時具有相同的見解，新教徒清楚的目標在於榮耀上帝，把工作做好是一個基本的要求，況且把工作做好也未必就是經營企業，其所代表的是一套理性行事的要求。中國社會中對於「忠、義」的看法，也是一樣的，它並沒有對企業本身做什麼特別的規定，忠、義都是中國社會裡行為舉止的最高準則，以情、義、忠為企業倫理，表面上看起來似乎與企業沒有什麼關係，但我們認為企業倫理並非在企業經營活動中的特殊倫理，企業倫理必須就是社會倫理，企業倫理就是企業活動中的社會倫理。這種表面上與經濟

活動無關的傳統倫理，正好是經濟活動所依憑的基礎。

上述的主張，在中國商人以關公為財神的現象裡可以看得更加清楚。從商人與關公的行為來看，「義」的表現正好說明了經濟倫理的核心，在這裡經濟倫理不在於工於計算的能力，不在於對金錢斤斤計較的態度，義是一種做人處事的態度，經濟活動的依憑不在經濟領域內部，而是在社會領域。這和涂爾幹所說的契約的基礎不在契約本身，其意義是相同的。

四、經濟邏輯與社會邏輯

經濟社會學一方面關心經濟活動的社會基礎，研究關於影響經濟活動的一些社會文化面向，例如傳統文化、人際關係、宗教文化、儒家倫理、社會網絡對於經濟活動的影響與經濟型態的形塑；也討論一般社會結構與經濟活動關係，例如分析教育結構、海關稅制、政府的行政能力、政治穩定與經濟活動的關係。關心不同社會文化的地方性、制度性邏輯，希望能對經濟活動的社會基礎加以指陳、建構，乃至於分析其競爭力的來源。但是經濟社會學作為一種社會學，並不是只重視影響經濟活動的社會面向，其中經濟活動對於社會所造成的影響也是相當重要的。從古典社會學家討論資本主義開始，社會學家就不只討論文化、宗教或社會對現代資本主義的貢獻或影響，更重要的是現代資本主義發展之後，宗教的命運和人際關係的轉變，各種經濟理性、形式理性發展之後的人類命運，也佔有十分重要的篇幅。在全球資本主義經濟邏輯逐漸擴張的同時，社

會邏輯的自主性如何可能？

　　社會學從古典時期，就很關注資本主義邏輯的運作，尤其是其對社會邏輯運作的影響或侵害。例如馬克思（K. Marx）社會學裡的異化（alienation）、韋伯（M. Weber）所嘆息的鐵的牢籠（iron cage），乃至於法蘭克福學派初期所極力批判的工具理性的過度膨脹，都是對資本主義邏輯侵入或扭曲人類生活世界邏輯的反省與批判。

　　哈伯瑪斯（J. Habermas）在《溝通行動理論》一書中關於系統對生活世界殖民（colonization）的討論，普蘭尼（K. Polanyi）在《鉅變》一書中對於非鑲嵌性（disembedded）的經濟活動的批評，亦即「經濟不再是鑲嵌於社會關係之中，而是社會關係鑲嵌在經濟體制之內」的反省和批判，也是關注資本主義邏輯對社會邏輯的影響。在這些理論的背後，可以看出一種規範性的關懷，以及一種對社會運作邏輯的規範性預設與關心，這些理論的進路（approach）認為經濟活動和社會活動基本上是不同的。這兩種活動，不論是在認知的旨趣、目的、行動的正當性判準都是不同的，它們甚至是分屬於不同的世界。社會邏輯指涉人們在生活世界中的溝通、互動、規範或關懷，它以道德性、實踐性為提問的形式，關心的是規範、正當性等，經濟活動則是以認知性、工具性的提問形式出現，關心的是效率、手段與目的之間的關係。一旦以道德性、實踐性為認知旨趣的社會邏輯，失去了自主性，甚至於引進所謂科學的、效率的或工具性的認知旨趣為參考準則，或者像Habermas所說的系統的運作邏輯透過行政與金錢作為媒介，進入生活世界之

中，便會導致系統對生活世界的殖民，扭曲社會運作的邏輯。

　　Karl Polanyi在《鉅變》一書中，曾經以市場制度急速的發展，來說明資本主義的擴張、對社會的影響以及社會力的反撲，他說市場的發展藉著銀行通貨的創造而產生了前所未聞的動力。不過他也指出，在這同時一種相反的發展也開始了。這種發展不只是一個社會在面臨變遷時所採取之一般性的保護措施，更是社會之構造被破壞之後所產生的反應，並且這個反應必然會摧毀隨市場制度產生的生產組織。Polanyi在許多地方都提到這種社會與經濟的對抗，以及在經濟邏輯入侵社會邏輯之後，社會保護機制的誕生，或社會對經濟反撲的論點。基本上，他認為十九世紀以前自律市場的概念、市場經濟的事實並不存在，經濟動機只作為社會動機而存在。但是十九世紀以後卻轉向一個全新的典範，這是一個鉅變，他認為「倘若容許市場機制成為人類之命運、自然環境，甚至購買力大小之唯一主導者，就會摧毀這個社會」。在為市場而生產的這個虛構卻變成了社會基本組織原則下，市場制度引起了社會本身的改變，據此推論，人類社會在十九世紀已經變成經濟體制的附屬品。Polanyi認為，當時一方面市場已經擴展到全球各地，而且其貨品的數量增加到不可思議的地步，另一方面各政府卻發展出成套的措施及政策來限制市場對勞力、土地與貨幣的影響。產生了一個更深入的運動以對抗市場經濟的危害性影響。社會保護自己以對抗自律性市場所具有的危害，是當代歷史的特色。

　　關於經濟邏輯對社會邏輯的殖民，不只是十九世紀的特色，J. Habermas以晚期資本主義為對象，提出系統與生活世界

的概念，再度指出這種強迫生活世界、社會邏輯臣屬於經濟或行政邏輯的問題。在晚期資本主義社會中，因為生活世界的複雜性及追求效率、成本、簡單等理由，而發展出制度化的組織，最後系統經由金錢和權力為媒介，將人們整合在一起，原來那種人們以語言為媒介，因達成理解而結合在一起的社會整合，已經受到扭曲，生活世界受到系統的殖民（可進一步參考哈伯瑪斯的《溝通行動理論》或張翰璧的碩士論文〈系統與生活世界〉）。這種以媒介為系統整合的現象，雖然具有一致性和高效率，但是卻窄化了社會發展的空間，扭曲了經由溝通達致理解的社會性。系統因而有可能回頭操控社會邏輯的運作，形式邏輯（其中以money為媒介的經濟邏輯，以power為媒介的行政邏輯）入侵到生活世界的社會邏輯。語言溝通、道德、文化、規範、人與人的溝通互動等以語言為媒介的生活世界都受到系統的支配，是一種系統對生活世界的殖民。這種情形，透過一種福利國家的形式，系統更加地入侵到人們的私領域，這點可與Polanyi的論點做進一步的對話，Polanyi所提出對抗市場邏輯的一個方式就是福利國家的介入，藉此以避開市場邏輯的入侵，但是卻因此造成系統進一步對生活世界的殖民。這些反省都是始自於西方社會理論家的觀點，我們社會中經濟邏輯與社會邏輯的關係又如何？社會如何維護自身？機制是什麼？金耀基（1994）、費孝通（1948）都曾提到與Polanyi（1944/1989）、Habermas（1987）等相似的問題：經濟邏輯進入社會領域時，社會將產生一種自我保護機制、或反撲的機制、或迴避的機制。

五、結語

　　過去幾年來，經濟社會學的研究相當蓬勃。雖然不是沒有人討論經濟活動對社會的影響，但是整體而言仍以討論社會、文化特質對經濟活動的影響為主，關於經濟邏輯對社會生活邏輯的影響方面，相對的少了很多。一般說來，經濟社會學著重在社會因素對經濟活動的重要性，「經濟與社會」不只是不能分開，而且存在一種辯證互構的關係。一方面說明所有的經濟活動都有其一定的社會基礎；另一方面則說明經濟活動在社會關係形構過程中的重要性。

　　在關於台灣經驗的研究論文中，我們看到有些外包生產關係架構在社會關係上，甚至進一步發展、強化了原有的社會連帶，有些鄰里關係，就因為有了這層經濟性的業務來往，而更加密切。但是經濟活動會不會因此而侵害到社會關係，或者也造成哪些社會邏輯的轉變，仍需要進一步研究。在賣保險的推銷服務業或做直銷推銷商品方面，也是相當的依賴人際網絡，藍佩嘉在她的完整的論文裡指出人際網絡與行銷網絡是一個辯證關係，直銷人員不只動員他們親近的網絡，啟動較疏遠的關係和創造新的網絡，還進而轉化這些網絡的內涵與意義。但她也同時指出有許多業務人員為了不破壞原有的人際連帶，而不願意向比較熟悉的朋友或親戚拉業務，他們所進行推銷的對象都是屬於弱連帶的朋友。

　　這裡引發迴避經濟活動以保護社會邏輯，或藉由經濟邏輯

以進一步活化社會邏輯的議題，這兩種可能性都是經濟與社會的範圍應該研究的議題。關於迴避的原則，金耀基（1992）在《中國社會與文化》一書中，除了對人情、關係的網絡做過一些討論外，也對中國社會中，迴避和解除關係的各種策略有所討論，例如傳統時代的中國商人傾向於離開家鄉，到遠方經商。這樣保證了商業能夠依據市場原則來進行，從而使商業行為免受關係的特殊主義壓力所干擾。費孝通（1948）在《鄉土中國》一書中提到，隔壁鄰舍大家遠遠的走上十多里，在街集上交換清楚之後，又老遠背回來。他們何必到街集上去跑這一趟呢？在門前不就可以交換的嗎？費孝通說這一趟是有作用的，只有這樣才能不涉及其他關係，因為當場算清是陌生人的行為。所以，社會邏輯和經濟邏輯，有時會刻意的分開，避免因經濟的計算，而傷害到遠來的交情。

關於像直銷、外包和賣保險，乃至於在家庭企業中，經濟邏輯和社會邏輯的關係，過去的理論多數主張現代化的企業，是公私分明，家庭和工作場所分離。尤其是在功能論的pattern variables中，更是以之作為傳統與現代的分野。但是直銷的例子或台灣中小企業運用家族關係的例子，卻挑戰了那種「公私分離」、「住商分離」、「工作和家庭分離」、「工作和消費分離」的理論。看起來好像是反對了經濟邏輯入侵生活世界邏輯的看法，使公／私，工作／休閒，社會／經濟，系統／生活世界之間的界限更加不清，且更加整合，這使他們可以同時 making profits and making friends。現代資本主義社會，對這種形式賦予一種新的生命和意義。但是真是如此的圓融嗎？這可

能是一種更細致的控制與更加深入且無形的殖民形式，在公／私領域相互滲透的情況下，這無疑的是一種工作對生活的殖民，相當類似於Habermas所說的，是系統對生活世界的殖民，直銷在台灣的情形，無疑的就是一種社會生活網絡被加以商業化、工具化、經濟化，也許可以說是實質理性的工具化，或者說成是經濟對社會的殖民（社會的邏輯，不同於經濟的邏輯）（或者說，兩者可以有親近性，或無關，或衝突，有時經濟網絡和社會網絡可以是同構體，互相為用，但有時也可能互相衝突）。相同的中小企業（或中小型家庭企業），在資本動員或勞動力動員方面，都是一種親私網絡的動員，可以看出生產分工體系和人際網絡關係的同構面，或許也有相同的經濟邏輯對社會邏輯的殖民。

這是我們好奇的一個問題之一，在今天的社會當中，如果經濟活動架在社會關係之上來活動是一件正常的現象，社會邏輯又如何迴避經濟邏輯的侵略，或殖民（用Habermas的話來說）？

＊本文為行政院國家科學委員會所支持的研究計畫（NSC89-2412-H007-003）之一部分成果。

亞太研究系列 13　　　　　　　　　　李英明、張亞中／主編

經濟與社會——兩岸三地社會文化的分析

編 著 者／朱燕華、張維安
出 版 者／生智文化事業有限公司
發 行 人／林新倫
執 行 編 輯／晏華璞
登 記 證／局版北市業字第 677 號
地　　　址／台北市新生南路三段 88 號 5 樓之 6
電　　　話／(02)2366-0309　2366-0313
傳　　　真／(02)2366-0310
E - mail　／tn605547@ms6.tisnet.net.tw
郵 政 劃 撥／1453497-6
戶　　　名／揚智文化事業股份有限公司
印　　　刷／科樂印刷事業股份有限公司
法 律 顧 問／北辰著作權事務所　蕭雄淋律師
I S B N　／957-818-236-8
初版一刷／2001 年 5 月
定　　　價／新臺幣 300 元

總　經　銷／揚智文化事業股份有限公司
地　　　址／台北市新生南路三段 88 號 5 樓之 6
電　　　話／(02)2366-0309　2366-0313
傳　　　真／(02)2366-0310

國家圖書館出版品預行編目資料

經濟與社會：兩岸三地社會文化的分析／
朱燕華，張維安編著.--初版.--臺北市
：生智，2001〔民90〕
　　面：　　公分.--（亞太研究系列；13）

ISBN　957-818-236-8（平裝）

1.經濟 - 中國　2.社會 - 中國

552.2　　　　　　　　　　　　89019944